The Annual Report on the Development
of China's Internet Audio-Visual Industry (2023)

中国网络视听发展研究报告
(2023)

中国网络视听节目服务协会 编著
China Netcasting Services Association

中国广播影视出版社

图书在版编目（CIP）数据

中国网络视听发展研究报告 . 2023 / 中国网络视听节目服务协会编著 . -- 北京：中国广播影视出版社，2023.6
　ISBN 978-7-5043-9049-3

　Ⅰ . ①中… Ⅱ . ①中… Ⅲ . ①互联网络－视听传播－产业发展－研究报告－中国－ 2023 Ⅳ . ① G206.2

　中国国家版本馆 CIP 数据核字（2023）第 104943 号

中国网络视听发展研究报告（2023）
中国网络视听节目服务协会　编著

出 版 人	纪宏巍
责任编辑	余潜飞　冯岩
装帧设计	赵唯辰　孙睿佳
封面设计	米若兰
责任校对	张哲　龚晨

出版发行	中国广播影视出版社
电　　话	010-86093580　010-86093585
社　　址	北京市西城区真武庙二条 9 号
邮　　编	100045
网　　址	www.crtp.com.cn
电子信箱	crtp8@sina.com

经　　销	全国各地新华书店
印　　刷	北京凯德印刷有限责任公司

开　　本	787 毫米 ×1092 毫米　1/16
字　　数	190（千）字
印　　张	15.5
版　　次	2023 年 6 月第 1 版　2023 年 6 月第 1 次印刷

书　　号	ISBN 978-7-5043-9049-3
定　　价	118.00 元

（版权所有 翻印必究·印装有误 负责调换）

《中国网络视听发展研究报告（2023）》

编委会

编委会主任	聂辰席
编委会副主任	高建民
编　　　委	王海滨　尹　鸿　冯胜勇　任道远　刘林鹏
	刘　昕　刘学东　孙忠怀　纪宏巍　杨远熙
	汪文斌　张　晓　张洪忠　张晨晓　陈星星
	陈　睿　罗建辉　周　结　赵景春　胡正荣
	陶嘉庆　龚　宇　梁德平　董年初　韩肖鹏
	樊路远　颜　梅　魏党军
	（按姓氏笔画排序）
总　编　审	冯胜勇　赵景春
编　　　审	董年初
主　　　编	周　结
执　行　主　编	余　力　王常青
副　主　编	何紫薇　谭淑芬
编　　　辑	王晓培　蒲璐璐　王　茹

序 言

聂辰席

全国政协常委、文化文史和学习委员会副主任
中国网络视听节目服务协会会长

党的十八大以来，以习近平同志为核心的党中央高度重视宣传思想工作和互联网建设管理工作，习近平总书记多次发表重要讲话、作出重要部署，为网络视听建设指明了前进方向、提供了根本遵循。回望这十年，网络视听行业在围绕中心、服务大局中取得一系列发展成就，宣传阵地得到巩固壮大、内容创作实现量质齐升、技术创新持续迭代升级、行业风气呈现清朗新气象。站在新的历史起点，网络视听行业将立足新发展阶段、贯彻新发展理念、构建新发展格局，不断推动高质量发展，更好服务中国式现代化。

中国网络视听节目服务协会是网络视听领域唯一的国家级行业组织，也是我国互联网领域规模最大的行业协会之一，承担着联系党、政府与行业的重要桥梁纽带作用，是推动和服务网络视听建设管理的重要力量。协会十分关注行业发展重点领域、前沿方向，通过提供权威数据和研究成果，为政策制定建言献策，为行业发展提供参考。

《中国网络视听发展研究报告》在国家广播电视总局网络视听节目管理司指导下，由中国网络视听节目服务协会牵头编写，2015年以来已连续发布七年。七年来，通过不断深耕对行业的垂直研究，已成为政府的参谋助手、企业的决策帮手和行业的发展推手，研究成果被国家广播电视总局、中央网络安全和信息化委员会办公室等部委以及中央重点新闻媒体、视听平台、高校、科研机构等大量引用，受到相关主管部门及业界认可。《中国网络视听发展研究报告（2023）》深入贯彻落实党的二十大精神，呼应时代要求、顺应发展潮流，对研究内容、方法进行全面转型升级，以宏观的数据化视角，梳理过去十年行业发展脉络、直观呈现网络视听建设取得的丰硕成果；依托来自相关主管部门、研究机构、头部企业、数据公司等的数据案例，从各维度全面展示行业现状特点、前沿趋势；综合运用数据解读、专业观察、用户调研、案例分析等多种研究方法，关照网络视听在主题宣传、文艺创作、技术创新、赋能发展等方面的顶层建设，关注各类主体在综合视频、微短剧、短视频、网络音频、投融资等垂直领域的具体实践，旨在为下一阶段行业发展提供丰富参考。

　　感谢各参与单位对相关研究工作提供的支持，希望广大读者提出宝贵的意见建议，我们将继续努力把《中国网络视听发展研究报告》做得更好。

目录

研究设计 ··· 001
主要研究发现 ··· 004
总论：网络视听这十年（2012—2022）··· 008

第一章
网络视听行业相关管理和宣传动态 ·· 013

一、规划指导　　　　015
二、精品内容　　　　020
三、标准规范　　　　022
四、综合治理　　　　024
五、推动发展　　　　028
六、人才培训　　　　030

第二章
网络视听行业概览 ··· 033

一、网络视听行业用户规模　　　　035
二、网络视听行业用户使用时长　　043
三、网络视听行业市场规模　　　　046
四、网络视听行业市场竞争格局　　048
五、网络视听行业终端规模　　　　053
六、智能电视终端规模　　　　　　055

第三章
网络视听用户行为分析 ········· 063

- 一、综合视频用户行为分析　　065
- 二、短视频用户行为分析　　070
- 三、网络直播用户行为分析　　082
- 四、网络音频用户行为分析　　087

第四章
网络视听节目发展现状及趋势 ········· 093

- 一、2021—2022 年网络剧发展现状　　095
- 二、2021—2022 年网络综艺发展现状　　112
- 三、2021—2022 年网络电影发展现状　　129
- 四、2021—2022 年国产网络动画片发展现状　　138
- 五、2021—2022 年国产纪录片发展现状　　147
- 六、2021—2022 年短视频/微短剧发展现状　　164
- 七、2021—2022 年网络音频节目发展现状及趋势　　174

第五章
泛网络视听领域投融资状况 ········· 187

- 一、2012—2022 年泛网络视听领域投融资整体发展趋势　　189
- 二、2021 年泛网络视听行业投融资概况　　193
- 三、2022 年泛网络视听行业投融资概况　　195

附录一：2012—2022 年网络视听大事记 ········· 212
附录二：支持机构 ········· 231

图目录

图 2.1　网络视听用户规模及网民使用率 ………………………………… 035
图 2.2　网络视听细分应用用户规模 ……………………………………… 036
图 2.3　新网民第一次触网使用的网络视听应用 ………………………… 036
图 2.4　综合视频用户规模及使用率 ……………………………………… 037
图 2.5　不同网民群体对综合视频的使用率 ……………………………… 037
图 2.6　短视频用户规模及使用率 ………………………………………… 038
图 2.7　不同网民群体对短视频的使用率 ………………………………… 039
图 2.8　网络音频用户规模及使用率 ……………………………………… 039
图 2.9　不同网民群体对网络音频应用的使用率 ………………………… 040
图 2.10　网络直播用户规模及使用率 ……………………………………… 041
图 2.11　不同网民群体对网络直播的使用率 ……………………………… 041
图 2.12　新网民对网络视听应用的使用率 ………………………………… 042
图 2.13　移动互联网用户月人均单日使用时长 …………………………… 043
图 2.14　网络视听细分应用人均单日使用时长 …………………………… 044
图 2.15　典型细分行业人均单日使用时长 ………………………………… 045
图 2.16　网络视听类应用用户使用时段分布 ……………………………… 046
图 2.17　2021 年网络视听行业市场规模及构成 …………………………… 047
图 2.18　2022 年网络视听行业市场规模及构成 …………………………… 047
图 2.19　2022 年综合视频平台用户渗透率对比 …………………………… 049
图 2.20　2022 年短视频平台整体格局 ……………………………………… 050
图 2.21　2022 年短视频平台各梯队用户渗透率对比 ……………………… 050
图 2.22　2022 年网络音频平台整体格局 …………………………………… 051
图 2.23　2022 年网络音频平台各梯队用户渗透率对比 …………………… 051
图 2.24　2022 年网络直播平台整体格局 …………………………………… 052
图 2.25　2022 年网络直播平台各梯队用户渗透率对比 …………………… 052

图 2.26	网络视听用户对各类设备的使用率	053
图 2.27	智能电视覆盖和激活规模	057
图 2.28	智能电视分省激活覆盖 TOP10	057
图 3.1	综合视频节目收看设备	066
图 3.2	不同用户群体付费比例	069
图 3.3	付费 / 不付费原因	070
图 3.4	收看短视频的原因	071
图 3.5	收看短视频以获取新闻资讯 / 学习知识的用户比例	072
图 3.6	经常看短视频的平台词云	074
图 3.7	除短视频平台外，还通过哪类平台的短视频获得有用的消费信息	075
图 3.8	看过微短剧、微综艺或泡面番的用户比例	076
图 3.9	对微短剧、微综艺或泡面番的喜爱程度	077
图 3.10	喜欢微短剧、微综艺或泡面番的用户比例	077
图 3.11	获取新闻资讯的媒体类别	078
图 3.12	通过短视频获取新闻资讯的原因	079
图 3.13	是否关注过短视频平台上的主流媒体账号	080
图 3.14	主要关注主流媒体账号上的哪些内容	080
图 3.15	对主流媒体的短视频账号信任度	081
图 3.16	对主流媒体的短视频账号信任原因	081
图 3.17	经常收看的网络直播类型	082
图 3.18	经常观看的网络直播平台词云	083
图 3.19	是否因观看网络视频 / 直播而购买过商品	084
图 3.20	因观看网络视频 / 直播而购买过商品的用户比例	084
图 3.21	经常购买的产品类型	085
图 3.22	因观看网络视频 / 直播产生消费（不含打赏）的金额	086
图 3.23	网络音频节目收听目的	087

图 3.24	网络音频节目收听习惯	088
图 3.25	网络音频节目收听设备	089
图 3.26	网络音频节目收听、付费比例	090
图 4.1	网络剧上线数量	096
图 4.2	2019—2022 年全网剧综影正片有效播放及同比变化	097
图 4.3	2021—2022 年国产剧集上新部数	097
图 4.4	2019—2022 年全网剧集正片有效播放	098
图 4.5	2021—2022 年老剧集正片有效播放和 2022 年全网老剧集占比	098
图 4.6	2019—2022 年全网剧集正片有效播放中老剧集有效播放占比	099
图 4.7	2021—2022 年上新国产剧集总集数分布（部数占比）	100
图 4.8	2019—2022 年上新国产剧集均 V30 前 50 部均集数	100
图 4.9	2022 年全国重点电视剧和网络剧备案集数分布（部数占比）	101
图 4.10	2019—2022 年全国重点电视剧和网络剧备案数量	101
图 4.11	2022 年上新国产剧集中"现实主义与主旋律"题材剧集部数及正片有效播放占比	102
图 4.12	长视频生态的"生产力"与"生产关系"	105
图 4.13	2022 年上新超前点播剧集	107
图 4.14	2022 年 2 月在播剧综节目中提及"超前点播"的部分弹幕	108
图 4.15	网络综艺节目上线数量	113
图 4.16	网络电影上线数量	130
图 4.17	2020—2022 年网络电影制作成本分布	132
图 4.18	网络动画片上线数量	139
图 4.19	2020—2022 年中国网络动画片数据对比	140
图 4.20	2021 年受关注网络动画片制作类型	141
图 4.21	2021 年受关注网络动画片播出平台	141
图 4.22	2019—2022 年网络动画片原创与改编类型数据对比	145

图 4.23	网络纪录片上线数量	147
图 4.24	2022年网络纪录片、网播电视纪录片等相关主要数据一览表	149
图 4.25	不同广播节目类型内容量占比	175
图 4.26	2015—2022年不同广播节目类型数量占比变化	176
图 4.27	不同广播节目内容类型人均收听时长	177
图 4.28	不同广播节目内容类型用户收听占比	178
图 4.29	2022年和2021年全天收听曲线对比	179
图 4.30	2022年在线广播各类节目全天收听曲线	179
图 4.31	非广播网络音频不同内容类型时长占比和用户收听占比	180
图 4.32	非广播互联网音频不同内容类型新增账号数	181
图 4.33	综合音频平台非广播音频内容获取方式	182
图 4.34	互联网音频平台收益方式分布	182
图 5.1	2012—2022年泛网络视听行业投融资事件数量、金额分布	190
图 5.2	2012—2022年泛网络视听细分领域投融资事件及占比	190
图 5.3	2012—2022年泛网络视听细分领域投融资金额占比	191
图 5.4	2012—2022年泛网络视听细分领域投融资事件轮次占比	191
图 5.5	2021年泛网络视听细分领域投融资金额占比	193
图 5.6	2021年投融资事件轮次分布	194
图 5.7	2022年泛网络视听细分领域投融资金额占比	195
图 5.8	2022年投融资事件轮次分布	196
图 5.9	哔哩哔哩投资领域（启信宝截图）	202

表目录

表 3.1 不同群体用户综合视频节目收看设备	066
表 3.2 综合视频用户电视端收看行为	067
表 3.3 不同群体用户经常看的综合视频节目类型	068
表 3.4 不同群体用户喜欢收看的短视频节目类型	073
表 3.5 不同群体用户网络音频节目收听设备	089
表 4.1 2022年上新国产剧集正片有效播放TOP40中现实主义与主旋律剧集	103
表 4.2 2022年老剧集正片有效播放TOP10	106
表 4.3 2020—2022年千万级票房网络电影数量分布	132
表 4.4 2019—2022年网络电影正片有效播放量	133
表 4.5 2021年网络动画片关注度TOP20	140
表 5.1 2012—2022年泛网络视听领域重大投资案例TOP20	192
表 5.2 2021年泛网络视听领域重大投资案例TOP10	194
表 5.3 2022年泛网络视听领域重大投资案例TOP10	196
表 5.4 爱奇艺投资一览（不完全统计）	197
表 5.5 2018—2022年爱奇艺融资情况（不完全统计）	198
表 5.6 腾讯视频投资情况（不完全统计）	199
表 5.7 2017—2023年5月优酷投资情况（不完全统计）	199
表 5.8 2018—2021年芒果超媒融资情况（不完全统计）	200
表 5.9 芒果传媒投资情况	200
表 5.10 哔哩哔哩2019—2022年融资情况	201
表 5.11 哔哩哔哩2019—2022年投资情况	201
表 5.12 哔哩哔哩投资阶段情况	201
表 5.13 2019—2022年快手投资情况	203

表5.14	2019—2022年快手投资偏好	203
表5.15	2019—2022年抖音投资情况	204
表5.16	2019—2022年抖音投资偏好	204
表5.17	2019—2022年快手融资情况	205
表5.18	2019—2022年快手融资轮次	205
表5.19	2014—2022年直播平台融资轮次分布	206
表5.20	截至2022年12月头部直播平台最近一次融资	207
表5.21	2019—2022年头部直播平台融资情况	207
表5.22	头部直播平台融资情况	207
表5.23	2019—2022年头部直播平台投资一览	208
表5.24	2019—2022年欢聚集团投资情况	209
表5.25	截至2022年12月31日蜻蜓FM的投融资情况	210

研究设计

一、数据来源及研究方法

1. CNNIC（中国互联网络信息中心）电话调查数据深度挖掘

深度挖掘 CNNIC 第 51 次中国互联网络发展状况统计调查数据，对网络视听用户的人口属性、使用行为等进行交叉分析和提炼整理，部分数据首次公开。

2. 网络视听用户专项电话调查

电话调查的目标是中国（除港、澳、台三地）网民，访问对象是半年内在网上收看过综合视频、短视频、网络直播节目，或收听过网络电台／网上听书的用户。随机抽取全国范围内 45 个城市，共回收 4000 个有效样本。根据 CNNIC 中国互联网络发展状况调研中网络视频用户的性别、年龄、学历结构对样本数据进行加权处理，力求反映全国各区域内网络视听用户的真实行为情况。

调查时间：2022 年 4 月 11 日至 4 月 30 日，为期 20 天。

3. 第三方数据合作及桌面研究

通过桌面研究的方式对行业公开信息、第三方数据公司的行业数据进行整合和梳理，并在交叉验证和加权处理的情况下使用。

4. QuestMobile 监测大数据

协会委托 QuestMobile 脱敏抽样采集相关移动端使用情况数据，QuestMobile 通过众多合作 APP 多维度智能拾取非隐私数据，结合运营商网关级非隐私数据进行混合数据拼凑，同时通过 DataExchange 将非隐私数据进行混合填补。

数据周期：2015 年 6 月 1 日至 2022 年 12 月 31 日。

二、术语定义

综合视频用户：最近半年在网上看过电视剧、综艺、电影等的用户。

短视频用户：最近半年在网上看过短视频的用户。

网络音频用户：最近半年内使用过网络听书或网络电台的用户。

网络直播用户：最近半年内收看过真人秀直播、体育直播、演唱会直播、游戏直播、电商直播的用户。

网络视听用户：最近半年综合视频、短视频、网络音频和网络直播用户的并集。

三、报告说明

本报告内容为中国网络视听节目服务协会从第三方视角出发进行的研究，不代表主管部门态度。

本报告中关于行业范畴的界定、行业名词的定义及内容分类等均参考市场共识和行业习惯认知，不代表主管部门标准。

本报告中关于行业格局的梯队排名仅涉及商业网络视听平台，不包含中央电视台、央视影音、央视频、人民视频、新华视频等中央级主流媒体平台及应用。

本报告中有关网络剧、网络综艺、网络电影、网络动画片、网络纪录片的内容，仅对行业现状进行研究，不代表中国网络视听节目服务协会对具体节目的评价。

本报告中的城市级别分类依据为《第一财经周刊》旗下"新一线城市研究所"发布的《2016中国城市商业魅力排行榜》，其中一线城市4个（包含北京、上海、广州、深圳），新一线城市15个（包含成都、杭州等），二线城市30个（包含福州、合肥等），三线城市70个（包含兰州、桂林等），四线城市90个（包含临汾、南阳等），五线城市129个（包含滨州、阳泉等）。

在QuestMobile的监测数据中，爱奇艺、腾讯视频、优酷等视频应用被定义为在线视频应用，在本报告中，统一为综合视频应用。

网络直播应用部分的监测数据反映的是QuestMobile监测体系中游戏直播、娱乐直播行业的情况，不包含提供直播业务的短视频、综合视频、电商平台的数据。

本报告力图尽可能准确地表现中国网络视听行业的发展环境与现状，所引用的第三方调研公司监测数据均经过核实交叉校验。但因行业的特殊性，以及第三方数据采集方式、参数设置等各种差异，本报告最终引用和发布的第三方调研公司监测数据仅为广大读者提供研究参考。

主要研究发现

一、用优质内容讲好新时代中国故事，推动网络视听行业实现高质量发展

2021年是中国共产党建党100周年，2022年是中国共产党第二十次全国代表大会胜利召开之年。两年来，网络视听行业积极开展庆祝建党百年和党史学习教育宣传工作，充分挖掘百年党史中丰富、鲜活的素材，策划、制作、上线播出了《觉醒年代》《敢教日月换新天》《特级英雄黄继光》等一批讲述建党百年峥嵘岁月故事的网络视听作品，深刻展现了党的百年奋斗光辉历程和伟大成就；持续做好党的二十大精神宣传工作，深入开展"奋进新征程 建功新时代"重大主题宣传和"我们的新时代"主题创作展播活动，加强"首页首屏首条"建设，统筹策划实施一系列重点项目，全景式多维度多形态展现新时代取得的历史性成就，讲好新时代中国故事。随着国际发行网络、传播渠道不断拓展和丰富，各类网络视听作品质量不断提升、走出去方式更为多样，国际竞争力不断增强、影响力不断提高，新的国际传播格局正在形成。

二、网络视听用户规模达10.40亿，超越即时通信成为第一大互联网应用

截至2022年12月，我国网络视听用户规模[①]达10.40亿，超过即时通信（10.38亿），成为第一大互联网应用。与2021年12月相比，主要在短视频、直播应用的拉新带动下，

[①] 数据来源：CNNIC第51次中国互联网络发展状况调查，网络视听用户规模指综合视频、短视频、网络音频和网络直播用户的并集。

网络视听用户规模增长 4904 万，增长率为 4.9%，网民使用率为 97.4%，同比增长 1.4 个百分点，保持了在高位的稳定增长。四个细分领域中，短视频、网络直播、综合视频、网络音频用户规模分别为 10.12 亿、7.51 亿、7.19 亿和 3.18 亿，网民使用率分别为 94.8%、70.3%、67.3% 和 29.8%，日均使用时长分别为 168 分钟、68 分钟、120 分钟和 38 分钟。

三、泛视听产业市场规模超 7000 亿，依然保持增长态势

根据企业公开财报、行业访谈及统计模型，经测算，2022 年泛网络视听产业的市场规模为 7274.4 亿元，较 2021 年增长 4.4%。其中，短视频领域市场规模为 2928.3 亿元，同比增长 12.4%，占比为 40.3%，是产业增量的主要来源。

四、短视频成吸引网民"触网"首要应用，用户黏性增长明显

截至 2022 年 12 月，我国网民规模达 10.67 亿，同比增长 3549 万。新入网的网民中，24.3% 的人第一次上网时使用的是短视频应用，较排在第二、三位的在线教育课程（17.2%）、即时通信应用（16.2%）高出 7 个百分点以上。最近一年内新入网的网民中，85.0% 的人会看短视频，呈持续增长趋势。2015 年以来，短视频应用的活跃用户人均单日时长从 54 分钟增长至 168 分钟，增长了 2.1 倍，在细分应用中增速最为明显。

五、短视频成为用户获取新闻资讯重要平台，主流媒体短视频号公信力、影响力进一步提升

调查数据显示，在问及看短视频的目的时，32.4% 的用户选择为"获取新闻资讯"，30.2% 的用户选择为"学习相关知识"。在遇到自然灾害、战争等重大突发事件时，20.6% 的用户选择短视频平台获取新闻资讯，排在所有媒体首位。57.8% 的短视频用户关注过主流媒体账号，其中 80.1% 的用户对主流媒体账号表示信任。

六、微短剧快速发展，或成网络影视新蓝海

网络微短剧这一新兴视听形态自2020年开始快速发展，成为网络视听重要的组成部分。自2021年起，微短剧备案量呈逐月上升趋势，尤其进入2022年后，备案量大幅提升。各大长短视频平台纷纷入局并不断加码，相继推出分账扶持计划。随着国家广播电视总局进一步加强对微短剧的监管，微短剧市场逐步进入到规模化、多元化、规范化的新阶段，成为影视文娱行业的下一片蓝海。

七、规范发展推动直播电商繁荣，直播市场规模占比仅次于短视频

自《关于加强网络直播规范管理工作的指导意见》《网络直播营销管理办法（试行）》等相关政策陆续出台以来，网络直播市场秩序进一步规范，行业繁荣发展，媒介性凸显，尤其在电商直播领域刺激消费、拉动内需的作用明显。经测算，2022年网络直播市场规模为1249.6亿，同比增长3.3%，占比为17.2%，仅次于短视频排在网络视听领域第二位，成为拉动网络视听行业市场规模的重要力量。

八、智能音频设备日益普及，音频"深阅读"时代正在来临

数据显示，天猫精灵/小度音箱等智能家居设备、车载音箱的使用率分别为20.0%、19.6%，是音频用户重要的收听设备之一，尤其对30—39岁高学历女性用户和一线城市高学历中青年男性用户群体而言。33.2%的网络音频用户"认真听完整期节目"，24.5%的用户"能认真听一大半的内容"。最近半年内，26.6%的用户曾为音频节目付费，其中20—29岁用户的付费比例为37.6%，在各类人群中最高。音乐、新闻、有声小说是网络音频用户最经常收听的节目类型；56.7%的用户表示自己经常听音乐节目，其中有14.3%的用户为其付费，排在所有节目类型首位，且与其他类型拉开较大差距。目前，音频内容的受众已经完成由"听众"向"用户"的转变，新技术的应用将成为互联网音频市场发展的关键要素。未来，"万物发声"将成为现实，在特定情境下的各种终端都是音频内容新的传播渠道，也是新的增长点。

九、短视频、音频成娱乐文化投资热门领域，综合视频、直播趋于稳定

2018 年以来，短视频行业经历了从崛起到爆发，再到如今格局渐定的狂飙 4 年。在投资领域，快手、抖音加速布局短视频生态上下游产业链。4 年间，快手累计完成超 20 起投资，抖音则更多是通过母公司字节跳动（现"抖音集团"）进行集中投资布局。在音频市场，喜马拉雅已进行多轮境内外融资，腾讯、阅文、百度、小米、好未来、索尼音乐均为战略投资者，网易云音乐、字节跳动、腾讯、快手等互联网科技巨头相继涌入音频市场。直播行业近两年的投融资有所回落，资本进一步集中在头部平台，市场头部效应凸显、格局相对稳定。综合视频领域，5 家头部平台在内容、业务层面专注于差异化发展，爱优腾（爱奇艺、优酷、腾讯视频）背靠 BAT（百度、阿里巴巴、腾讯）3 棵大树，芒果 TV 则有芒果超媒支持，哔哩哔哩弹幕视频网专注做年轻人聚集的社区，自诞生以来便得到资本青睐。

总论：网络视听这十年
（2012—2022）

党的十八大以来，我国网络视听行业在习近平新时代中国特色社会主义思想的引领下，深入贯彻党中央重大决策部署，持续推进改革创新，为我国互联网建设和文化事业繁荣发展作出重要贡献。2012—2022年，我国互联网用户规模从5.38亿攀升至10.67亿，[①]互联网的蓬勃发展为网络视听行业提供广阔的成长空间。这10年间，网络视听行业从稚嫩走向成熟，关注焦点从用户增长转为产业升级，平台竞争日趋白热化。伴随技术创新、服务优化和精品化转型，网络视听产业格局不断拓展，呈现出前所未有的生机与活力。网络视听内容水平也得到显著提升，形式日益丰富多彩，既展现出中华文化的深厚底蕴，又体现了现代文化的时代特征，为实现中华民族伟大复兴的进程注入新动能。

一、网络视听产业发展进入新阶段

10年间，我国网络视听行业发展取得历史性成就，产业规模屡创新高，实现从"量变"到"质变"的飞跃，进入持续繁荣的新阶段。如今，网络视听不仅是重要的社交娱乐手段，更成为互联网的底层应用，渗透经济社会生产生活的方方面面，深入推动数字经济快速发展。

---

① 数据来源：中国互联网络信息中心第30次和第51次《中国互联网络发展状况统计报告》。

1. 用户规模持续提升，卷入度不断加深

截至2022年12月，我国网络视听用户规模达到10.40亿，网民使用率高达97.4%。其中，综合视频用户规模7.19亿，与2012年12月相比用户规模翻倍；短视频凭借10.12亿用户和94.8%的使用率，稳居网络视听应用第一的席位。IPTV（交互式网络电视）总用户数3.80亿，智能电视（OTT，不包括OTT Box）激活终端3.15亿户，而2016年IPTV总用户数仅为0.87亿，[①] 智能电视激活终端0.78亿户。

同时，网络视听的用户使用黏性不断增强，视听内容对用户的吸引力不断提升。比如，短视频用户人均单日使用时长自2015年以来一直保持较快速度增长，2022年底达到168分钟，相比其他应用优势进一步扩大；综合视频用户人均单日使用时长经历快速增长后保持稳定，自2020年12月超过即时通信排名第二位；网络直播的人均单日使用时长也显著提升，截至2022年12月达到68分钟。此外，以短视频为代表的视听形式逐渐成为网民在互联网进行自我表达的有力工具，用户与视听内容的交互程度不断深入。

2. 产业规模稳健增长，产业格局全面重塑

近年来，我国网络视听产业保持稳健的增长态势，进入高质量发展的新阶段。据推算，泛网络视听行业市场规模从2019年的4541.3亿元增长到2022年的7274.4亿元，增长率达60.2%。网络视听收入从2019年的1738.18亿元增长到2021年的3594.65亿元，占广播电视行业实际创收收入比重的37.2%。[②] 10年来，网络视听行业从单纯依赖广告收入向多元化商业模式转型，形成了付费会员、付费点播、内容版权、电商直播、IP开发等多重盈利手段。用户付费观念的普及和付费模式的成熟成为视听产业转型的关键推动力。自2012年部分视频网站开始推出付费会员服务，用户对优质内容的付费意愿逐年提升，付费习惯逐步养成；2014年，网络视听内容付费进入快速增长和爆发阶段；2019年，我国综合视频付费市场正式进入"亿级"会员时代。付费会员不仅是平台盈利的来源，还是激励优质内容生产、推动行业可持续发展的重要力量。

作为数字经济的新载体，网络视听还积极探索新应用、新场景，寻求与其他行业的融合发展，持续拓展网络视听产业链条，发掘新的经济增长点。2019年开始，网络

[①] 数据来源：工业和信息化部运行监测协调局《2016年通信运营业统计公报》。
[②] 数据来源：国家广播电视总局《2021年全国广播电视行业统计公报》。

直播、短视频与电子商务跨界融合，催生了电商直播、电商短视频、边看边买等新型商业模式。在"视听+"引领下，短视频、直播还渗透公益、教育、文旅等多元领域，助力乡村振兴、非遗传承、知识普惠等。这不仅为网络视听行业带来用户增量，还极大地提升了其商业价值和社会效益。

二、网络视听内容创作实现精品化升级

随着网络视听行业的发展和市场竞争的加剧，早期粗放式的内容生产和传播方式已无法满足用户对优质内容的需求，网络视听内容亟待升级。2014年10月，习近平总书记主持召开文艺工作座谈会指出，必须把创作生产优秀作品作为文艺工作的中心环节，努力创作生产更多传播当代中国价值观念、体现中华文化精神、反映中国人审美追求，思想性、艺术性、观赏性有机统一的优秀作品。这为网络视听内容的精品化发展提供了根本遵循。

1. 内容品质提升，现象级作品涌现

2011年，优酷、土豆、搜狐视频等17家国内主要视听网站在线网络剧数量仅为78部，共计3454分钟。[①]2022年，长短视频平台共上线网络剧171部、网络首播电视剧77部、网台同播电视剧63部、网络电影380部、网络动画片487部、重点网络微短剧172部。[②]经历了初期"以量取胜"的野蛮生长后，在文艺工作座谈会精神的引领下，网络视听内容自2015年开始呈现减量增质态势，内容精品化转型渐成业内共识。互联网平台与制作公司摒弃了此前博眼球的流量思维，转而专注内容提质与创新，协力打磨优质视听节目，创作出了一大批追求思想精深、艺术精湛、制作精良的优秀文艺作品，满足了互联网时代大众多样化的收视习惯和审美需求。

2. 艺术与技术有机结合，视听新形式不断涌现

数字技术是网络视听行业升级的核心驱动力。2013年，"宽带中国"战略和4G技术商用为网络视听内容的进一步发展提供了物质基础。这十年中，4K/8K高清视频、

[①] 数据来源：国家广电智库。
[②] 数据来源：国家广播电视总局监管中心统计数据。

虚拟现实/增强现实、大数据、人工智能、5G等前沿技术被应用于视听领域，在不断改善用户视听体验的同时，催生大量节目样态创新，为行业提供了更多的想象空间与可能性。高新技术与艺术创作的结合，激活了视听内容高质量发展新动能。近年来，元宇宙、人工智能等推动视听传播迈入虚实融合与智能生产的新阶段，虚拟数字人、数字孪生、数实融合等为网络视听行业开拓了新天地，或将为人类生存方式和社会形态带来根本性变革。

三、网络视听管理制度体系不断完善

党的十九大报告指出，要深化文化体制改革，完善文化管理体制，加快构建把社会效益放在首位、社会效益和经济效益相统一的体制机制。党的二十大报告中，对"实施国家文化数字化战略，健全现代公共文化服务体系，创新实施文化惠民工程"作出战略部署，为推进公共数字文化建设提供了根本遵循。为推动网络视听行业健康有序的发展，国家广播电视总局坚持管理与发展并重，采取一系列举措，优化网络视听内容建设和管理机制，强化网络视听内容引导，推动网络文艺建设，更好地服务党和国家工作大局。

1. 扶持网络视听精品创作，规范行业发展秩序

国家广播电视总局坚持以习近平新时代中国特色社会主义思想为指导，深入贯彻落实习近平总书记关于文艺工作的重要论述，通过总局网络视听节目精品创作传播工程、"中国梦"主题优秀网络视听节目征集和展播展映、网络视听节目季度、年度推优等活动，引导视听内容创作质量不断升级，发挥优秀作品的示范带头效应。同时，充分发挥中国网络视听节目服务协会等社会组织的桥梁纽带作用，对重点项目进行跟踪和内容指导，推动建立节目评价机制、强化行业自律、促进行业交流。

2. 完善规划引导机制，建设视听宣传主阵地

网络视听内容具有意识形态和文化产品的双重属性，其创作不仅要有审美追求，还需坚持正确的政治方向与价值取向。国家广播电视总局相关部门开展视听新媒体"首页首屏首条"建设及短视频"首屏首推"工程，同时围绕重大事件和重要节点，挖掘

网络视听内容的传播潜能，积极引导开展主题主线宣传报道，在网络空间弘扬主旋律、壮大正能量，使网络视听成为舆论引导生力军，真正为时代立传、为人民抒怀。

3. 建设良好网络视听生态，提升综合治理效能

国家广播电视总局从零开始建设网络视听行业管理规则，建立和完善内容审核与备案管理机制，逐步搭建起行业管理的"四梁八柱"，对网络视听全领域，陆续开展了针对各环节、各主体的精细化全周期、全流程管理。2022年6月1日起，国家广播电视总局正式颁发"网络剧片发行许可证"，将国产网络剧片审查纳入行政许可事项管理。同时，从严治理艺人违法失德、"饭圈"乱象、注水剧、唯流量论等问题，加强对短视频、直播管理，防范未成年人沉迷，提升对未成年人的保护水平，有效整治网络视听领域的行业乱象，营造了清朗的网络空间。国家广播电视总局在实践中不断探索创新监管模式，基本形成了规范化、长效化的综合治理体系，营造了风清气正、规范有序的网络视听行业生态，开创了网络视听管理的新局面。

回望2012—2022年，我国网络视听行业走过了改革创新的历程，实现了跨越式发展。

这十年，是网络视听行业狂飙突进、快速革新的重要阶段，面临转型挑战，行业在困局中迎来转机、在瓶颈期创造新增量，迅速成为我国文化产业的重要组成部分。

这十年，是网络视听行业不断探索优质内容生产和表达方式创新的关键时期，从流量逻辑回归质量本位，各大平台和制作方优化精品视听内容供给，推出了一批兼具思想性、艺术性和商业性的优秀视听作品。

这十年，是网络视听行业逐步建立起全流程、全周期管理机制和治理体系的重要关口，主管部门"建""管"结合，出台了一系列政策法规，有效保障了行业的健康有序发展。

《国民经济和社会发展第十四个五年规划和2035年远景目标纲要》明确提出，要实施文化产业数字化战略，加快发展新型文化企业、文化业态、文化消费模式，壮大数字创意、网络视听、数字出版、数字娱乐、线上演播等产业。未来，各方要形成合力，积极拥抱新一代视听技术、信息技术，继续做好网络视听相关工作，履行举旗帜、聚民心、育新人、兴文化、展形象的使命任务，共同开创网络视听发展新局面，推动行业向着更加高质量、高水平的方向前进。

1

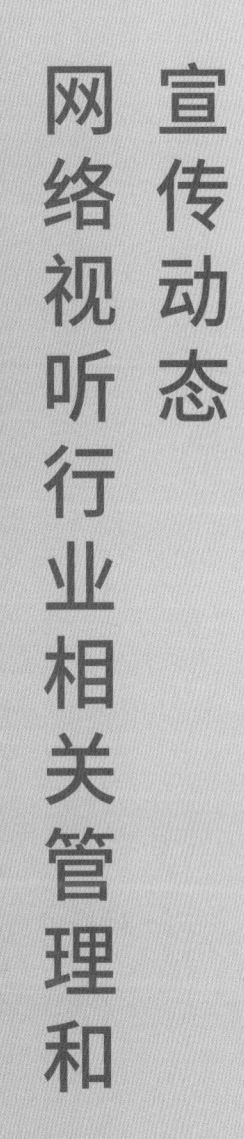

网络视听行业相关管理和宣传动态

一、规划指导

1. 国家"十四五"规划纲要明确广播电视和网络视听重点任务项目

2021年3月12日,《国民经济和社会发展第十四个五年规划和2035年远景目标纲要》（以下简称《纲要》）公布。智慧广电固边工程、智慧广电乡村工程、推进有线电视网络整合和5G一体化发展、完善应急广播体系、完善乡村广播电视基础设施建设、抵边新村广电普遍覆盖建设、壮大网络视听产业、超高清制播能力建设、电视频道高清化改造、沉浸式视频和云转播应用、视听中国、影视精品工程、纪录片创作传播、中华文化新媒体传播、网络文艺创作传播、鼓励优秀影视剧"走出去"等广播电视和网络视听重点任务项目，以及制定信息网络传播视听法律法规等重大改革举措被纳入《纲要》。

2. 中央宣传部等五部门联合印发《关于加强新时代文艺评论工作的指导意见》

2021年8月初，中央宣传部、文化和旅游部、国家广播电视总局、中国文联、中国作协等五部门联合印发了《关于加强新时代文艺评论工作的指导意见》（以下简称《意见》）。《意见》明确，加强新时代文艺评论工作的总体要求是：以习近平新时代中国特色社会主义思想为指导，全面贯彻"二为"方向和"双百"方针，坚持创造性转化、创新性发展，弘扬中华美学精神，进行科学的、全面的文艺评论，发挥价值引导、精神引领、审美启迪作用，推动社会主义文艺健康繁荣发展。

3. 国家广播电视总局召开广播电视和网络视听文艺工作者座谈会

2021年9月7日，国家广播电视总局在北京召开广播电视和网络视听文艺工作者座谈会。会议以"爱党爱国、崇德尚艺"为主题，深入贯彻落实习近平总书记关于文艺工作的重要论述，交流思想、凝聚力量，进一步加强广播电视和网络视听文艺节目及人员管理，推动广播电视和网络视听文艺持续健康发展。

4. 中共中央办公厅、国务院办公厅印发《关于加强网络文明建设的意见》

2021年9月中旬，中共中央办公厅、国务院办公厅印发了《关于加强网络文明建设的意见》（以下简称《意见》）。《意见》指出，加强网络文明建设，是推进社会主义精神文明建设、提高社会文明程度的必然要求，是适应社会主要矛盾变化、满足人民对美好生活向往的迫切需要，是加快建设网络强国、全面建设社会主义现代化国家的重要任务。《意见》包括总体要求、加强网络空间思想引领、加强网络空间文化培育、加强网络空间道德建设、加强网络空间行为规范、加强网络空间生态治理、加强网络空间文明创建、组织实施八个部分。

5.《广播电视和网络视听"十四五"发展规划》发布

2021年10月8日，国家广播电视总局官网发布《广播电视和网络视听"十四五"发展规划》（以下简称《规划》）。《规划》指出，综合考虑广播电视和网络视听改革发展的形势和条件，"十四五"时期争取实现以下主要目标：媒体深度融合发展，一体化、联动式主流舆论格局有效构建；精品创作有力有效，为实现中国梦提供强大精神支撑；公共服务提质增效，智慧广电"人人通"基本实现；产业高质量发展，成为发展数字经济、扩大内需的强力引擎；科技创新有效赋能行业发展，智慧广电全业务服务模式基本建立；安全保障和治理能力持续提高，现代化行业治理体系不断健全；国际传播能力显著提升，"走出去"实效切实增强。

6. 国家广播电视总局召开广播电视和网络视听重大主题节目创作推进会

2021年12月22日，国家广播电视总局在北京召开广播电视和网络视听重大主题节目创作推进会，时任中宣部副部长，国家广播电视总局党组书记、局长聂辰席出席并讲话。会议聚焦迎接党的二十大胜利召开、奋进第二个百年奋斗目标新征程，部署推进 2022 年广播电视和网络视听重大主题节目创作。

7. 召开 2022 年全国广播电视工作会议

2022 年 1 月 6 日，2022 年全国广播电视工作会议在京召开。会议强调，要紧紧围绕迎接宣传贯彻党的二十大这条主线，深入开展"新时代的答卷"重大主题宣传，精心组织"我们的新时代"主题作品创作展播活动。全力做好服务北京冬奥会、冬残奥会工作。围绕建设社会主义文化强国的目标，着眼加快行业转型升级，深化拓展广播电视和网络视听舆论引导能力提升、新时代精品、智慧广电建设、视听中国播映、安全播出、管理优化六大工程，进一步提升舆论引导、精品创作、智慧广电发展、国际传播、安全防护、行业治理六个能力，努力以能力提升促进发展，展现新气象、实现新作为。

8. 国家广播电视总局召开迎接党的二十大重点电视剧创作暨现实题材电视剧创作工作推进会

2022 年 6 月 8 日，国家广播电视总局召开迎接党的二十大重点电视剧创作暨现实题材电视剧创作工作推进会，时任中宣部副部长，国家广播电视总局党组书记、局长徐麟出席会议并讲话。徐麟指出，电视剧行业要深入学习领会习近平总书记关于文艺工作的重要论述，牢牢把握现实题材电视剧创作的正确方向。要凝心聚力铸时代精品，志存高远攀文艺高峰，努力开创现实题材电视剧创作新境界。

9. 召开 2022 年全国广播电视和网络视听工作年中推进会

2022 年 7 月 15 日，2022 年全国广播电视和网络视听工作年中推进会在北京召开。时任中宣部副部长，国家广播电视总局党组书记、局长徐麟出席会议并讲话。会议指出，2022 年下半年广播电视和网络视听工作要坚持以习近平新时代中国特色社会主义思想为指导，全面贯彻落实党的十九大和十九届历次全会精神，深入贯彻落实习近平总书记关于宣传思想工作的重要论述和关于广电工作的重要指示批示精神，突出学习宣传贯彻习近平新时代中国特色社会主义思想首要政治任务，突出迎接宣传贯彻党的二十大工作主线，坚持稳中求进、守正创新、敢于斗争，进一步壮大主流舆论、繁荣精品创作、提升治理效能、推动创新发展，努力为党和国家工作大局作出积极贡献。

10. 国家广播电视总局召开迎接党的二十大重点文艺节目创作推进会

2022年8月3日，国家广播电视总局召开迎接党的二十大重点文艺节目创作推进会，中宣部副部长，国家广播电视总局党组书记、局长徐麟出席会议并讲话。会议指导推动《博物馆之城》《时间的答卷（第二季）》《我们的新时代》等十档重点文艺节目创作播出工作。

11. 国家广播电视总局专题部署迎接党的二十大精品网络视听节目宣传推介工作

2022年9月9日，国家广播电视总局网络视听节目管理司召开迎接党的二十大精品网络视听节目推荐座谈会。会上传达了国家广播电视总局党组关于深化迎接党的二十大宣传报道工作的有关部署精神，重点介绍了网络视听节目管理司跟踪指导，并将在9月至12月党的二十大重点宣传保障期陆续播出20部精品网络视听节目，包括《这十年》主题系列网络视听节目以及《血战松毛岭》《勇士连》《特级英雄黄继光》等。

12. 全国广电系统圆满完成党的二十大广播电视安全播出保障工作

2022年10月23日，中国共产党第二十届中央委员会第一次全体会议在北京隆重举行。全国各级广播电视主频道、主频率对新一届中央政治局常委中外记者见面会进行了直播转播，播出画面声音清晰流畅、信号传输安全稳定。全国各级安全播出责任单位忠诚履行职责使命，强化责任担当，坚决贯彻落实中央和总局各项工作部署，严格落实意识形态工作责任制和安全播出工作责任制，圆满完成党的二十大期间重要活动直播转播安全播出保障任务。

13. 五部门印发《虚拟现实与行业应用融合发展行动计划（2022—2026年）》

2022年10月28日，工业和信息化部、教育部、文化和旅游部、国家广播电视总局、国家体育总局印发《虚拟现实与行业应用融合发展行动计划（2022—2026年）》（以下简称《行动计划》）。《行动计划》以高质量发展为主题，以供给侧结构性改革为主线，以虚拟现实核心软硬件突破提升产业链韧性，以虚拟现实行业应用融合创新构建生态发展新局面，以虚拟现实新业态推动文化经济新消费。《行动计划》提出，到2026年，三维化、虚实融合沉浸影音关键技术重点突破，新一代适人化虚拟现实终端产品不断丰富，产业生态进一步完善，虚拟现实在经济社会重要行业领域实现规模化应用，形成若干具有较强国际竞争力的骨干企业和产业集群，打造技术、产品、服务和应用共同繁荣的产业发展格局。

14. 国家广播电视总局开展电视剧、网络剧、网络电影选题推荐工作

2022年11月11日，国家广播电视总局电视剧司召开选题推荐工作视频会议，建立选题张榜揭榜工作机制，在全国范围配置创作资源，落实中国作协、国家广播电视总局战略合作机制，推动优秀文学作品向影视转化。

15. 国家广播电视总局印发《关于推动短剧创作繁荣发展的意见》

2022年12月6日，国家广播电视总局印发《关于推动短剧创作繁荣发展的意见》（以下简称《意见》）。《意见》指出，短剧为人民所急需，符合精神文化产品精品化的发展规律，已成为一种新趋势，应当大力倡导推动。为推动短剧创作繁荣发展，总局制定八项意见，包括坚持正确创作方向、坚持以人民为中心的创作导向、加强现实题材短剧创作、提升短剧创新创造能力、培育壮大短剧创作主体、构建现代短剧传播格局和市场体系、加强短剧文艺评论、切实履行管理职责。

二、精品内容

1. 推出《理想照耀中国——庆祝建党百年"双100"系列融媒报道》

2021年3月,国家广播电视总局指导全国50家电视台联合推出《理想照耀中国——庆祝建党百年"双100"系列融媒报道》。从3月23日至6月30日的100天里,该系列报道选择100个具有标志性意义的红色地标,制作播出100场新媒体直播和100条相关短视频,涵盖中国革命、建设、改革开放、新时代等各时期,全方位、多角度、立体化呈现中国共产党百年奋斗历程。短视频在上海东方、北京、天津、浙江、湖南、重庆等卫视及省级地面频道,以及各参与电视台的客户端、微信公众号、微博账号等新媒体矩阵同步播出。

2. "我们的新时代"主题作品创作展播活动

自2021年10月起至2022年年底,国家广播电视总局组织全国广播电视和互联网视听节目服务机构开展"我们的新时代"主题作品创作展播活动。创作展播活动发挥广播电视和网络视听特色优势,讲好新时代的中国故事,推动党的创新理论深入人心,鲜明展现中国故事背后的思想力量和精神力量。

3. 《山海情》《觉醒年代》等入选"百部精品网络正能量动漫音视频作品"公示名单

2022年1月29日,中央网络安全和信息化委员会办公室公示2021中国正能量"五个一百"网络精品评选结果:乌合麒麟、胡锡进、央视新闻运营团队、央广网微博运营团队等入选"百个优秀网络正能量建设者";《山海情》《觉醒年代》《中国医生战疫版》《洛神水赋》《理想照耀中国》《叛逆者》以及电视剧《外交风云》等入选"百部精品网络正能量动漫音视频作品"。

4.《中国梦·我的梦——2022中国网络视听年度盛典》成功举办

2022年2月2日，多家重点网络视听平台联合播出了《中国梦·我的梦——2022中国网络视听年度盛典》，《中国梦·我的梦——2022中国网络视听年度盛典》紧扣中国梦主题和喜迎党的二十大，突出"艺术+技术"特色，以序幕《中国红·正当红》、五大篇章《中国路·百年恰风华》《中国人·我最了不起》《中国风·国潮最有范》《中国情·你让我感动》《中国梦·奋进新时代》、发布《网络视听行业共筑中国梦喜迎二十大倡议书》即"一五一"结构呈现。盛典播出当晚，手机端观看直播用户达1.1亿；"守山大叔讲述情暖万家里的人间烟火"等累计30余个话题热搜上榜；微博相关话题阅读量超17亿。

5."我们的幸福生活"短视频征集展示活动启动

2022年7月1日，由国家广播电视总局网络视听节目管理司指导，中国网络视听节目服务协会与主要网络视听平台联合主办的"我们的幸福生活"短视频征集展示活动拉开序幕。活动以"我们的幸福生活"为主题，面向社会征集具有原生态、人情味、烟火气和鲜活感的短视频作品，从"感动时刻""美好奋斗""幸福家园""岁月静好"四个方面记录那些让人热泪盈眶的幸福时刻，叙述普通百姓砥砺奋斗的追梦故事，反映经济社会发展过程中的家园巨变，表现美好生活岁月静好中的可亲烟火。

6.召开《这十年》主题系列网络视听节目创作推进会

2022年8月1日，国家广播电视总局召开《这十年》主题系列网络视听节目创作推进会，时任中宣部副部长，国家广播电视总局党组书记、局长徐麟出席会议并讲话。徐麟强调，要紧紧围绕"思想精深、艺术精湛、制作精良"这一重要要求，在提升思想性上、在创新创造上、在组织推进上下功夫。《这十年》系列节目一定要牢牢把握正确政治方向、舆论导向、价值取向、审美趣向，坚持网上网下一个标准，切实把好方向、把好关口，严格审核要求，努力打造精品。

7. 公布2022年"弘扬社会主义核心价值观 共筑中国梦"主题原创网络视听节目推选结果及组织展播活动的通知

2022年9月24日,国家广播电视总局公布2022年"弘扬社会主义核心价值观 共筑中国梦"主题原创网络视听节目推选结果及组织展播活动的通知。经各中央直属单位和省级广电行政部门推荐,国家广播电视总局组织专家进行多轮评审,最终确定100部优秀网络视听节目,其中特别节目2部、网络剧8部、网络电影8部、网络微电影2部、网络纪录片31部、网络动画片10部、网络综艺节目7部、网络音频节目7部、短视频25个。这些节目聚焦喜迎党的二十大主题主线,聚焦中国梦伟大征程,聚焦广大人民对美好生活的向往和追求,聚焦现实生活和时代精神,聚焦中华优秀传统文化,聚焦青少年群体,坚持正确政治方向、舆论导向、价值取向、审美趣向,坚持以人民为中心的创作导向,对网络视听节目创作具有示范引领作用。

8. 发布"2022网络视听精品节目集锦"

2023年1月,国家广播电视总局网络视听节目管理司发布"2022网络视听精品节目集锦",55部作品入选,包括5部特别节目,16部网络剧,6部网络电影,4部网络微短剧、微电影,4部网络综艺,5部网络纪录片,3部网络动画片,3部网络音频节目,3部网络直播节目,3部网络短视频,3部境外剧片。这些作品用光影描绘时代之变、中国之进、人民之呼,彰显了中国文艺新气象。

三、标准规范

1. 发布《IPTV监管系统接口规范》

2021年1月25日,国家广播电视总局发布《IPTV监管系统接口规范》。该文件是指导全国IPTV监管业务数据采集和交换、建立相关接口的参考性文件,规定在全国IPTV监测监管中,中央监管平台在IPTV集成播控总平台和分平台、IPTV省级传输分发系统、IPTV 用户终端等位置部署监测前端采集设备，采用数据直接采集方式，对 IPTV 集成播控、传输分发、用户接收等环节的 IPTV 节目内容、传播秩序、安全播出、网络安全等数据进行采集，并实现与省级 IPTV 监管平台数据交换与共享。

2. 发布《互联网电视总体技术要求》等四项行业标准

2021 年 2 月 2 日，国家广播电视总局发布《互联网电视总体技术要求》《互联网电视集成平台技术要求》《互联网电视内容服务平台技术要求》和《互联网电视集成平台节目集成系统技术要求及接口规范》等行业标准。该系列标准规范了互联网电视总体技术架构，以及集成平台、内容服务平台、节目集成系统技术要求和相互对接，对加强互联网电视体系标准化建设、推进互联网电视产业高质量发展具有重要意义。

3. 发布视音频内容分发数字版权管理标准体系

2021 年 2 月 23 日，国家广播电视总局发布视音频内容分发数字版权管理标准体系。视音频内容分发数字版权管理（DRM，Digital Rights Management）标准体系贯彻落实媒体融合、超高清电视、5G、商用密码应用等要求，针对广播电视和网络视听行业视音频内容分发业务场景下数字版权管理实际需求，覆盖有线数字电视、IPTV、互联网电视、互联网视频等视音频内容分发数字版权管理，保障新形势下视音频内容分发数字版权管理系统标准化建设和规范化运行。

4. 发布《广播电视和网络视听节目对外译制规范》

2022 年 7 月 28 日，国家广播电视总局发布《广播电视和网络视听节目对外译制规范》（以下简称《规范》）一项广播电视和网络视听行业标准。《规范》规定了中国广播电视和网络视听节目对外译制的要求，包括翻译、配音、字幕、后期制作等多个环节的质量和技术要求。

5. 发布《广播电视和网络视听节目内容标识标签规范》等三项广播电视和网络视听行业标准

2022 年 9 月 19 日，国家广播电视总局发布《广播电视和网络视听节目内容标识标签规范》《电视播出节目信息即时传输技术规范》和《立体声和环绕声音频测试序列》

等三项广播电视和网络视听行业标准。其中,《广播电视和网络视听节目内容标识标签规范》规定了广播电视和网络视听节目内容标识标签的构成和使用规则,包括视音频内容标识规则,视音频内容标签结构及标记原则,属性类标签、内容类标签及补充类标签的结构、标记规则等。

四、综合治理

1. 国家广播电视总局发布《中华人民共和国广播电视法（征求意见稿）》

2021年3月16日,国家广播电视总局发布关于公开征求《中华人民共和国广播电视法（征求意见稿）》（以下简称《征求意见稿》）意见的通知,向社会公开征求意见。《征求意见稿》分为总则、业务准入、制作播放、传输覆盖、公共服务、扶持促进、安全保障、监督管理、法律责任、附则,共10章80条。立法的主要目的在于推动实现广播电视领域加强党的领导和全面依法治国融为一体,为广播电视更好地满足人民群众精神文化需求提供制度保障,为构建全媒体传播体系提供法治支撑,提升广播电视领域依法行政能力。

2. 国家广播电视总局等七部门联合发布《网络直播营销管理办法（试行）》

2021年4月23日,国家互联网信息办公室、国家广播电视总局等七部门联合发布的《网络直播营销管理办法（试行）》（以下简称《办法》）正式施行。《办法》适用于在中华人民共和国境内,通过互联网站、应用程序、小程序等,以视频直播、音频直播、图文直播或多种直播相结合等形式开展营销的商业活动。《办法》旨在加强网络直播营销管理,维护国家安全和公共利益,保护公民、法人和其他组织的合法权益,促进网络直播营销健康有序发展。

3. 中央网络安全和信息化委员会办公室发布《关于进一步加强"饭圈"乱象治理的通知》

2021年8月27日,中央网络安全和信息化委员会办公室发布《关于进一步加强"饭圈"乱象治理的通知》(以下简称《通知》)。《通知》指出,"清朗·'饭圈'乱象整治"专项行动开展以来,各地落实有关工作要求,围绕明星榜单、热门话题、粉丝社群、互动评论等重点环节,深入整治"饭圈"乱象问题,取得了一定成效。为进一步加大治理力度,采取有关工作措施:(1)取消明星艺人榜单;(2)优化调整排行规则;(3)严管明星经纪公司;(4)规范粉丝群体账号;(5)严禁呈现互撕信息;(6)清理违规群组版块;(7)不得诱导粉丝消费;(8)强化节目设置管理;(9)严控未成年人参与;(10)规范应援集资行为。

4. 中央宣传部印发《关于开展文娱领域综合治理工作的通知》

2021年9月初,针对流量至上、"饭圈"乱象、违法失德等文娱领域出现的问题,中央宣传部印发《关于开展文娱领域综合治理工作的通知》(以下简称《通知》)。《通知》明确,坚持以社会主义核心价值观为引领,坚持问题导向、综合施策、标本兼治,有效遏制行业不良倾向,廓清文娱领域风气。同时,中央宣传部还就进一步持续整治"饭圈"乱象作了专门部署。从强化综艺节目管理、强化榜单产品管理、强化粉丝消费管理、强化粉丝互动管理、强化明星经纪管理、强化明星自我约束、打击违法违规行为、限制未成年人非理性追星等八个方面着力,坚决抵制造星炒星、泛娱乐化等不良倾向和流量至上、拜金主义等畸形价值观,探索构建"饭圈"管理长效机制,引导青少年健康成长。

5. 国务院印发《中国儿童发展纲要(2021—2030年)》

2021年9月8日,国务院印发《中国儿童发展纲要(2021—2030年)》(以下简称《纲要》)。《纲要》明确,加强新闻出版、文化等领域市场监管和执法。严格网络出版、文化市场管理与执法,及时整治网络游戏、视频、直播、社交、学习类移动应用软件传播危害未成年人身心健康的有害信息。严格管控诱导未成年人无底线追星、拜金炫富等存在价值导向问题的不良信息和行为。《纲要》指出,网络游戏、网络直播、网络音视频、网络社交等网络服务提供者，针对未成年人使用其服务依法设置相应的时间管理、权限管理、消费管理等功能，不得为未满十六周岁儿童提供网络直播发布者账号注册服务。

6. 国家广播电视总局等九部委印发《关于加强互联网信息服务算法综合治理的指导意见》

2021年9月17日，国家互联网信息办公室、国家广播电视总局等九部委印发《关于加强互联网信息服务算法综合治理的指导意见》（以下简称《意见》）。《意见》旨在加强互联网信息服务算法综合治理，促进行业健康有序繁荣发展。《意见》提出，要利用三年左右时间，逐步建立治理机制健全、监管体系完善、算法生态规范的算法安全综合治理格局。

7. 中国网络视听节目服务协会发布《网络短视频内容审核标准细则（2021）》

2021年12月15日，中国网络视听节目服务协会发布《网络短视频内容审核标准细则（2021）》。针对社会高度关注的泛娱乐化、低俗庸俗媚俗问题的新表现，以及泛娱乐化恶化舆论生态、利用未成年人制作不良节目、违规传播广播电视和网络视听节目片段、未经批准擅自引进播出境外节目等典型突出问题，为各短视频平台一线审核人员提供了更为具体和明确的工作指引，有利于进一步提高短视频平台对网络视听节目的基础把关能力和水平，促进网络视听空间清朗。

8. 中央宣传部办公厅、国家广播电视总局办公厅印发《关于进一步规范播音员主持人职业行为和社会活动管理的意见》

2022年1月25日，中央宣传部办公厅、国家广播电视总局办公厅印发《关于进一步规范播音员主持人职业行为和社会活动管理的意见》（以下简称《意见》）。《意见》明确，各级宣传部门、广播电视行政部门、播出机构要高度重视播音员主持人队伍建设，坚持严管厚爱结合、激励约束并重，加快建设一支具有坚定政治立场、高尚道德品质、广博文化知识、崇高职业精神、过硬工作本领的专业人才队伍。

9. 国家广播电视总局办公厅印发《关于国产网络剧片发行许可服务管理有关事项的通知》

2022年4月29日，国家广播电视总局办公厅印发《关于国产网络剧片发行许可服务管理有关事项的通知》（以下简称《通知》）。《通知》要求，广播电视主管部门对国产重点网络剧片实施重点监管，符合条件的网络剧、网络微短剧、网络电影、网络动画片，应依法取得广播电视主管部门颁发的《网络剧片发行许可证》。

10. 中国网络视听节目服务协会网络视听职业道德建设委员会成立

2022年7月12日，中国网络视听节目服务协会网络视听职业道德建设委员会成立大会在北京举行，同时召开第一届网络视听职业道德建设委员会第一次全体会议。全国政协常委、文化文史和学习委员会副主任、中国网络视听节目服务协会会长聂辰席出席会议并讲话。聂辰席提出四项具体工作要求：一是坚持政治引领，把牢政治方向，把旗帜鲜明讲政治摆在首位；二是净化行业生态，培育风清气正的网络视听发展环境；三是坚持道德教化，推动网络视听行业职业道德建设；四是健全工作机制，加强自身建设，发挥好职业道德建设委员会的引领作用。

11. 国家市场监管总局、中央网络安全和信息化委员会办公室等七部门联合印发《关于进一步规范明星广告代言活动的指导意见》

2022年10月31日，按照中央宣传部文娱领域治理有关工作部署，国家市场监管总局会同中央网络安全和信息化委员会办公室、文化和旅游部、国家广播电视总局、中国银行保险监督管理委员会、中国证券监督管理委员会、国家电影局等七部门联合印发《关于进一步规范明星广告代言活动的指导意见》（以下简称《指导意见》）。《指导意见》充分整合现有法律法规和政策性文件，综合运用市场竞争、行业管理、监管执法、行业自律、社会监督等多种措施，构建起规范明星广告代言活动的治理体系，为维护好明星代言领域清朗空间提供新的制度支撑。

12. 国家广播电视总局办公厅印发《关于进一步加强网络微短剧管理实施创作提升计划有关工作的通知》

2022年11月14日，国家广播电视总局办公厅印发《关于进一步加强网络微短剧管理实施创作提升计划有关工作的通知》（以下简称《通知》）。《通知》要求，要做到监管与繁荣并重、提正与减负并重，把网络微短剧与网络剧、网络电影按照同一标准、同一尺度进行管理，准确把握网络微短剧创作生产传播规律，不断健全事前事中事后全周期管理机制，奖优惩劣、激浊扬清，推动网络微短剧传播秩序持续规范、内容质量稳步提升。

五、推动发展

1. 国家广播电视总局批复设立中国（之江）视听创新创业基地、中国（厦门）智能视听产业基地

2021年1月7日，国家广播电视总局公布批复设立中国（之江）视听创新创业基地、中国（厦门）智能视听产业基地。中国（之江）视听创新创业基地聚焦培育扶持视听类中小微企业成长和创新创业人才建设，广泛吸引社会力量，集聚优势资源，立足视听特色，推动产教融合模式创新、数字科技成果转化、产业公共服务平台建设，打造集视听制作、影视科技、数字文创等多个产业蓬勃发展的视听创新创业生态体系。中国（厦门）智能视听产业基地以"融媒体、智能化、全链条"为定位，以智能视听内容生产、技术服务、平台运营、教育培训、展会活动、终端产品制造为核心，打造覆盖研发、创意、制作、发行、交易、教育、播出、衍生产品和延伸产业开发的智能视听产业链、产业集聚区。

2. 国家广播电视总局设立"5G高新视频体育融合创新应用国家广播电视总局实验室"

2021年2月4日，"5G高新视频体育融合创新应用国家广播电视总局实验室"暨

5G 高新视频助力"科技冬奥"行动发起仪式在北京体育大学举行。该实验室将围绕 5G 高新视频技术与体育赛事节目的制播分发、智慧观赏等开展应用研究,为全面服务奥运备战及赛事制作与转播提供重要技术支撑。

3. 国家广播电视总局、四川省人民政府主办的"奋进视听新征程"第九届中国网络视听大会在成都召开

2021 年 6 月 3 日,第九届中国网络视听大会在成都召开。大会由国家广播电视总局、四川省人民政府主办,中央网信办指导,中国网络视听节目服务协会、成都市人民政府承办。大会以习近平新时代中国特色社会主义思想为指导,深入贯彻新发展理念,推动构建新发展格局,着力营造庆祝中国共产党成立 100 周年浓厚氛围,以"奋进视听新征程"为主题,突出呈现网络视听行业守正创新、坚持高质量发展的使命担当。大会期间共举办网络视听业庆祝中国共产党成立 100 周年宣传活动、网络视听业庆祝中国共产党成立 100 周年工作展、高新视听技术与产品展等主题展览,以及 40 余场论坛、发布会、公益直播等活动。

4. 中国作家协会、国家广播电视总局战略合作协议签署仪式在京举行

2022 年 9 月 2 日,中国作家协会、国家广播电视总局战略合作协议签署仪式在中国现代文学馆举行。时任中宣部副部长,国家广播电视总局党组书记、局长徐麟出席并讲话。徐麟强调,围绕新时代精品创作,双方在重大项目的创作组织中加强互动联动,在版权、文艺批评、人才培养、国际传播等各个环节加强机制化的合作交流,通过共同努力,一定能更好把文学和影视的魅力有机结合起来,更加丰富两个领域的精品创作生产,使文学和广电两方面的工作在原有基础上更进一步。

5. 国家林草局与中国广电签订战略合作协议

2022 年 9 月 9 日,国家林草局与中国广电签订战略合作协议。时任中宣部副部长,国家广播电视总局党组书记、局长徐麟出席签约仪式。徐麟表示,党的十八大以来,在习近平生态文明思想指引下,我国山水林田湖草沙一体化保护和系统治理取得非凡成就。中国广电和国家林草局开展战略合作,是贯彻落实习近平生态文明思想和网络强

国重要论述的重要举措。双方发挥各自优势，既利用智能化、信息化手段不断提升林草治理能力，又以需求为导向促进广电5G技术应用。国家广播电视总局将继续发挥职能优势，加强对林草战线的宣传，向国际社会讲好林草故事，展示好中国国家形象。

6. "中国视听"平台上线发布

2022年9月28日，时任中宣部副部长，国家广播电视总局党组书记、局长徐麟出席"中国视听"平台上线发布仪式。建设"中国视听"平台，是国家广播电视总局立足更好履行职责、壮大宣传文化阵地作出的新部署。"中国视听"平台是集聚全国广播电视和网络视听优秀节目、供全社会使用的公益服务平台，主要有三大功能定位：一是宣传习近平新时代中国特色社会主义思想；二是以高品质视听内容满足人民群众美好精神文化需求；三是推介优秀节目、引导精品创作生产。

7. 国家广播电视总局"视听中国"系列活动在多地举办

2022年11月7日，视听中国·优秀视听节目展播活动在印尼启动。展播活动以"这十年·以视听作品感知中国的发展变化"为主题，积极对外宣介党的二十大精神，将在印尼IPTV和网络视听平台播出10余部中国视听节目。11月8日，视听中国·走进欧洲作品展播活动在法国巴黎以线下线上相结合方式举办。展播为期1个月，在法、德、英等5个欧洲国家媒体平台集中播出20余部中国视听作品。11月9日，2022视听中国·日韩湖北传媒周在武汉、东京、首尔三地同步举办。传媒周以"分享 交流 合作 创新"为主题，通过线下线上结合的方式，举办系列活动，推动国际文化交流合作。

六、人才培训

1. 国家广播电视总局创新推动新疆生产建设兵团广播电视和网络视听专业人才队伍建设

2021年3月30日，在国家广播电视总局人事司、公共服务司的指导下，总局研修学院与兵团文化体育广电和旅游局签订广播电视和网络视听人才教育培训战略合作框架协议,共建兵团广电视听人才教育培训基地,并同期举办广播电视业务骨干培训班和建党 100 周年广播电视网络视听重点文艺作品创作培训班。

2. 国家广播电视总局研修学院与江苏省广播电视局开展战略合作

2021 年 5 月 18 日,国家广播电视总局研修学院与江苏省广播电视局签署广播电视和网络视听人才教育培训战略合作框架协议,紧扣广播电视和网络视听工作重点和行业重点人才队伍建设,聚焦深入推进融合创新发展、推动智慧广电建设、加强新时代精品生产传播,突出网络视听发展,突出党性教育、思政涵育与全媒体人才培养,共同策划人才教育培训和研修交流项目,促进教育培训与发展实践的深度融合。

3. 国家广播电视总局公布 2020 年度全国广播电视和网络视听行业领军人才工程、青年创新人才工程入选名单

2021 年 7 月 9 日,《国家广播电视总局印发 2020 年度全国广播电视和网络视听行业领军人才工程、青年创新人才工程入选名单》公布,领军人才工程入选人才 437 名,其中新闻宣传界别 147 名、文艺创作界别 70 名、国际传播界别 25 名、经营管理界别 56 名、科技与工程技术界别 106 名、理论研究界别 33 名;青年创新人才工程入选人才 740 名,其中新闻宣传界别 243 名、文艺创作界别 128 名、国际传播界别 33 名、经营管理界别 54 名、科技与工程技术界别 243 名、理论研究界别 39 名。该工程是广播电视和网络视听行业首个全国性人才工程。

4. 国家广播电视总局举办行业领军人才工程、青年创新人才工程入选人才培养研修

2021 年 7 月 19 日至 23 日,2021 年全国广播电视和网络视听行业领军人才和青年创新人才示范研修班及思政素质涵育基层实践活动在厦门举办。[1] 此次研修班是国家广播电视总局面向行业"两个人才"工程首批入选人才开办的首个研修项目,紧密围绕

---

[1] 来源:国家广电智库微信公众号。

学习宣传贯彻习近平新时代中国特色社会主义思想和习近平总书记"七一"重要讲话精神，聚焦舆论引导能力提升和国际传播能力建设专题，设置专题讲座报告、结构化研讨、案例微课堂、基层实践等教学环节，共有 111 名 2020 年度行业"两个人才"工程入选人才参加研修。

5. 全国广播电视媒体深度融合培训启动

2021 年 7 月 26 日至 30 日，全国广播电视媒体深度融合专题培训班（第一期）在京举办。[①]培训班由国家广播电视总局媒体融合发展司、人事司主办，国家广播电视总局研修学院承办。中央广播电视总台、中国教育电视台、各省级广播电视局、各省级广播电视台分管媒体融合工作的相关负责同志 90 余人参训。

6. 国家广播电视总局印发《全国广播电视和网络视听"十四五"人才发展规划》

2022 年 12 月 30 日，国家广播电视总局印发《全国广播电视和网络视听"十四五"人才发展规划》（以下简称《规划》）。《规划》提出，要深入实施新时代广播电视和网络视听人才发展战略，以重大人才工程为牵引，以培养重点领域人才为关键，以创新人才发展体制机制为动力，以优化人才发展环境为保障，着力造就拔尖创新人才，锻造听党话跟党走、专业化复合型、有担当肯实干的广电铁军，构筑广播电视和网络视听人才竞争新优势。

---

① 来源：国家广电智库微信公众号。

2. 网络视听行业概览

一、网络视听行业用户规模

1. 网络视听行业用户规模

截至 2022 年 12 月，我国网络视听用户规模[①]达 10.40 亿，同比增长 4904 万，增长率为 4.9%，网民使用率为 97.4%，同比增长 1.4 个百分点，保持了在高位的稳定增长（见图 2.1）。四个细分领域中，短视频的用户使用率最高，为 94.8%，用户规模达 10.12 亿；网络直播的使用率为 70.3%，用户规模为 7.51 亿；综合视频的用户使用率为 67.3%，用户规模为 7.19 亿；网络音频的用户使用率略低，为 29.8%，用户规模为 3.18 亿（见图 2.2）。2022 年，在短视频、直播类应用的带动下，网络视听应用整体用户规模保持平稳增长态势。

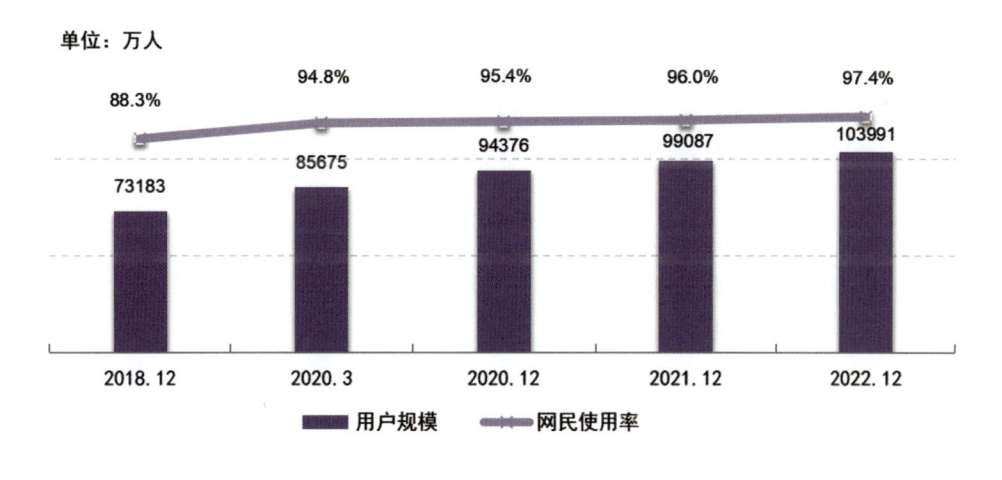

单位：万人

时间	用户规模	网民使用率
2018.12	73183	88.3%
2020.3	85675	94.8%
2020.12	94376	95.4%
2021.12	99087	96.0%
2022.12	103991	97.4%

数据来源：CNNIC 2022.12　　　　中国网络视听发展研究报告（2023）

图 2.1 网络视听用户规模及网民使用率

---

① 数据来源：CNNIC 第 51 次中国互联网络发展状况调查，网络视听用户规模指综合视频、短视频、网络音频和网络直播用户的并集。

单位：万人

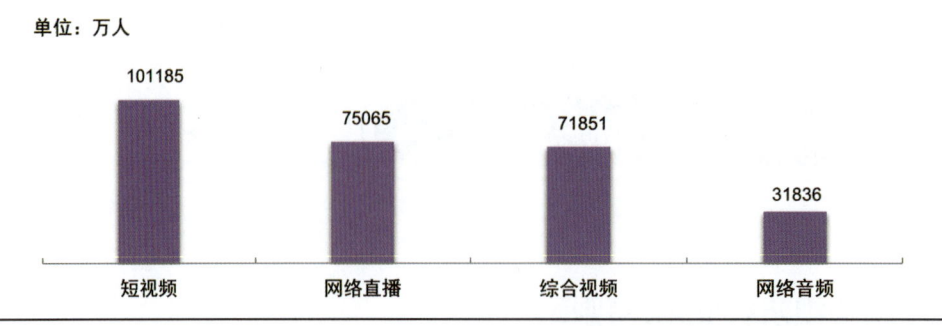

应用	用户规模
短视频	101185
网络直播	75065
综合视频	71851
网络音频	31836

数据来源：CNNIC 2022.12

图 2.2 网络视听细分应用用户规模

近 1/4 新网民因短视频触网，短视频"纳新"能力远超即时通信。截至 2022 年 12 月，我国网民规模达 10.67 亿，同比增长 3549 万。新入网的网民[①]中，24.3% 的人第一次上网时使用的是短视频应用（见图 2.3），与其他应用拉开较大距离。受疫情影响，因使用"在线教育课程"而接触互联网的用户比例大幅增长。

应用	比例
看短视频	24.3%
在线教育课程	17.2%
即时通信或聊天工具	16.2%
网上玩游戏	6.7%
搜索引擎，如百度	6.6%
网上看新闻	3.6%
网上听音乐	3.3%
网上支付	2.2%
网上看小说	1.9%
网上购物	1.9%
网上看直播	1.5%
网上看电影、电视剧、综艺等	1.3%

数据来源：CNNIC 2022.12

图 2.3 新网民第一次触网使用的网络视听应用

---

① 新入网的网民：此处指接触互联网的时间在一年内的网民。

2. 综合视频用户规模

2022年，受影视市场乏力等因素影响，综合视频用户规模呈下降趋势。截至2022年12月，我国综合视频用户规模达7.19亿，同比下降2653万，网民使用率为67.3%，同比下降4.9个百分点（见图2.4）。

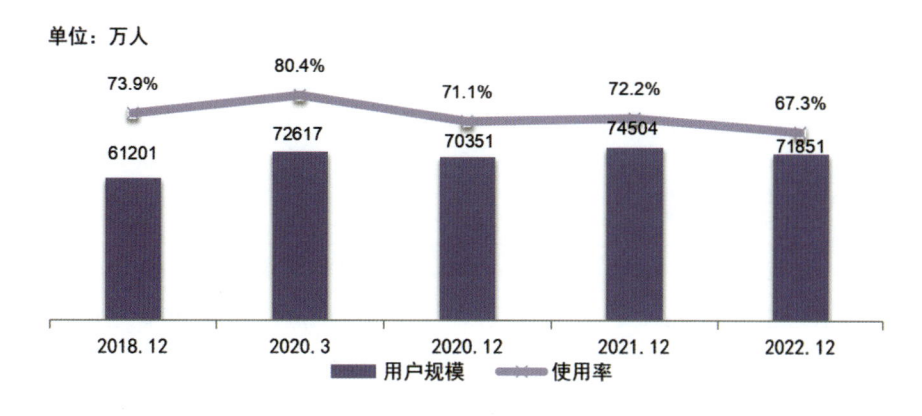

单位：万人

时间	用户规模	使用率
2018.12	61201	73.9%
2020.3	72617	80.4%
2020.12	70351	71.1%
2021.12	74504	72.2%
2022.12	71851	67.3%

数据来源：CNNIC 2022.12　　中国网络视听发展研究报告（2023）

图 2.4 综合视频用户规模及使用率

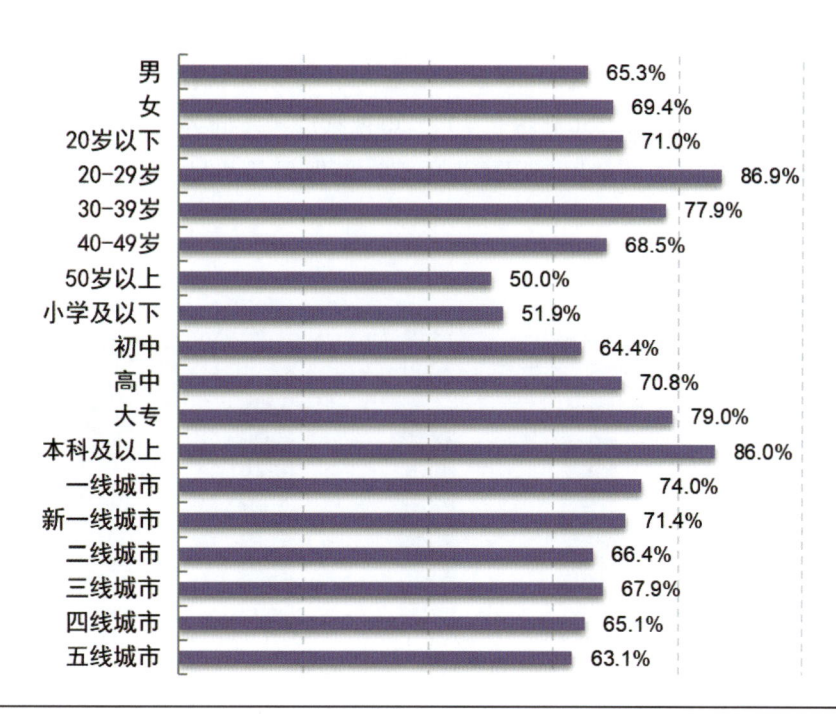

群体	使用率
男	65.3%
女	69.4%
20岁以下	71.0%
20-29岁	86.9%
30-39岁	77.9%
40-49岁	68.5%
50岁以上	50.0%
小学及以下	51.9%
初中	64.4%
高中	70.8%
大专	79.0%
本科及以上	86.0%
一线城市	74.0%
新一线城市	71.4%
二线城市	66.4%
三线城市	67.9%
四线城市	65.1%
五线城市	63.1%

数据来源：CNNIC 2022.12　　中国网络视听发展研究报告（2023）

图 2.5 不同网民群体对综合视频的使用率

20—39岁年龄段网民、大专及以上学历网民对综合视频的使用率明显较高。调查数据显示，女性对综合视频应用的使用率较男性高出4.1个百分点；20—29岁网民对综合视频的使用率为86.9%，较整体高出19.6个百分点，30—39岁网民的使用率较整体平均水平高出10.6个百分点左右；学历越高，对综合视频应用的使用率也越高，本科及以上学历用户对综合视频的使用率为86.0%，较整体平均水平高18.7个百分点，大专学历用户的使用率为79.0%，较整体平均水平高出11.7个百分点；一线城市、新一线城市用户对综合视频的使用率分别为74.0%、71.4%，显著高于其他级别城市（见图2.5）。

3. 短视频用户规模

2022年，短视频用户规模持续增长，行业保持稳定增长态势。截至2022年12月，短视频用户规模达10.12亿，同比增长7770万，对比2021年增长率为8.3%，在整体网民中的占比为94.8%，同比增长4.3个百分点（见图2.6）。短视频应用操作简单、内容丰富多元、具有较强的底层应用特性，是众多非网民"触网"的第一选择。在新网民的带动下，短视频用户规模呈快速增长趋势。

50岁及以上年龄网民、小学及以下学历网民、一线城市网民对短视频的使用率相对较低，其他用户对短视频的使用率均在94.0%以上。与2021年相比，各类用户群体对短视频使用率均有所上升，其中50岁及以上、小学及以下学历、五线城市网民的使用率均增长了5个百分点以上（见图2.7）。短视频进一步向各类网民群体"渗透"。与此同时，青少年群体如何合理使用短视频这一问题日益凸显，引起了相关主管部门及社会各界的关注。

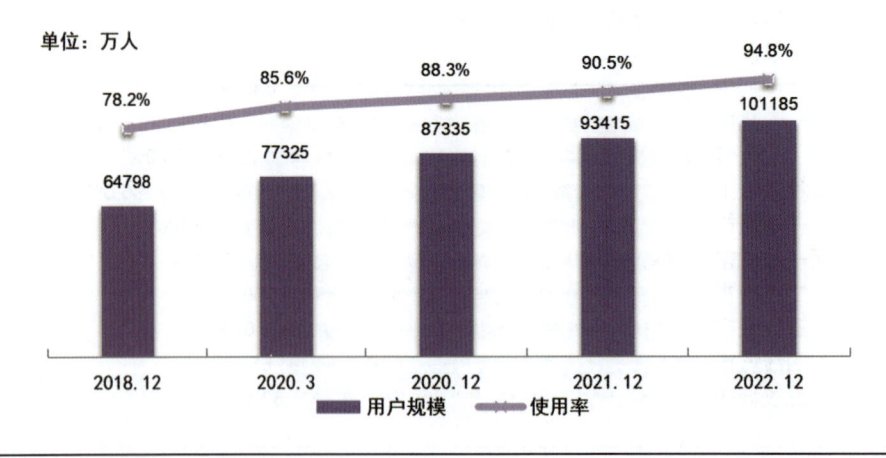

数据来源：CNNIC 2022.12

图2.6 短视频用户规模及使用率

第二章 网络视听行业概览

图表数据：不同网民群体对短视频的使用率

- 男：95.2%
- 女：94.4%
- 19岁及以下：95.7%
- 20-29岁：96.4%
- 30-39岁：97.6%
- 40-49岁：96.2%
- 50岁及以上：91.2%
- 小学及以下：92.2%
- 初中：96.0%
- 高中/中专/技校：95.0%
- 大专：95.8%
- 本科及以上：94.7%
- 一线城市：92.6%
- 新一线城市：94.8%
- 二线城市：94.2%
- 三线城市：95.2%
- 四线城市：95.1%
- 五线城市：95.3%

数据来源：CNNIC 2022.12　　中国网络视听发展研究报告（2023）

图 2.7 不同网民群体对短视频的使用率

4. 网络音频用户规模

2022年，网络音频用户规模持续回升，截至12月，用户规模达3.18亿，同比增长796万，自2020年3月触底后连续3年增长，用户使用率为29.8%（见图2.8）。

单位：万人

时间	用户规模	使用率
2018.12	30158	36.4%
2020.3	27965	30.9%
2020.12	28239	28.6%
2021.12	31040	30.1%
2022.12	31836	29.8%

数据来源：CNNIC 2022.12　　中国网络视听发展研究报告（2023）

图 2.8 网络音频用户规模及使用率

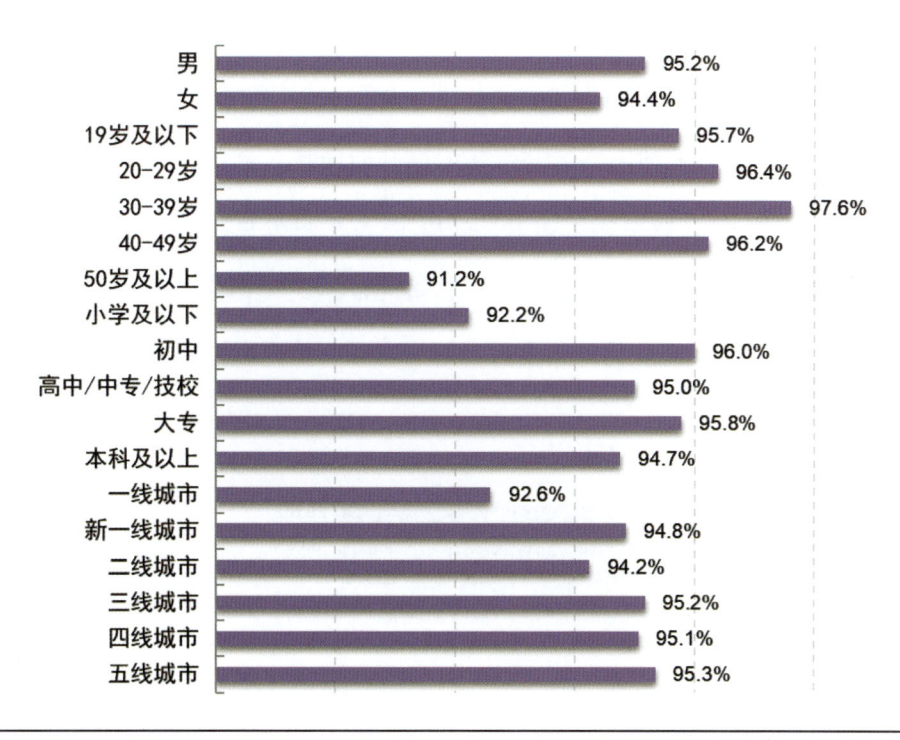

分年龄看，20—49岁网民对网络音频的使用率均在36%以上，较整体平均水平高6个百分点以上，19岁及以下、50岁及以上年龄段网民对该类应用的使用率相对较低；网民对网络音频的使用率随着学历的提升而增长，本科及以上学历网民对网络音频的使用率为45.4%，较整体平均水平高出15.6个百分点，这一特征在近几年保持稳定；一线城市网络音频使用场景相对丰富多元，网民使用率为37.5%，显著高于其他级别城市（见图2.9）。从另一角度看，网络音频有待开发广阔的"下沉"市场。

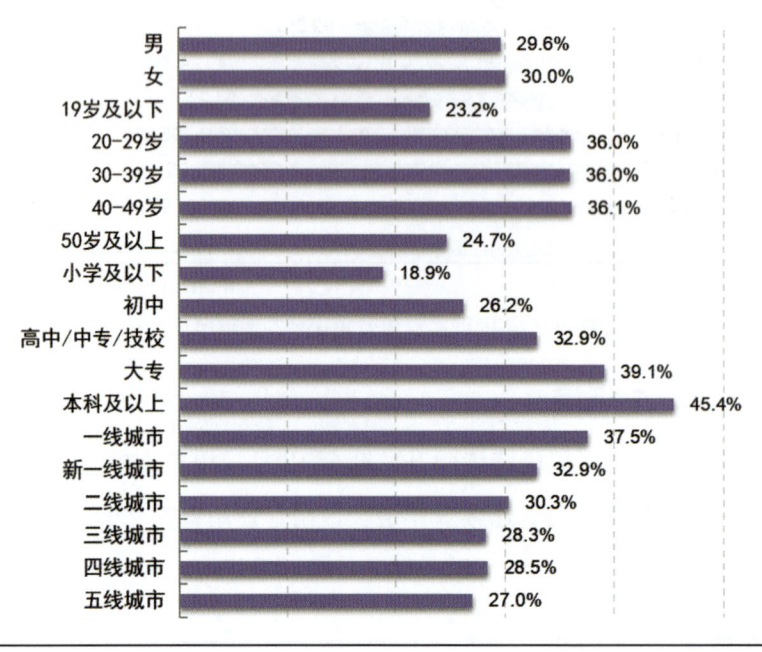

类别	使用率
男	29.6%
女	30.0%
19岁及以下	23.2%
20-29岁	36.0%
30-39岁	36.0%
40-49岁	36.1%
50岁及以上	24.7%
小学及以下	18.9%
初中	26.2%
高中/中专/技校	32.9%
大专	39.1%
本科及以上	45.4%
一线城市	37.5%
新一线城市	32.9%
二线城市	30.3%
三线城市	28.3%
四线城市	28.5%
五线城市	27.0%

数据来源：CNNIC 2022.12

图2.9 不同网民群体对网络音频应用的使用率

5. 网络直播用户规模

截至2022年12月，我国网络直播用户规模达7.51亿，同比增长4728万，占网民整体的70.3%（见图2.10）。其中，电商直播用户规模为5.15亿，同比增长5105万，网民使用率为48.2%。

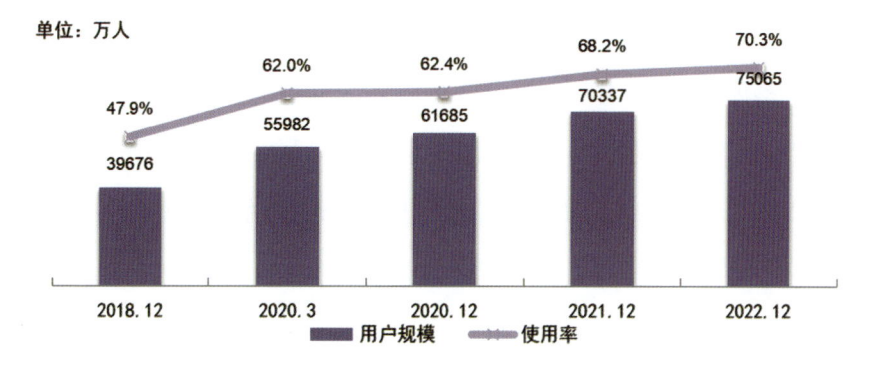

第二章 网络视听行业概览

单位：万人

时间	用户规模	使用率
2018.12	39676	47.9%
2020.3	55982	62.0%
2020.12	61685	62.4%
2021.12	70337	68.2%
2022.12	75065	70.3%

数据来源：CNNIC 2022.12

图 2.10 网络直播用户规模及使用率

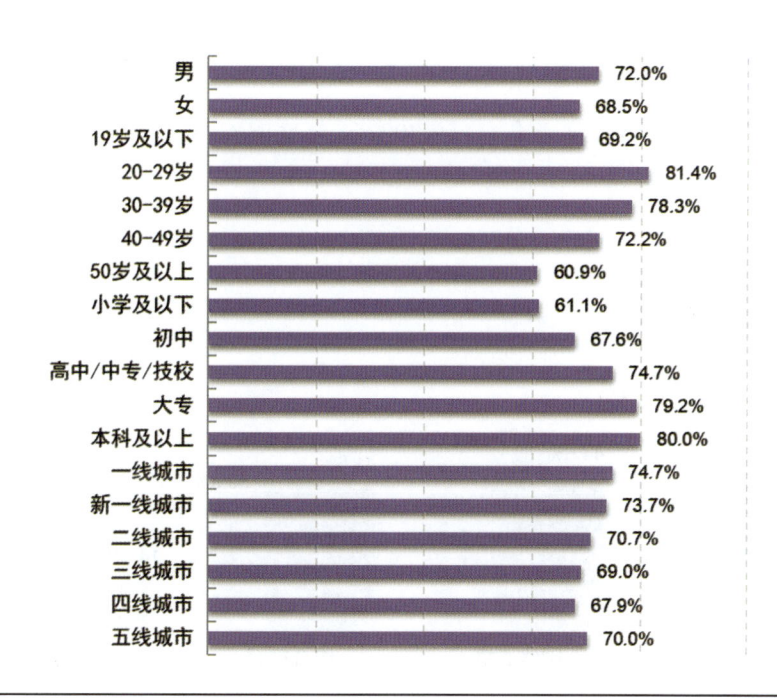

群体	使用率
男	72.0%
女	68.5%
19岁及以下	69.2%
20-29岁	81.4%
30-39岁	78.3%
40-49岁	72.2%
50岁及以上	60.9%
小学及以下	61.1%
初中	67.6%
高中/中专/技校	74.7%
大专	79.2%
本科及以上	80.0%
一线城市	74.7%
新一线城市	73.7%
二线城市	70.7%
三线城市	69.0%
四线城市	67.9%
五线城市	70.0%

数据来源：CNNIC 2022.12

图 2.11 不同网民群体对网络直播的使用率

20—29岁、大专及以上学历网民对网络直播的兴趣度更高。男性网民对网络直播类应用的使用率为72.0%，较女性高3.5个百分点；20—29岁网民对网络直播的使用率为81.4%，较整体高出11.1个百分点，30—39岁网民的使用率也高于整体8.0个百分点；网民学历越高，对网络直播的使用率也越高，大专及以上学历网民对网络直播的使用率均在80%左右；一线、新一线城市用户对网络直播应用的使用率相对较高（见图2.11）。

从以上数据可以看出，短视频已形成对网民群体的全方位"渗透"之势，综合视频、网络直播、网络音频则更多被高学历、一线及新一线城市的中青年群体使用，这类网民成为视听重度用户。

6. 新网民对网络视听应用的使用情况

八成以上的新网民[①]使用短视频类应用，近一半的新网民使用网络直播应用。数据显示，截至2022年12月，新网民中85.0%的人会看短视频，呈持续增长趋势；新网民对网络直播的使用率为48.7%，较2021年年底略有下降；对综合视频的使用率为36.3%，降幅较大（见图2.12）。

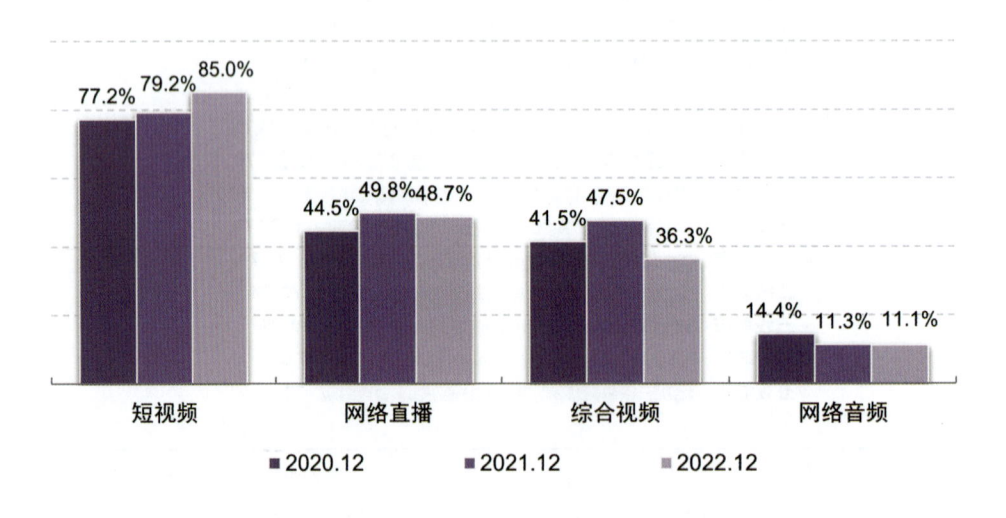

类别	2020.12	2021.12	2022.12
短视频	77.2%	79.2%	85.0%
网络直播	44.5%	49.8%	48.7%
综合视频	41.5%	47.5%	36.3%
网络音频	14.4%	11.3%	11.1%

数据来源：CNNIC 2022.12

图2.12 新网民对网络视听应用的使用率

---

① 新网民：指最近一年新接入互联网的用户。

二、网络视听行业用户使用时长

1. 移动互联网用户月人均单日使用时长

2021年12月，移动网民人均单日使用时长为403分钟，同比增长19分钟，增长率为4.9%；2022年12月，移动网民人均单日使用时长为464分钟，较2021年年底增加61分钟，增长率为15.1%，增速明显加快（见图2.13）。受疫情常态化影响，线上生活、办公的需求增加，导致网络使用稳步加深、时长增长明显。

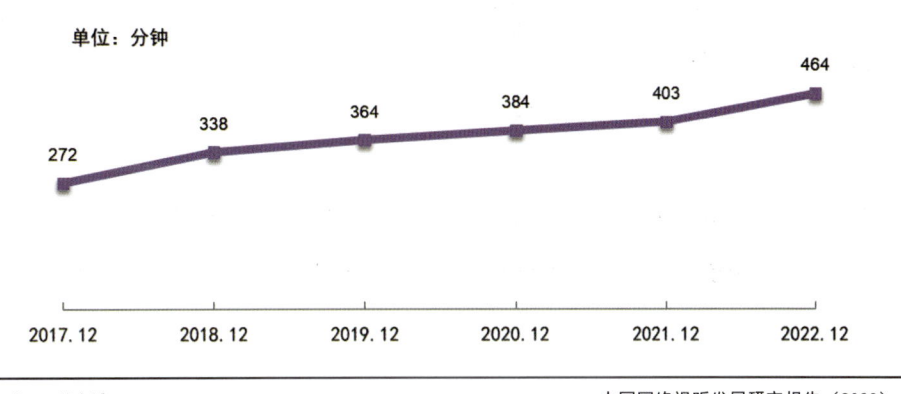

单位：分钟

2017.12	2018.12	2019.12	2020.12	2021.12	2022.12
272	338	364	384	403	464

数据来源：QuestMobile

图 2.13 移动互联网用户月人均单日使用时长

2. 网络视听应用人均单日使用时长

近年来，短视频成为除文字、图片外的第三大信息传播媒介，逐渐成为互联网的底层应用，与网民生活中的众多场景更加紧密结合，用户黏性增加。与此同时，短视频平台也积极推动自身在电商、文旅、教育等领域的布局，实现从"短视频+X"到"X+短视频"的转变。2017年以来，短视频应用的活跃用户人均单日时长从79分钟增长至2022年的168分钟，在细分应用中增速最为明显（见图2.14）。

2017—2019年，综合视频类应用的人均单日使用时长从99分钟增长至104分钟，增速平稳，2020—2021年保持稳定，受疫情常态化影响，在2022年年底迅速攀升至

120分钟，仅次于短视频，排在所有应用第二位。

2019年以来，网络直播类应用的人均单日使用时长呈稳中略增趋势，多元化的直播场景吸引用户使用。

2021年以来，网络音频呈现出用户规模逐步提升、人均单日使用时长逐步下降趋势，从侧面说明网络音频行业正经历质变过程。

图 2.14 网络视听细分应用人均单日使用时长

数据来源：QuestMobile

QuestMobile 监测数据显示，2022年12月，各典型细分行业[①]中，短视频用户的人均单日使用时长为168分钟，遥遥领先于其他应用；综合视频的人均单日使用时长为120分钟，自2020年底开始超越即时通信排在第二位；即时通信、综合资讯、在线阅读、网络直播的人均单日使用时长分别为106分钟、98分钟、76分钟、68分钟，排在第三至第六位（见图2.15）。

---

① 根据 QuestMobile 网络应用二级分类统计，各细分行业的人均单日使用时长基数为各细分行业的用户，故时长数据不能简单加总。

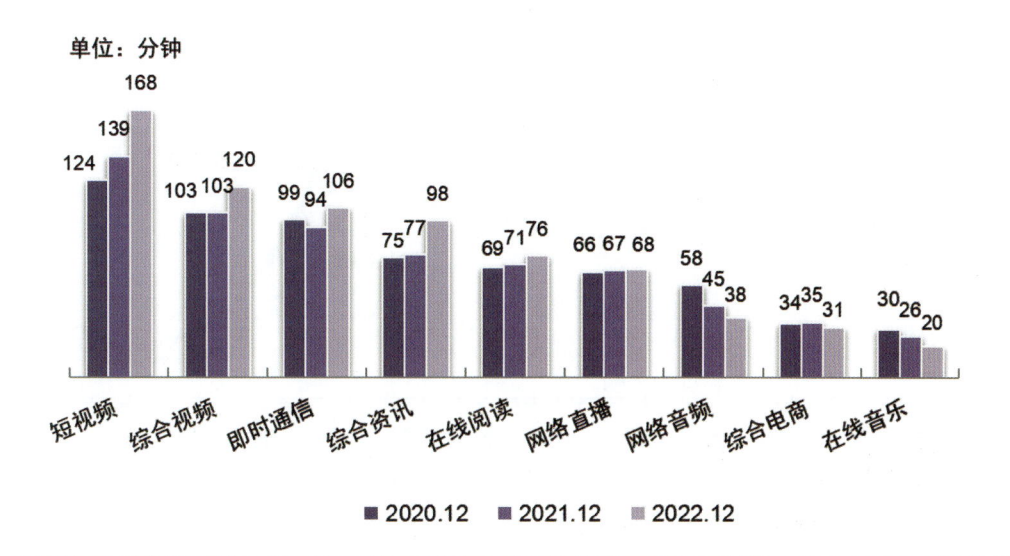

数据来源：QuestMobile

图 2.15 典型细分行业人均单日使用时长

3. 网络视听应用使用时段分布

网络视听应用使用高峰基本固定在"午休时间"和下班后的休闲时间。2022 年，各网络视听细分应用的用户时段分布[①]曲线较为接近，用户使用主要在 8:00—10:00 开始，12:00—13:00 达到一个小高潮，之后逐渐回落，在 17:00 左右又开始回升，20:00—22:00 达到使用峰值。以短视频为例，20:00—21:00 是使用最高峰，用户分布占整体的 25.3%，之后用户占比逐渐下降，凌晨 3:00—5:00 下降至最低点 4.4% 左右，早间 5:00 之后逐步回升，午间 12:00—13:00 用户占比回升至 21.6%，再逐渐下降，到 16:00 之后又再次回升，20:00 到达峰值。综合 2018—2022 年的数据对比分析，网络视听应用已深度嵌入网民日常生活中，"午休时间""下班后时间"的高峰使用时段模式已基本固定（见图 2.16）。

---

① 用户时段分布：在统计周期（周 / 月）内，该类型 APP 各个时段内使用用户数的平均值。

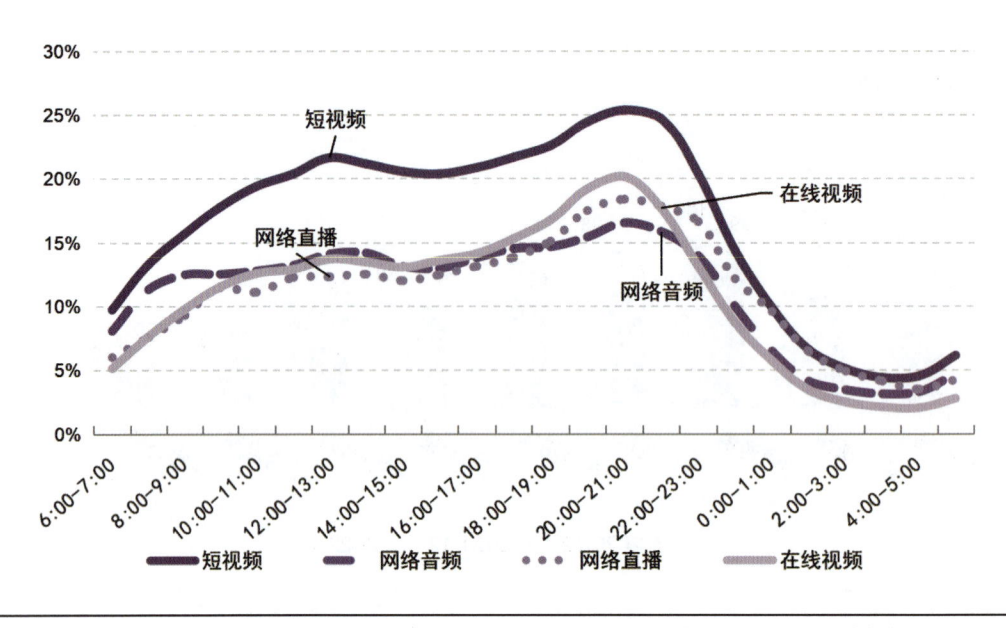

数据来源：QuestMobile 2022.12

图 2.16 网络视听类应用用户使用时段分布

三、网络视听行业市场规模

在参考《2021 年全国广播电视行业统计公报》基础上，根据企业财务报告、市场占有情况等相关公开数据推算，得出 2021 年泛网络视听产业的市场规模为 6964.5 亿元，较 2020 年增长 15.9%。其中，短视频领域市场规模为 2606.2 亿元，同比增长 27.1%，占比为 37.4%；其次是综合视频、网络直播领域，市场规模分别为 1323.4 亿元、1209.7 亿元，同比分别增长 11.2%、6.6%，占比分别为 19.0%、17.4%；OTT/IPTV 市场规模 844.9 亿元，同比增长 13.3%，合计占 12.1%；内容创作领域市场规模为 613.8 亿元，同比增长 11.8%，占整体份额的 8.8%；网络音频领域市场规模为 366.5 亿元，同比增长 8.2%，占整体的 5.3%（见图 2.17）。

受综合因素影响，2022 年泛网络视听产业增速放缓，经推算，2022 年泛网络视听产业的市场规模为 7274.4 亿元，较 2021 年增长 4.4%。其中，短视频领域市场规模为 2928.3 亿元，同比增长 12.4%，占比为 40.3%，是产业增量的主要来源；其次是网络直播领域，市场规模为 1249.6 亿元，同比增长 3.3%，占比为 17.2%；综合视频市场规模为 1246.5 亿元，同比下降 5.8%，占比为 17.1%；OTT/IPTV 市场规模为 867.1 亿元，同比增长 2.6%，合计占 11.9%；内容创作领域市场规模为 644.4 亿元，同比增长 5.0%，占整体份额的 8.9%；网络音频领域市场规模为 338.5 亿元，同比下降 7.6%，占整体的 4.7%（见图 2.18）。

数据来源：在参考《2021 年全国广播电视行业统计公报》基础上，根据企业财务报告、市场占有情况等相关公开数据推算得出
注：数据计算统计采取四舍五入方式，保留至小数点后 1 位。

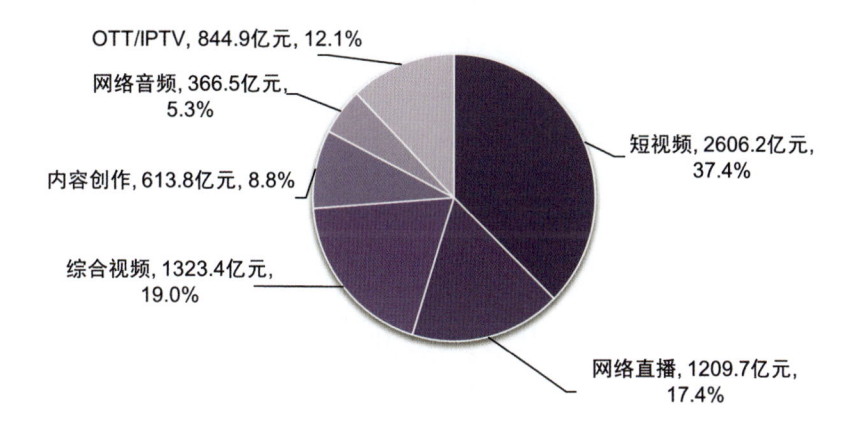

中国网络视听发展研究报告（2023）

图 2.17 2021 年网络视听行业市场规模及构成

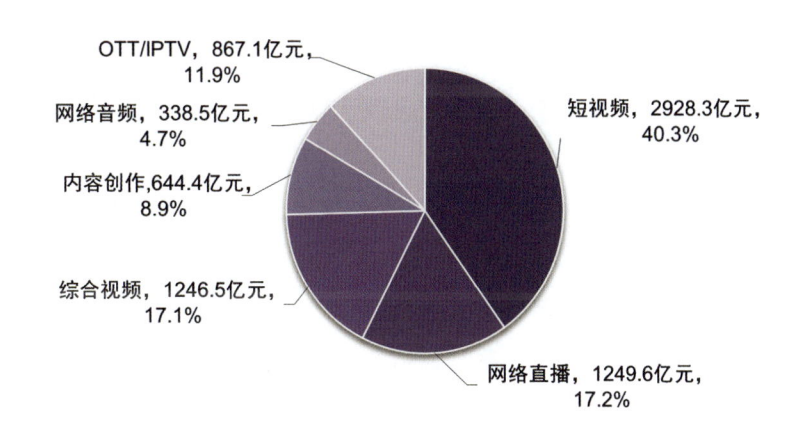

数据来源：根据企业财务报告、市场占有情况等相关公开数据推算得出
注：数据计算统计采取四舍五入方式，保留至小数点后 1 位。

中国网络视听发展研究报告（2023）

图 2.18 2022 年网络视听行业市场规模及构成

随着市场规模扩大，网络视听行业在公益、就业等社会责任方面的价值也进一步凸显。据不完全统计，2021年，10余家头部视听平台提供了价值约为5.5亿元人民币的捐赠，在公益领域投入时长超50万小时。

四、网络视听行业市场竞争格局

1. 综合视频平台竞争格局

综合视频领域，市场集中度进一步提升，爱奇艺、腾讯视频、优酷、芒果TV、哔哩哔哩五大平台占据近九成市场份额，其他平台的份额进一步被挤占（见图2.19）。2022年，爱奇艺陆续推出包括《风吹半夏》《卿卿日常》在内的多部热门剧集，会员用户观看时长同比增长超40%，环比增长超过30%[①]。2023年年初上线的《狂飙》延续了四季度内容的热度，成为又一部"现象级"内容。据财务报告显示，2022年爱奇艺总营收290亿元人民币，运营利润率为7%；截至2022年底，会员规模达到1.2亿，单季净增超1300万[②]。腾讯视频依托阅文、腾讯游戏等积累的IP资源，进行电影、剧集、综艺三线开发，实现内容联动，形成产品闭环。同时，着力版权采购，加强内容储备。2021—2022年，腾讯视频打造了《开端》《扫黑风暴》《梦华录》等爆款内容，引发各个圈层用户关注。优酷本着"小人物、真英雄、大情怀、正能量"的内容价值观，持续输出优质内容。《觉醒年代》等主旋律作品，平台播放量超过100亿人次，观众超过半数是"90后""00后"，年轻用户在主旋律作品里发出的弹幕达811万条；2021年版权出海的节目达3275集，落地海外国家和地区超过193个[③]。2022年，优酷的日均付费用户同比增长2%，并通过审慎投资于内容及制作能力、持续改善运营能力效率等，实现连续7个季度的亏损同比减少[④]。芒果TV继续发力王牌综艺，《声生不息·港乐季》《乘风破浪第三季》等精品节目，进一步稳固了芒果TV综艺领头羊

[①] 来源：爱奇艺2022年度财务报告。
[②] 来源：爱奇艺2022年度财务报告。
[③] 来源：优酷《2021暖报》。
[④] 来源：阿里巴巴集团2023财年第三季度财务报告。

地位，《麓山之歌》《底线》等入选国家广播电视总局"2022中国电视剧选集"。在优质内容加持下，2022年芒果TV积极创新会员运营打法，会员规模达5916万，会员收入同比增长6%，再创新高[①]。哔哩哔哩多场景的视频生态，让用户可以随时随地获取丰富的视频内容，带动了用户黏性增长。近年来，哔哩哔哩在综艺、动画、纪录片领域持续发力，推出了《造物说：一共分几步》《小小少年》《舞千年》等优秀作品，同时也与主流媒体合作，共创优质视频内容，带动平台活跃用户增长。

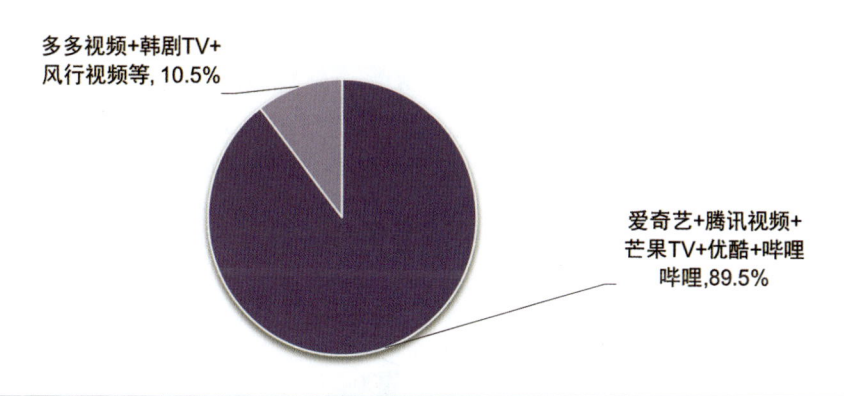

数据来源：QuestMobile

图2.19 2022年综合视频平台用户渗透率对比

2. 短视频平台竞争格局

短视频用户进一步向头部平台集中，第一、第二梯队应用几乎全属于抖音集团、快手旗下（见图2.20）。其中，抖音、快手这两大应用市场地位稳居第一梯队，活跃用户渗透率占行业整体的近六成（见图2.21），市场集中度进一步增加；快手极速版、抖音极速版、西瓜视频等应用处于第二梯队，活跃用户渗透率占行业整体的三成以上；抖音火山版、好看视频、微视、优哩视频、爱奇艺随刻等应用位于第三梯队，活跃用户规模占整体的8.1%。近年来，尽管有其他大型互联网平台不断尝试进军短视频领域，但未能打破短视频的头部市场格局，抖音集团、快手市场集中度进一步提升也无形中"劝退"着新的挑战者。

---

① 来源：芒果超媒2022年度业绩快报。

图 2.20 2022 年短视频平台整体格局

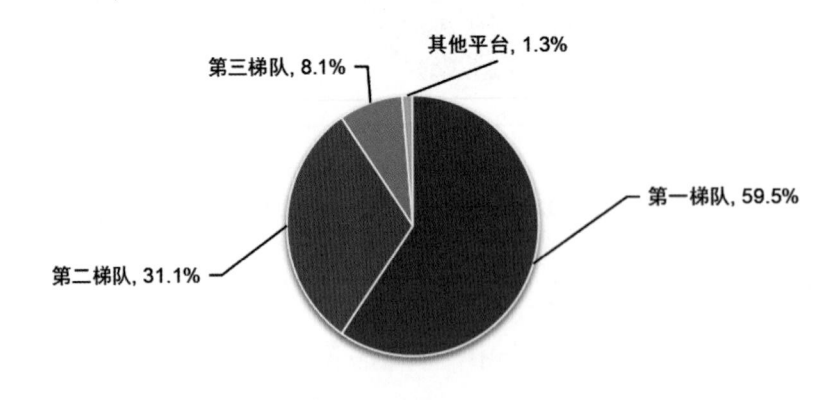

数据来源：QuestMobile

图 2.21 2022 年短视频平台各梯队用户渗透率对比

3. 网络音频平台竞争格局

网络音频相对于网络视频、游戏、阅读及其他娱乐形式，有着独特的陪伴属性。近年来，网络音频平台通过布局智能家居、智能音箱、车载设备等终端，拓展出丰富、便利的应用场景，进一步提升平台内容渗透性和用户黏性。

从月活跃用户规模看，喜马拉雅依然一枝独秀，活跃用户占整体的七成以上（见图 2.23），遥遥领先于其他网络音频应用，处于第一梯队（见图 2.22）；蜻蜓 FM、猫耳 FM 处于第二梯队，活跃用户占比为 9.8%；快音、荔枝、喜马拉雅极速版、配音秀、酷我畅听等应用的活跃用户占比合计为 10.7%，位于第三梯队。

图 2.22 2022 年网络音频平台整体格局

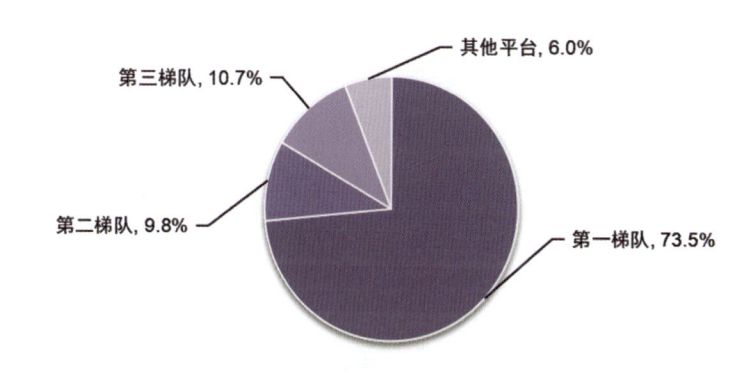

数据来源：QuestMobile

图 2.23 2022 年网络音频平台各梯队用户渗透率对比

4. 网络直播平台竞争格局

2021 年，在疫情常态化背景下，网络直播在线上营销和线上娱乐领域的优势得到充分体现。直播技术不断进步、监管体系进一步完善，推动网络直播各相关业态健康有序发展。"云演出""云影院"等业务不断探索，近几年，线下娱乐受限，网络直播成为强力互补，为用户提供新的娱乐消费体验方式，带动行业发展。

从行业格局看，斗鱼直播、虎牙直播、YY、花椒直播等四大平台的月均活跃用户渗透率占整体的 80% 以上（见图 2.24、图 2.25），市场集中度进一步提升；第三梯队、其他平台应用的活跃用户占比进一步下降。其中，斗鱼直播、虎牙直播的月均活跃用户渗透率占整体的 57.2%，处于第一梯队；YY、花椒直播处于第二梯队；映客直播、CC 直播、酷狗直播、快手直播伴侣、来疯直播等处于第三梯队。

图 2.24 2022 年网络直播平台整体格局

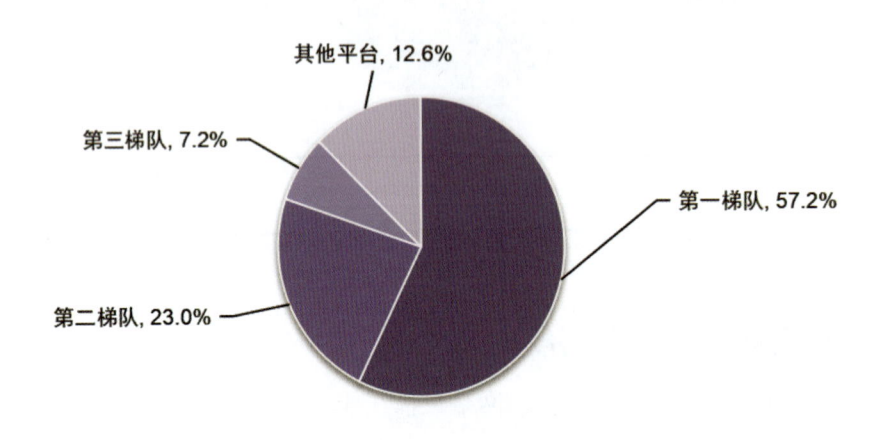

数据来源：QuestMobile

图 2.25 2022 年网络直播平台各梯队用户渗透率对比

五、网络视听行业终端规模

近年来,随着网络视听节目的收看/收听场景不断扩展,更多智能家居设备、个人可穿戴上网设备、车载设备逐步进入日常应用终端,终端规模不断扩大、应用设备逐渐多样化。调查数据显示,手机依然是最重要的视听设备,使用率为99.8%,终端规模为10.38亿;台式/笔记本电脑、平板电脑、电视等终端的普及率保持稳定增长态势,规模在3亿左右。新加入调查的个人可穿戴设备、智能家居设备、车联网设备终端规模为2.26亿、2.23亿、1.75亿,未来发展潜力较大(见图2.26)。

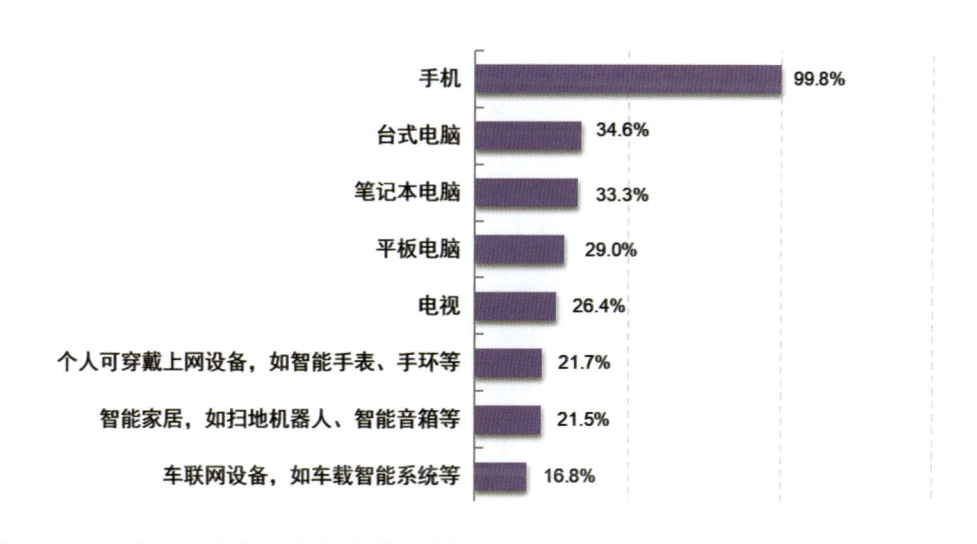

设备	使用率
手机	99.8%
台式电脑	34.6%
笔记本电脑	33.3%
平板电脑	29.0%
电视	26.4%
个人可穿戴上网设备,如智能手表、手环等	21.7%
智能家居,如扫地机器人、智能音箱等	21.5%
车联网设备,如车载智能系统等	16.8%

数据来源:CNNIC 2022.12

图2.26 网络视听用户对各类设备的使用率

近年来，5G技术与物联网传感器、新型终端、虚拟现实（Virtual Reality, VR）/增强现实（Augmented Reality, AR）、4K/8K视频等技术的深度融合加快推进，深刻改变着视听行业的创作、生产、传播、消费等环节，成为助推媒体深度融合的重要推动力。互联网数据中心（Internet Data Center，简称IDC）发布的数据显示，2021年全球AR/VR头显出货量达到1123万台，市场同比增长92.1%，其中VR头显出货量达1095万台[1]；2022年全球AR/VR头显全球出货量预计为970万台，较2021年同比下降12.8%[2]。

抖音集团

PICO——实现VR技术在多场景的应用

2022年9月，PICO发布了旗下最新一代6DoF VR一体机PICO 4，该产品不仅在互动娱乐、运动休闲、交互观影等消费级场景获得好评，在健身、教育、医疗、培训等商用场景亦有广泛应用，提供了多元化的VR一体机解决方案。

PICO在产品、技术、用户、运营层面系统发力为用户构建多样化的虚拟场景，满足用户的娱乐和交流诉求。在视频+直播的场景中，PICO引入180度、360度全景视频的UGC拍摄和制作各类演唱会、体育赛事全景VR直播，为用户带来虚拟沉浸观影的新体验。在培训场景，通过传输音视频影像资料，可模拟危险且不常见的场景，如突发火情后的紧急应对方法等，解决了用户模拟难、教学实践对齐难的痛点问题。在健身场景，通过手柄与音视频画面的实时互动，将交互和娱乐元素融入运动中。在社交场景中，用户可基于虚拟形象在VR的平行世界中进行各种社交活动。

---

[1] 数据来源：https://xueqiu.com/3673556274/215771336，2022年3月31日。
[2] 数据来源：https://cloud.tencent.com/developer/article/2214345，2023年2月9日。

爱奇艺

云演出——沉浸式虚拟线上演出产品

云演出作为爱奇艺依托于虚拟现实技术，融合真实与虚拟场景，借助多种视听技术打造的新形态娱乐内容，满足了用户在观看内容时获得互动感、沉浸式体验的需求。XR技术可帮助艺人更加精准地和舞台场景进行配合，增强表演的空间感。演唱会共计使用3个XR虚拟机位和10个直播机位，保证虚拟空间的真实感与360度的细节呈现；分别使用写实化XR和风格化XR两套设备，将现实与虚拟的素材和场景分别进行专业、高效的处理和结合。同时演唱会采用了实时渲染的方式，部分舞台元素和场景根据现场情况进行即时节奏律动，充分体现了实时交互能力。

爱奇艺在XR、VR/AR、5G等多个技术领域均有大量投入，同时在硬件制造和内容研发方面进行双线布局。伴随线上娱乐消费趋势的爆发以及5G、AI、VR等技术落地，包括"云演出"在内的创新业务模式，为用户消费娱乐内容提供了前所未有的便捷性和超出以往的体验感，也将为产业上下游拓展全新的商业价值空间。

六、智能电视终端规模

2021—2022年，在国家广播电视总局的政策扶持和精心指导下，IPTV、OTT发展规范有序，新业务开展健康可持续，呈现出终端智能化、内容超高清化、交互普及化的趋势。

1. IPTV

2021年3月,国家广播电视总局举办IPTV安全播出工作会议,就全国交互式网络电视(IPTV)安全播出提出具体要求,建设、运行和管理各环节形成合力,把IPTV重要宣传阵地建设好、运营好、管理好。各省级广电局落实属地管理责任,对IPTV发展保驾护航。2022年6月,国家广播电视总局出台《关于进一步加快推进高清超高清电视发展的意见》,提出持续推进IPTV高清超高清化进程,大力推广普及IPTV高清超高清机顶盒,对不符合标准的IPTV机顶盒,应逐步更新替代;提出到2025年底,全国IPTV标清频道信号基本关停,高清超高清机顶盒全面普及。

截至2021年年底,IPTV用户规模稳步扩大,总用户数达3.49亿户,比上年末净增3336万户,三家基础电信企业的固定互联网宽带接入用户总数达5.36亿户,IPTV对固定宽带用户的渗透率为65.1%;[①] IPTV平台分成收入达161.76亿元,同比增长19.1%。[②] 截至2022年年底,IPTV用户总数达3.8亿户,全年净增3192万户;固定互联网宽带接入用户总数达5.9亿户,IPTV对固定宽带用户的渗透率为64.4%。[③]

2. OTT

在政策、技术、模式变革等因素影响下,智慧家庭产业发展进入新的增长期。传统家电制造商、大型互联网公司、手机制造商、网络运营商等在市场需求引导下,加速对智慧家庭业务的布局。勾正科技的数据显示,截至2022年年底,智能电视(不包括OTT Box)累计覆盖终端4.11亿户,同比增长12.3%;激活终端3.15亿户,同比增长10.9%,激活率为76.6%(见图2.27)。分省份看,截至2022年12月,排在前十的省份智能电视激活规模均在1200万户以上,其中江苏、广东、山东三省的智能电视激活规模均在2400万户以上,排在前三位;浙江、河南两省的激活规模在1800万户以上(见图2.28)。

[①] 数据来源:2021年通信业统计公报。
[②] 数据来源:2021年全国广播电视行业统计公报。
[③] 数据来源:2022年通信业统计公报。

第二章 网络视听行业概览

单位：亿户

年份	智能电视覆盖规模	智能电视激活规模	激活率
2016年	1.34	0.78	58.2%
2017年	1.81	1.15	63.5%
2018年	2.51	1.86	74.1%
2019年	2.86	2.19	76.6%
2020年	3.27	2.55	78.0%
2021年	3.66	2.84	77.6%
2022年	4.11	3.15	76.6%

数据来源：勾正科技

图 2.27 智能电视覆盖和激活规模

单位：万户

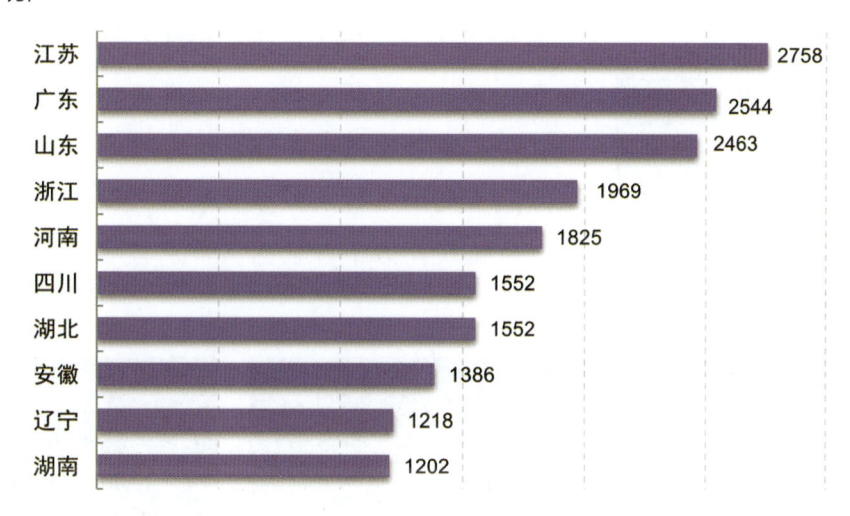

省份	激活覆盖
江苏	2758
广东	2544
山东	2463
浙江	1969
河南	1825
四川	1552
湖北	1552
安徽	1386
辽宁	1218
湖南	1202

数据来源：勾正科技 2022.12

图 2.28 智能电视分省激活覆盖 TOP10

与以往世界杯相比，此次各种新技术应用开启世界杯的花样玩法，可以说元宇宙已"全面渗透"本届世界杯，而在世界杯期间节目内容呈现上，采用"数智人+明星艺人"搭配亮相的方式，实现数实互动的元宇宙数智人体娱演艺效果，助力打造了世界杯"元宇宙"，受到球迷和用户的一致好评。

在为用户提供专业、有趣的赛事播报方面，尤子希跨界解锁"世界杯数智竞技达人"新身份，"空降"演播室《世界杯焦点战·大咖忆起来》环节，为观众开启了科技感与沉浸感交融的观赛新体验；数智手语主播弋瑭助力"为了听不到的你"视角升级，以"字幕+手语"的数智手语解说的形式提供比赛的实时内容。与此同时，全民健身推广大使刘畊宏、冬奥冠军徐梦桃、短道速滑名将王濛、中国移动5G世界杯推广大使米卢与他们的数智分身的

合体亮相展开世界杯首秀：刘畊宏与数智分身"刘教练"演绎最新个人单曲《记得要勇敢》；徐梦桃与数智分身"桃小桃"演出个人单曲《我是第一》；米卢与数智分身米卢Meet Lu在综艺《世界杯最强音》中献上"元宇宙中国足球"的精彩讨论；王濛数智分身"王小濛"亮相《濛主来了之我的眼睛就是尺》综艺节目和王濛跨时空同框"整活"。众多数智人加盟元宇宙世界杯，共同打造沉浸式观赛体验。

此次中国移动咪咕公司打造的"观赛+内容+社交"的世界杯之旅，创新全球顶级赛事转播和生产模式，让人们看到了"体育+娱乐化+元宇宙"的全新打法，以差异化、多元化的内容属性满足了不同用户需求，给用户带来全新的社交娱乐观赛新体验。

后世界杯期间，咪咕比特数智家族携手中国移动3D裸眼视频彩铃一起送出兔年新春祝福，在5G+算力网络、分布式云渲染之下，开启集技术、情感、趣味、场景于一体的新春社交盛宴，让用户身临其境感受到视频彩铃里的拜年"视"界。未来，咪咕持续发力元宇宙领域，遵循"MIGU演进路线图"，加速元宇宙与体娱产业的融合。

本次赛事系列中，创新的视频彩铃内容生产方式及合作模式，让人们看到了"体育+娱乐化+视频彩铃"的全新打法，以差异化、娱乐性的内容属性满足了不同用户需求，提升了视频彩铃的知名度及影响力，扩大了受众群体。

央视网

3D超写实数字人"小C"——具备直播和实时交互能力的AI超仿真主播

"小C"是央视网推出的拥有百变形象、具备强大实时交互能力的3D超写实数字人，已参与10余档共180余期创新节目，并获得2022年国家广播电视总局第二届广播电视和网络视听人工智能应用创新大赛二等奖。

"小C"采用业内领先的实时渲染、动作捕捉、深度学习、语音合成等技术，主要创新点包括：一是采用4D扫描技术＋高精度拟真3D人像技术，呈现高精度写实专属形象；二是基于高精度扫描、拟真3D人像技术及轻量级AI模型，通过低成本无穿戴式设备，实现面部实时驱动；三是采用流式解耦声学建模技术，进行实时音色变换，最大化保留原始发音人风格的同时实现千人一音。

2022年全国"两会"报道中，央视网推出《两会C+时刻》，首次实现"小C"在虚拟演播室中与真人实时互动的"AI超仿真主播+现实嘉宾+虚拟场景"直播，成为视听技术创新应用于主题报道的又一实践。《C位看冬奥》以"小C"新颖活泼的形态、看点十足的内容受到广大网友的欢迎。

2022年，"小C"不断拓展融合应用场景。亮相中国网络文明大会、世界智能大会等大型活动，担任2022北京时装周云潮计划推广大使，开设元宇宙微访谈节目《未来可C》，推出"小C"运动快闪系列盲盒数字藏品等。

华数传媒

"云尚杭州"慢直播智慧云景传播平台——
跨越时空的深度体验

"云尚杭州"慢直播智慧云景传播平台基于大数据场景应用和华数"智眼"全域覆盖，生产实时化、云端化、智能化、专业化的慢直播内容，结合5G+超高清+全景VR/AR技术应用，让用户能跨越时间和空间进行深度体验。平台围绕江河湖海溪、都市景观及特色事件，按十二时辰实时同步输出慢直播多点高清内容，实现了"实时直播、全景抓取、场景变幻、多点互通"的视频应用场景，给予用户实时发生、零时差对话的真实感与在场感。

截至目前，围绕钱塘江、大运河、西湖、西溪湿地、良渚遗址、富春江、千岛湖等标志性景观共上线推出75个自建慢直播点位，成功构建全网规模最大的宋韵名胜24小时慢直播，打造了"江河湖海溪""杭州十二时辰""鸟瞰亚运""诗画浙江"等多个特色慢直播系列。目前，慢直播点位数量居浙江第一、全国第三，覆盖华数大屏端4K高清电视以及华数TV、微信小程序等小屏端应用。同时，视觉化数字诗路已初具规模，四条诗路文化带串珠成链，沉浸式实时呈现"诗画江南，活力浙江"的无穷魅力。

平台升级优化"云尚杭州"智慧云景传播平台，持续打造"云尚浙江""云尚中国""云尚乡村"等特色慢直播平台产品，深度挖掘东方文化内涵，发挥广电融媒优势，不断探索全新的内容形式。

2022年华数慢直播获得国家广播电视总局第二届高新视频创新应用大赛互动视频（视角切换场景类）三等奖。

3 网络视听用户行为分析

一、综合视频用户行为分析

1. 收看设备：90%以上网民通过手机看节目，多终端同时观看成新习惯

手机是最主要的综合视频节目收看设备，其次是智能电视／电视盒子、台式电脑／笔记本电脑和平板电脑。综合视频用户中，92.8%的人通过智能手机收看；通过智能电视／电视盒子收看的比例为37.4%，排在第二位；通过台式电脑／笔记本电脑、平板电脑收看的用户比例分别为36.6%、31.4%（见图3.1）。

近三成用户会使用手机投屏功能，近两成用户会多个设备同时看综合视频节目，用户注意力进一步分散，在不同平台间无缝切换。近年来，手机、智能电视投屏功能不断更新，几乎所有智能手机都可以连接同一Wi-Fi网络中的智能屏幕，让用户在大屏端观看内容，有更好的使用体验。调查数据显示，使用"手机投屏到电视上看"的用户比例为27.6%，较2020年增长5.5个百分点。其中，20—39岁用户，大专及以上学历用户，一、二线及新一线城市用户使用手机投屏电视的比例均在30%以上（见表3.1）。此外，有17.9%的用户会在多个设备同时看网络视频节目，如在收看投屏／直播内容的同时，刷微博看其他用户评论，在哔哩哔哩平台分享弹幕等。其中，20—29岁、30—39岁用户多个平台同时看的比例在23%左右，大学本科及以上学历用户、一线城市用户多个平台同时看的比例在28%左右，显著高于整体平均水平（见表3.1）。生活节奏快的群体更偏爱同时使用多个设备看网络视频节目，在有限的碎片化休闲时间内尽可能提升时间的利用效率，在多个终端间不断迁移，同时满足多种娱乐休闲需求。

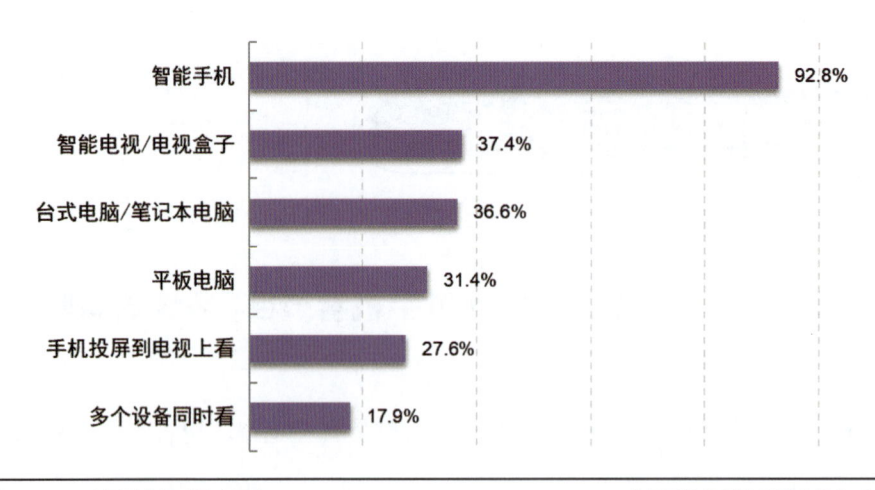

图 3.1 综合视频节目收看设备

设备	比例
智能手机	92.8%
智能电视/电视盒子	37.4%
台式电脑/笔记本电脑	36.6%
平板电脑	31.4%
手机投屏到电视上看	27.6%
多个设备同时看	17.9%

数据来源：2022 中国网络视听用户调查

表 3.1 不同群体用户综合视频节目收看设备

单位：%

用户	手机投屏到电视上看	多个设备同时看
整体	27.6	17.9
男	27.1	17.8
女	28.1	18.1
19 岁及以下	26.5	16.3
20—29 岁	31.8	23.4
30—39 岁	34.1	22.6
40—49 岁	25.0	14.9
50 岁及以上	15.8	7.8
小学	17.4	14.5
初中	18.5	8.1
高中/中专/技校	25.9	14.6
大专	30.8	18.6
大学本科及以上	36.9	28.3
一线城市	31.8	27.1
新一线城市	31.2	20.8
二线城市	31.6	24.5
三线城市	26.9	16.0
四线城市	24.7	16.0
五线城市	25.8	10.6

数据来源：2022 中国网络视听用户调查

第三章 网络视听用户行为分析

观看电视频道直播及回放是电视端的主要收视行为。在收看过电视端网络视频节目的用户中，看电视频道直播的用户占 40.0%，排在首位。其中 40 岁以上用户的占比均在 50% 以上，五线城市用户的比例为 46.3%，显著高于整体平均水平。收看电视频道回放的用户占比为 32.4%，仅次于直播，排在第二位。其中，女性用户、19 岁及以下用户收看电视回放的比例分别为 37.5%、41.3%，这两类群体的收视目的更为明确。在电视上看短视频、网络直播（唱跳、表演、带货、游戏等）的比例分别为 25.3%、21.2%。其中，19 岁及以下年龄用户、小学学历用户在电视端观看这两类节目的比例显著高于整体平均水平（见表 3.2）。

表 3.2 综合视频用户电视端收看行为

单位：%

用户	电视频道直播	电视频道回放	短视频	网络直播
整体	40.0	32.4	25.3	21.2
男	43.7	26.5	25.3	22.4
女	36.7	37.5	25.2	20.1
19 岁及以下	25.9	41.3	38.1	25.2
20—29 岁	40.3	28.3	22.3	22.3
30—39 岁	41.7	30.5	21.8	24.0
40—49 岁	52.5	27.0	18.9	14.2
50 岁及以上	50.8	31.5	17.6	14.2
小学	36.7	31.6	47.5	39.5
初中	36.0	38.8	27.1	23.5
高中/中专/技校	35.4	31.3	29.4	19.4
大专	41.4	29.8	23.5	21.8
大学本科及以上	44.7	29.9	18.8	16.4
一线城市	40.9	26.6	20.3	19.8
新一线城市	43.4	33.4	32.5	25.1
二线城市	42.2	39.2	24.3	20.1
三线城市	36.8	34.4	28.6	22.8
四线城市	37.3	32.4	23.6	20.7
五线城市	46.3	28.5	23.3	18.7

数据来源：2022 中国网络视听用户调查

中国网络视听发展研究报告（2023）

2. 收看类型：电影是网民最常看节目，19 岁以下青少年最爱电影动漫

综合视频用户中，最近半年在网上看过电影、剧集、动画/动漫、综艺节目、纪录片的比例分别为 45.4%、42.7%、38.1%、37.8% 和 29.4%。就电影而言，48.2% 的男

性用户经常在网上看电影，较女性高出 5.4 个百分点；19—39 岁用户、大专及以上学历用户、新一线城市用户经常上网看电影比例均在 50% 以上。就剧集而言，女性用户、20—39 岁用户、高中及以上学历用户、一线城市用户经常收看的比例均显著高于整体平均水平。就动画/动漫而言，19 岁以下、20—29 岁用户经常收看的比例分别为 57.2%、51.1%，较整体平均水平高出 13 个百分点以上，是该节目类型的主要受众。就综艺节目而言，女性用户、20—39 岁用户、大专及以上学历用户经常收看的比例较整体高出 4 个百分点以上。就纪录片而言，大学本科及以上学历用户、一线城市用户经常收看的比例分别为 36.7%、35.2%，较整体高出 7.3、5.8 个百分点，20—39 岁用户经常收看的比例较整体高出 3 个百分点左右，其他人群上网看纪录片的比例无显著差异。各节目类型横向对比发现，男性、高学历用户更爱在网上看电影，女性则更爱看剧集；19 岁及以下年龄群体在网上看电影、动画/动漫节目的比例分别为 50.3%、57.2%，显著高于其他节目类型，这也对这两类节目的内容质量和价值观传递提出了更高的要求，尤其是网络电影，要注意培养未成年的审美并引导其建立正确的人生观、价值观（见表 3.3）。

表 3.3 不同群体用户经常看的综合视频节目类型

单位：%

用户	电影	剧集	动画/动漫	综艺节目	纪录片
整体	45.4	42.7	38.1	37.8	29.4
男	48.2	34.6	41.3	30.3	31.2
女	42.8	50.1	35.2	44.8	27.8
19 岁及以下	50.3	40.9	57.2	38.5	27.8
20—29 岁	52.7	47.6	51.1	47.7	31.7
30—39 岁	50.3	48.8	33.9	41.9	33.3
40—49 岁	38.5	40.0	19.0	30.6	29.7
50 岁及以上	24.5	31.4	8.5	21.6	22.6
小学	33.9	29.1	32.5	30.0	22.9
初中	36.8	36.0	34.2	32.9	21.6
高中/中专/技校	48.6	47.3	37.1	34.4	29.9
大专	51.7	46.6	39.2	43.7	30.9
大学本科及以上	50.8	47.6	42.8	42.4	36.7
一线城市	47.1	48.0	36.8	40.2	35.2
新一线城市	50.5	43.2	42.3	37.7	31.7
二线城市	49.8	39.7	43.8	40.2	28.7
三线城市	41.8	44.3	37.0	36.9	28.8
四线城市	44.1	40.3	38.9	36.5	27.0
五线城市	46.0	42.0	32.9	38.5	29.4

数据来源：2022 中国网络视听用户调查

3. 用户付费：付费习惯逐渐养成，优质内容是付费主因

超四成用户为网络视频节目付费，其中 20—29 岁用户、大学本科及以上学历用户、一线与新一线城市用户的付费比例均在 50% 以上。近年来，随着知识版权以及用户知识付费意识的增加，付费内容渐渐被网民所接受，主流视频网站付费用户数均呈增长趋势，用户付费成为继广告之后视频网站的主要营收来源。调查数据显示，过去半年内，40.7% 的人曾为综合视频节目付费；女性用户的付费比例为 42.0%，与 2021 年相比反超男性 2.6 个百分点；20—29 岁用户的付费比例为 51.8%，在各年龄段中最高，其次是 30—39 岁用户，付费比例为 46.4%，高于整体 5.7 个百分点，19 岁及以下用户的付费比例为 36.0%，较 2021 年下降 23.3 个百分点；用户学历越高，越能接受付费内容，本科及以上学历用户的付费比例达 50.6%；分城市级别看，一线、新一线城市用户的付费比例均在 53% 以上，高于其他级别城市用户（见图 3.2）。

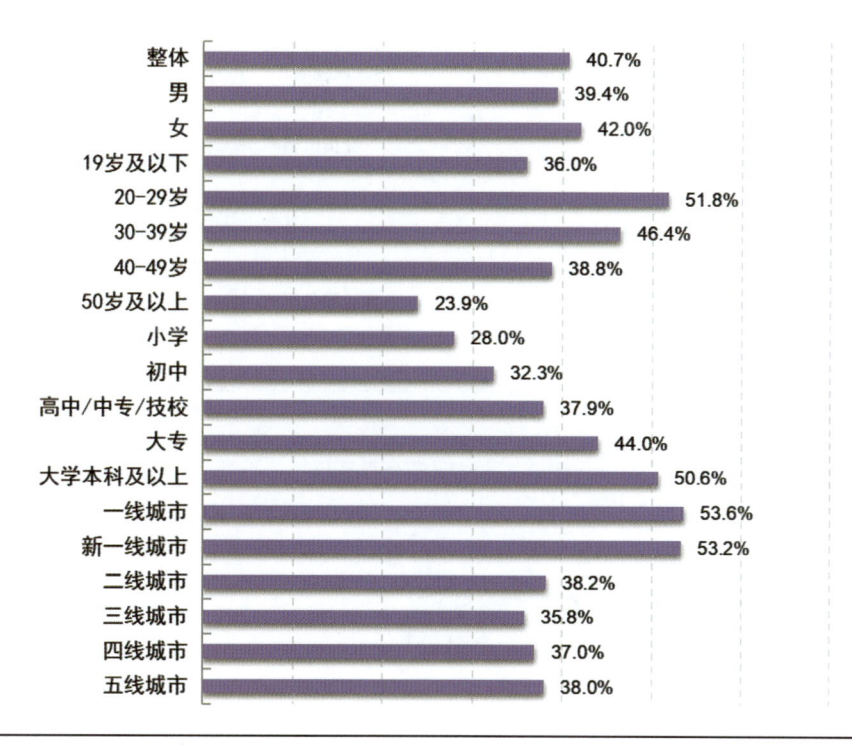

类别	付费比例
整体	40.7%
男	39.4%
女	42.0%
19岁及以下	36.0%
20-29岁	51.8%
30-39岁	46.4%
40-49岁	38.8%
50岁及以上	23.9%
小学	28.0%
初中	32.3%
高中/中专/技校	37.9%
大专	44.0%
大学本科及以上	50.6%
一线城市	53.6%
新一线城市	53.2%
二线城市	38.2%
三线城市	35.8%
四线城市	37.0%
五线城市	38.0%

数据来源：2022 中国网络视听用户调查　　中国网络视听发展研究报告（2023）

图 3.2 不同用户群体付费比例

优质内容是吸引用户付费的主要原因。调查数据显示，七成以上用户因为"想看的内容必须付费才能看"而选择付费，近五成用户因为 VIP 会员"可以不用看广告"而选择付费，近四成用户因为"可以观看更多内容""清晰度更高、声音效果更好"，两成左右用户因为会员"下载速度快"而付费。而不付费的用户主要是出于性价比的考虑，选择免费观看（见图 3.3）。

与 2021 年调查数据相比，"想看的内容必须付费才能看"提及比例提升了 9.6 个百分点，这表明优质内容在用户付费决策中的重要性增加，也从侧面印证了综合视频平台的付费体系日趋成熟，更多用好的内容吸引用户付费。

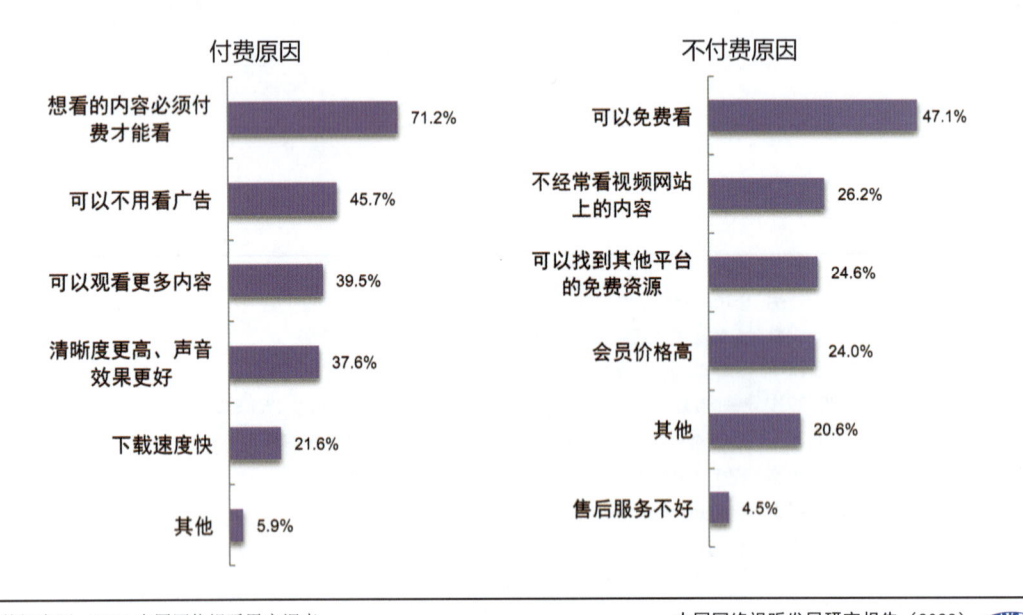

付费原因

原因	比例
想看的内容必须付费才能看	71.2%
可以不用看广告	45.7%
可以观看更多内容	39.5%
清晰度更高、声音效果更好	37.6%
下载速度快	21.6%
其他	5.9%

不付费原因

原因	比例
可以免费看	47.1%
不经常看视频网站上的内容	26.2%
可以找到其他平台的免费资源	24.6%
会员价格高	24.0%
其他	20.6%
售后服务不好	4.5%

数据来源：2022 中国网络视听用户调查

图 3.3 付费 / 不付费原因

二、短视频用户行为分析

1. 收看目的：看新闻、学知识成短视频重要需求

短视频时长短、内容新颖，很适合填补碎片化时间，67.7% 的用户收看短视频的目的为"娱乐休闲"，排在收看原因首位。其次是"获取新闻资讯""学习相关知识"，

提及率都在30%以上。此外,"获取聊天话题""关注明星、达人""增进和家人/朋友感情"的提及率也在10%以上(见图3.4)。

近年来,主流媒体陆续入驻短视频平台并取得积极成效。美兰德数据显示,2021年全年,新华社在快手上共发布4181条短视频;截至2021年底,《人民日报》在抖音平台上的粉丝总量为1.45亿,年度涨粉2529万人。调查数据显示,32.4%的用户看短视频为"获取新闻资讯",其中30—39岁用户、本科及以上学历用户、一线城市用户看短视频"获取新闻资讯"的比例均在40%左右,显著高于整体平均水平。

短视频推动知识传播,成为网民学习新知识的重要渠道。2021年,抖音上线了四期"萌知计划",投入百亿流量扶持知识创作者,鼓励创作更多适合青少年人群学习的知识内容;快手推出了两季大型直播活动"快手新知播",为用户提供全新的认知角度与获取知识的渠道。调查数据显示,30.2%的用户看短视频为"学习相关知识"(见图3.4),其中,19岁及以下年龄用户、本科及以上学历用户、一线城市用户看短视频"学习相关知识"的比例均在35%左右(见图3.5)。

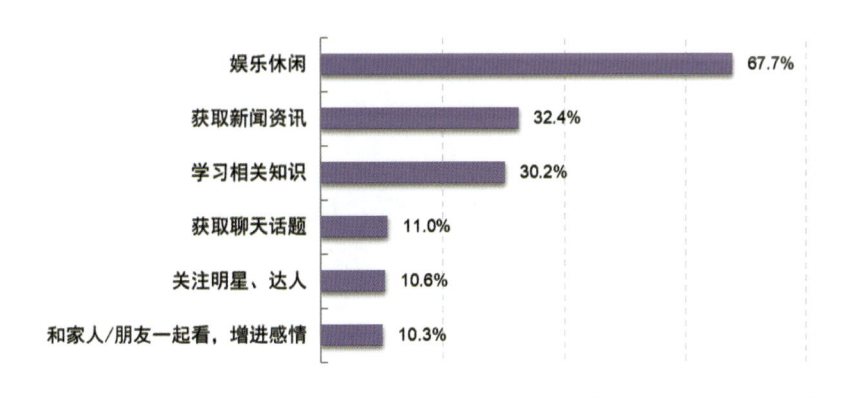

类别	比例
娱乐休闲	67.7%
获取新闻资讯	32.4%
学习相关知识	30.2%
获取聊天话题	11.0%
关注明星、达人	10.6%
和家人/朋友一起看,增进感情	10.3%

数据来源:2022中国网络视听用户调查

图 3.4 收看短视频的原因

类别	获取新闻资讯	学习相关知识
整体	32.4%	30.2%
男	35.7%	28.5%
女	29.1%	31.9%
19岁及以下	26.3%	34.4%
20-29岁	29.6%	29.4%
30-39岁	39.2%	30.7%
40-49岁	33.6%	31.2%
50岁及以上	36.2%	23.7%
小学	23.1%	18.9%
初中	28.6%	31.0%
高中/中专/技校	30.9%	27.4%
大专	38.0%	31.0%
大学本科及以上	38.6%	35.7%
一线城市	41.6%	34.4%
新一线城市	31.4%	26.1%
二线城市	31.8%	31.4%
三线城市	27.2%	28.9%
四线城市	33.8%	30.8%
五线城市	32.5%	29.8%

数据来源：2022 中国网络视听用户调查

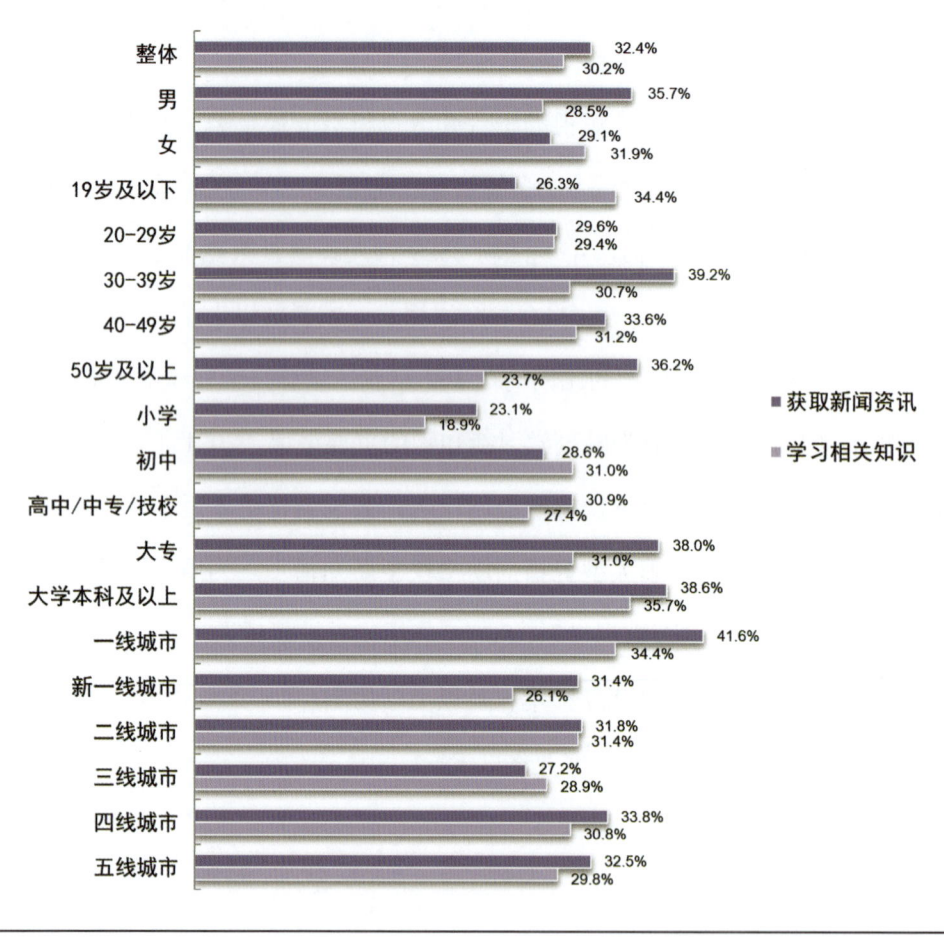

图 3.5 收看短视频以获取新闻资讯/学习知识的用户比例

2. 收看内容：搞笑视频热度继续下降，网民兴趣更加多元

调查数据显示，50.3% 的用户爱看搞笑类短视频，排在首位；其次是美食、新闻类短视频，用户喜爱度均在 40% 以上。分性别看，男性用户更爱看新闻、游戏、科技、体育比赛、三农类短视频，女性则更爱看搞笑、美食、教育学习、萌宠、舞蹈类短视频。分年龄看，随着年龄增长，用户对搞笑、音乐、游戏、日常类短视频的喜好度持续下降；29 岁以下用户最爱看搞笑类短视频，20—29 岁用户第二爱看美食类短视频，40 岁以上用户最爱看新闻类短视频（见表 3.4）。

第三章
网络视听用户行为分析

与2020年调查数据对比发现，短视频的娱乐功能有所减弱，作为底层应用的功能加强；网民兴趣逐渐分散，收看的短视频类型多元，且各类型的收看比例均有所下降。搞笑类短视频依然是用户最爱看的类型，但热度在下降，收看比例较2020年下降11.9个百分点，与其他类型之间的差距明显缩小；美食、新闻、音乐、影视收看比例排在2—4位，位次与2020年比略有变化；受疫情防控常态化影响，"云课堂""云健身"使用频率增加，教育学习、运动健身类短视频的收看比例排名较2020年均上升了2位。

表 3.4 不同群体用户喜欢收看的短视频节目类型

单位：%

节目类型	整体	男	女	19岁及以下	20—29岁	30—39岁	40—49岁	50岁及以上
搞笑	50.3	48.0	52.6	62.5	58.5	48.5	43.3	32.5
美食	42.2	34.8	49.8	40.8	51.9	49.2	38.2	30.1
新闻	41.7	47.6	35.7	30.2	41.5	44.6	49.8	47.5
音乐	36.5	34.9	38.1	43.1	38.2	36.7	33.1	28.5
影视	34.0	32.5	35.5	38.9	42.1	36.5	28.5	20.9
教育学习	33.8	30.6	37.1	34.9	36.3	41.5	35.2	20.9
游戏	29.4	35.8	22.9	52.7	39.6	23.3	12.2	8.0
运动健身	29.3	28.3	30.3	29.0	32.2	33.6	28.4	22.8
日常	28.7	25.5	31.8	35.0	34.9	30.0	23.9	16.1
旅游/风景	28.1	26.6	29.6	26.3	35.6	28.9	25.9	23.2
科技	27.8	34.4	21.0	29.2	32.1	30.2	24.9	21.3
生活技巧	27.7	26.3	29.1	24.7	29.2	32.0	30.9	22.7
体育比赛	25.1	32.0	18.2	26.2	29.7	25.5	21.4	21.6
短剧	24.4	21.7	27.1	27.4	27.7	27.2	24.5	13.7
萌宠	22.7	18.2	27.3	29.3	33.2	20.7	16.4	9.1
舞蹈	20.7	16.5	25.0	19.6	22.1	20.0	23.8	18.4
三农	16.0	18.2	13.7	12.1	17.5	18.1	18.9	14.8

数据来源：2022中国网络视听用户调查 　　　　中国网络视听发展研究报告（2023）

3. 收看平台：电商类平台入局短视频，抖音、快手、微信最受欢迎

2018年以来，各大互联网平台纷纷入局短视频行业，除推出独立短视频应用外，在原有核心产品上增加短视频内容和功能，探索"短视频+"也成为常见的入局方式，以微信视频号为代表。调查数据显示，抖音、快手依然是用户收看短视频的主要平台，微信排在第三位（见图3.6）。综合视频平台通过各种方式鼓励产出优质短视频内容，

提升短视频内容占比，增加用户黏性，哔哩哔哩（B 站）、腾讯视频也成为用户看短视频的重要平台，提及率在 10% 左右。短视频成为网民获取资讯、了解热点的重要渠道，在今日头条、微博、百度等平台上看短视频的用户分别占 9.4%、8.8% 和 6.0%。

结合用户属性分析，与整体相比，20—39 岁中等学历用户更爱看抖音，未成年用户、中低学历、三线城市用户更爱看快手，一线城市用户经常在微信看短视频，20—29 岁高学历用户经常看微博，29 岁以下、高学历用户经常在哔哩哔哩看短视频。

图 3.6 经常看短视频的平台词云

短视频作为信息传播方式，能直观、生动地展示商品或内容，增加用户黏性，提升用户转化。调查数据显示，在短视频平台之外，54.0% 的用户还通过电商类平台（如淘宝）的短视频获得有用的消费信息。在电商平台，短视频能生动形象地展示商品，促进消费者形成产品认知，激发用户需求，提升转化效率，目前短视频已经成为主流电商平台的标准配置。此外，用户通过生活方式类平台（如小红书）、美食出行点评类平台（如大众点评）、旅游类平台（如携程）的短视频获取信息的提及率分别为 22.7%、15.9% 和 11.8%（见图 3.7）。

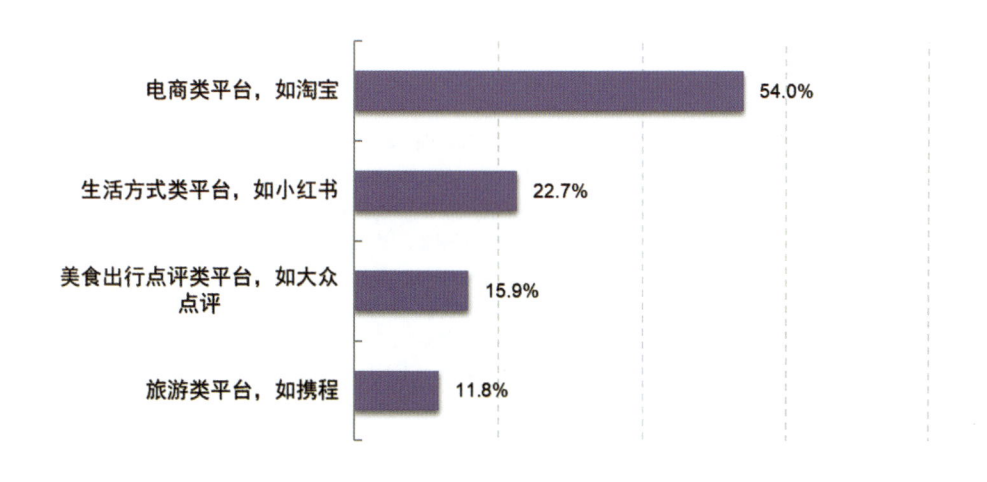

平台类型	比例
电商类平台，如淘宝	54.0%
生活方式类平台，如小红书	22.7%
美食出行点评类平台，如大众点评	15.9%
旅游类平台，如携程	11.8%

数据来源：2022 中国网络视听用户调查　　　　　　　　　中国网络视听发展研究报告（2023）

图 3.7　除短视频平台外，还通过哪类平台的短视频获得有用的消费信息

4. 微短剧、微综艺等收看情况：产业链打通、市场逐渐成熟

2020 年 2 月，国家广播电视总局发布《关于进一步加强电视剧网络剧创作生产管理有关工作的通知》，增设"网络微短剧快速登记备案模块"，鼓励微短剧发展。2020 年以来，3 分钟以内的微短剧、微综艺、泡面番[①]等新业态发展迅速，从播出平台，到上游版权方、制作方、广告主等，整个产业链已经打通，市场愈发成熟。

调查数据显示，2022 年上半年，一半以上的短视频用户看过 3 分钟以内的微短剧、微综艺、泡面番。其中，女性用户比例略高于男性；用户年龄越小，对微短剧类节目收看的比例越高，19 岁及以下年龄用户的收看比例为 57.9%；本科及以上学历用户的收看比例为 54.4%，高于其他学历群体（见图 3.8）。

---

① 泡面番：指 3 分钟—6 分钟时长的动画，相当于泡一杯泡面的时间，故被动漫爱好者称之为"泡面番"。

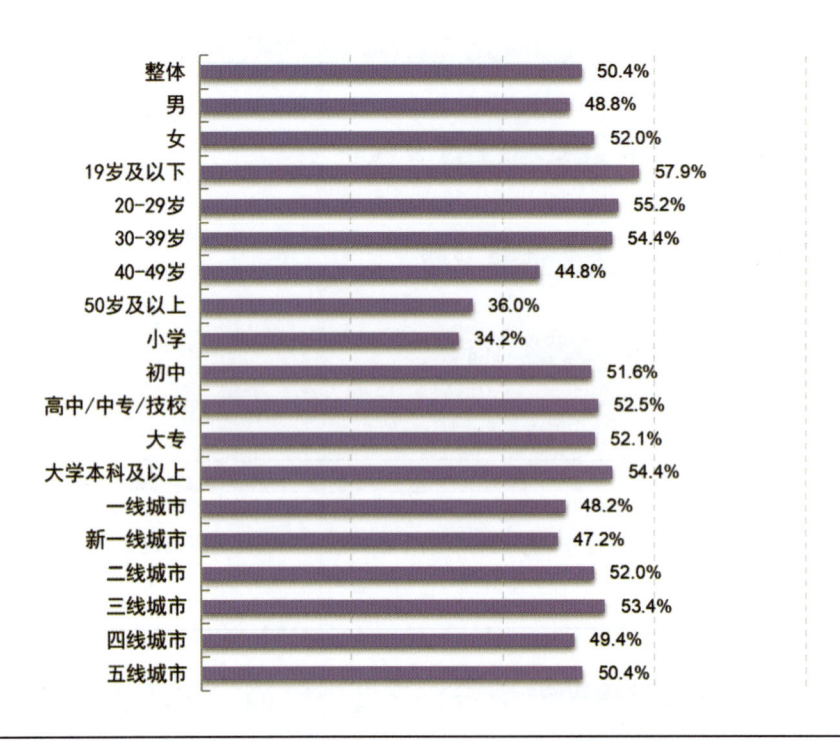

图 3.8 看过微短剧、微综艺或泡面番的用户比例

类别	比例
整体	50.4%
男	48.8%
女	52.0%
19岁及以下	57.9%
20-29岁	55.2%
30-39岁	54.4%
40-49岁	44.8%
50岁及以上	36.0%
小学	34.2%
初中	51.6%
高中/中专/技校	52.5%
大专	52.1%
大学本科及以上	54.4%
一线城市	48.2%
新一线城市	47.2%
二线城市	52.0%
三线城市	53.4%
四线城市	49.4%
五线城市	50.4%

数据来源：2022 中国网络视听用户调查

2022 年上半年看过微短剧等短视频的用户中，三分之一左右的用户表示喜欢，7% 的用户曾为此类内容付费。调查数据显示，对微短剧、微综艺、泡面番类短视频非常喜欢的用户比例为 5.4%，比较喜欢的比例为 27.8%，不喜欢的用户占比为 5.4%（见图 3.9）。其中，女性、19 岁及以下、低学历、三线城市、五线城市用户喜欢此类内容的比例相对较高（见图 3.10）。61.3% 的用户对此类内容的喜爱程度"一般"（见图 3.9）。未来微短剧等短视频在内容上要努力提升，以争取更大的市场空间。

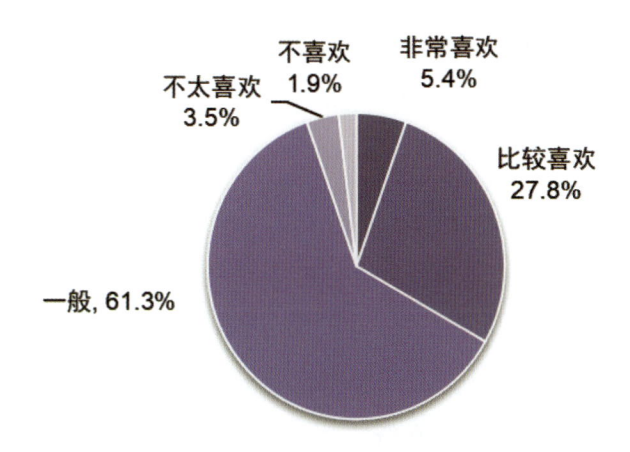

第三章
网络视听用户行为分析

数据来源：2022 中国网络视听用户调查

注：数据计算统计采取四舍五入方式，保留至小数点后 1 位。

图 3.9 对微短剧、微综艺或泡面番的喜爱程度

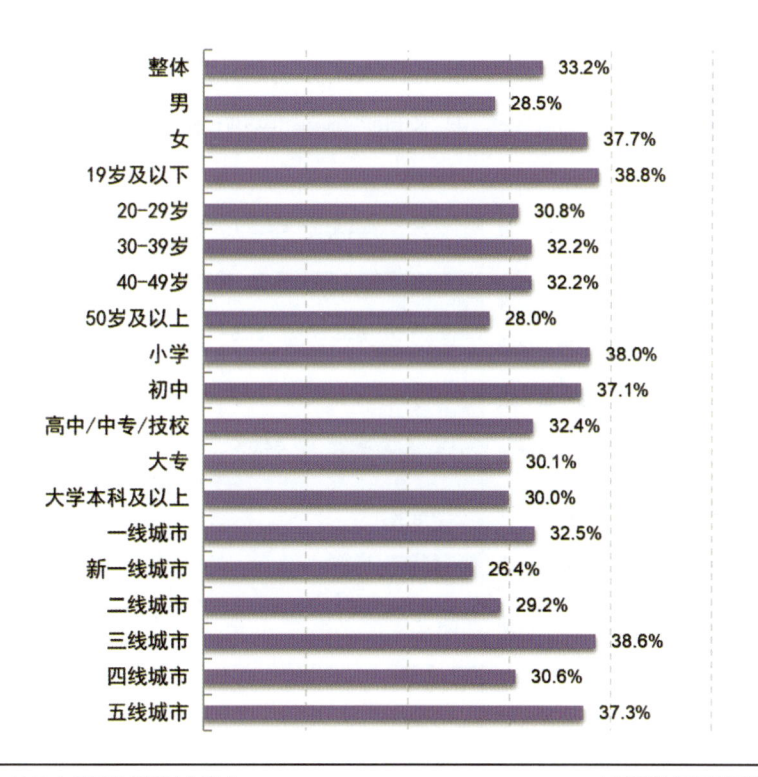

- 非常喜欢 5.4%
- 比较喜欢 27.8%
- 一般 61.3%
- 不太喜欢 3.5%
- 不喜欢 1.9%

类别	比例
整体	33.2%
男	28.5%
女	37.7%
19岁及以下	38.8%
20-29岁	30.8%
30-39岁	32.2%
40-49岁	32.2%
50岁及以上	28.0%
小学	38.0%
初中	37.1%
高中/中专/技校	32.4%
大专	30.1%
大学本科及以上	30.0%
一线城市	32.5%
新一线城市	26.4%
二线城市	29.2%
三线城市	38.6%
四线城市	30.6%
五线城市	37.3%

数据来源：2022 中国网络视听用户调查

图 3.10 喜欢微短剧、微综艺或泡面番的用户比例

5. 新闻资讯获取：短视频平台成网民获取新闻资讯的首要渠道

短视频兼顾节奏快、信息密度大等特点，使其迅速成为新闻报道可视化的重要手段之一，尤其在重大新闻事件的传播中，短视频传播短、快、新的特点得以充分展现。近年来，在国家相关主管部门的监管下，短视频平台传播环境得到进一步改善，同时主流媒体积极贯彻践行"人在哪，宣传思想工作的重点就在哪"的理念，将短视频平台作为重要的宣传阵地进行建设，成效显著。2022年，短视频"首屏首推"工程实施，强化主题主线宣传，营造浓厚氛围，习近平总书记的重要思想、重要活动、重要讲话内容在短视频平台实现"打开就是、常刷常新"。

调查数据显示，一般情况下，45.9%的用户选择短视频平台获取新闻资讯；在遇到自然灾害/战争等重大突发事件时，20.6%的用户选择短视频平台获取新闻资讯，均排在首位。一般情况下，选择电视、网络视频平台、新闻资讯聚合平台、社交平台获取新闻资讯的用户占比分别为42.9%、37.5%、35.6%和34.0%，排在第二至第五位。在遇到自然灾害/战争等重大突发事件时，用户的选择次序分别是短视频平台、电视、新闻资讯聚合平台、社交平台和网络视频平台，且不同平台间的差距相对较小（见图3.11）。

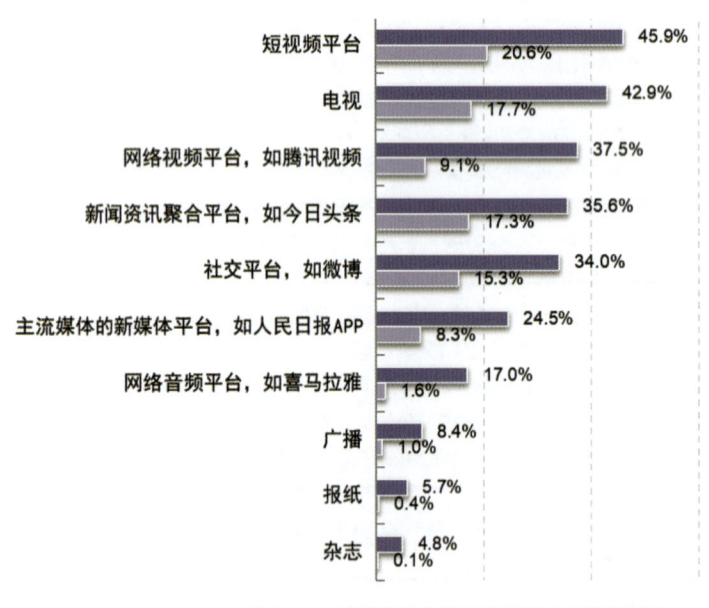

媒体类别	平时	遇到自然灾害/战争等重大突发事件时
短视频平台	45.9%	20.6%
电视	42.9%	17.7%
网络视频平台，如腾讯视频	37.5%	9.1%
新闻资讯聚合平台，如今日头条	35.6%	17.3%
社交平台，如微博	34.0%	15.3%
主流媒体的新媒体平台，如人民日报APP	24.5%	8.3%
网络音频平台，如喜马拉雅	17.0%	1.6%
广播	8.4%	1.0%
报纸	5.7%	0.4%
杂志	4.8%	0.1%

数据来源：2022中国网络视听用户调查

图3.11 获取新闻资讯的媒体类别

调查数据显示，在选择短视频作为获取新闻资讯渠道的原因中，"内容更新快"的提及率为 45.7%；其次是"内容丰富全面"，提及率为 38.4%；再次是"媒体官方账号内容权威"，提及率为 32.1%，其中一线城市的高学历年轻用户对其权威性更为认同，提及率在 40% 以上（见图 3.12）。

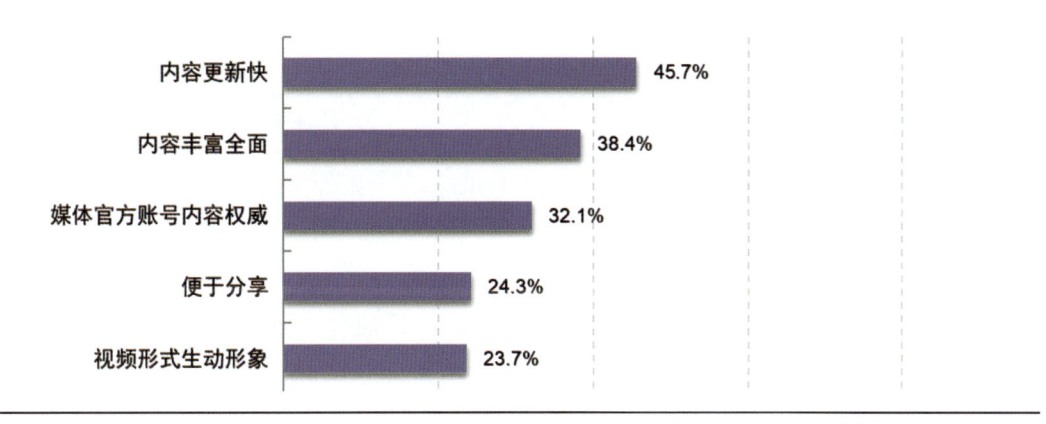

原因	比例
内容更新快	45.7%
内容丰富全面	38.4%
媒体官方账号内容权威	32.1%
便于分享	24.3%
视频形式生动形象	23.7%

数据来源：2022中国网络视听用户调查　　　　中国网络视听发展研究报告（2023）

图 3.12　通过短视频获取新闻资讯的原因

6. 主流媒体：短视频账号表现抢眼

短视频的兴起为主流媒体扩大传播影响力提供了新的契机，各大媒体纷纷将其作为创新转型的突破口。美兰德数据显示，截至 2021 年年底，微博、抖音、快手、哔哩哔哩等四大平台上的媒体账号总数为 7105 个，年度平均粉丝量 157 万，百万粉丝账号数量占比为 20.2%，千万粉丝账号数量占比为 3.1%，其中《人民日报》、央视新闻抖音号的粉丝量分别为 1.45 亿、1.32 亿。本次调查数据显示，57.8% 的短视频用户关注过主流媒体账号，其中年轻的高学历用户是主流媒体账号的重度关注用户（见图 3.13）。

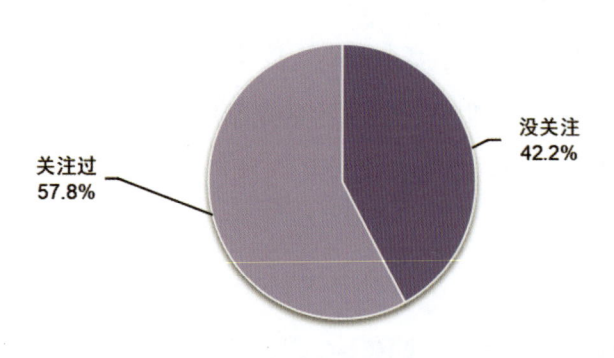

没关注 42.2%
关注过 57.8%

数据来源：2022中国网络视听用户调查

图 3.13 是否关注过短视频平台上的主流媒体账号

调查数据显示，对主流媒体账号发布的内容，分别有 66.0%、63.3% 的用户主要关注"国家大事""社会事件"，50% 以上的用户关注"国际局势""生活科普"。受短视频平台短、平、快内容特征的影响，关注"深度分析"的用户占比为 34.8%，相对较少（见图 3.14）。

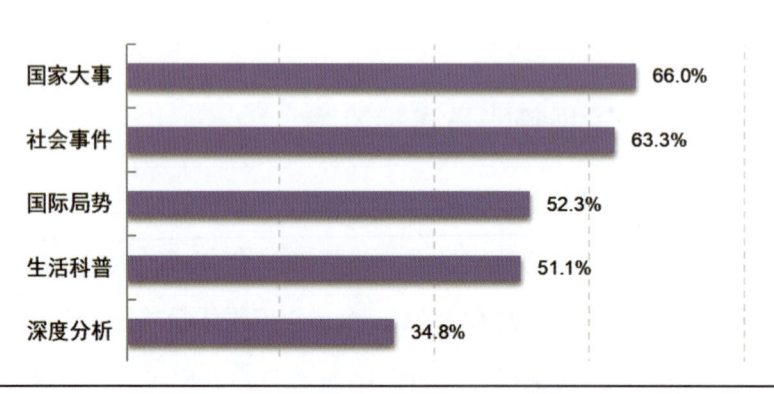

国家大事	66.0%
社会事件	63.3%
国际局势	52.3%
生活科普	51.1%
深度分析	34.8%

数据来源：2022中国网络视听用户调查

图 3.14 主要关注主流媒体账号上的哪些内容

八成以上用户对主流媒体的短视频账号表示信任。被调查用户中，对主流媒体短视频账号表示"非常信任"的用户占比为 37.4%，"比较信任"的用户占比为 42.7%，"一般"的用户占比为 18.0%（见图 3.15）。

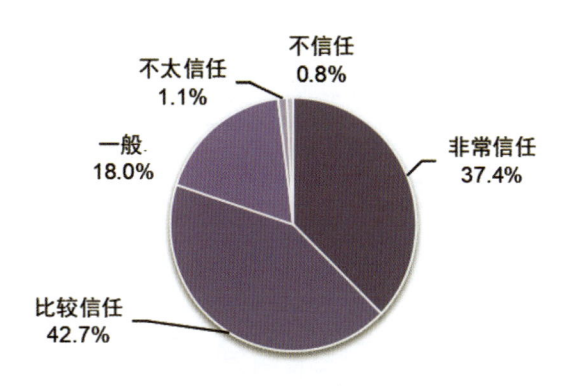

第三章
网络视听用户行为分析

不信任 0.8%
不太信任 1.1%
一般 18.0%
非常信任 37.4%
比较信任 42.7%

数据来源：2022 中国网络视听用户调查
中国网络视听发展研究报告（2023） CNSA

图 3.15 对主流媒体的短视频账号信任度

"报道细节准确、翔实""报道的内容、角度很全面"是用户信任的主要原因，提及率均在 53% 以上，"报道发布及时""分析内容客观深入"的提及率也接近 50%，"报道内容有趣、吸引人"的提及率为 41.9%（见图 3.16）。大部分用户对主流媒体短视频账号的信任一方面来自其报道的权威性和专业性；另一方面来自其身份的背书，这也是其他媒体，尤其是自媒体难以望其项背之处。

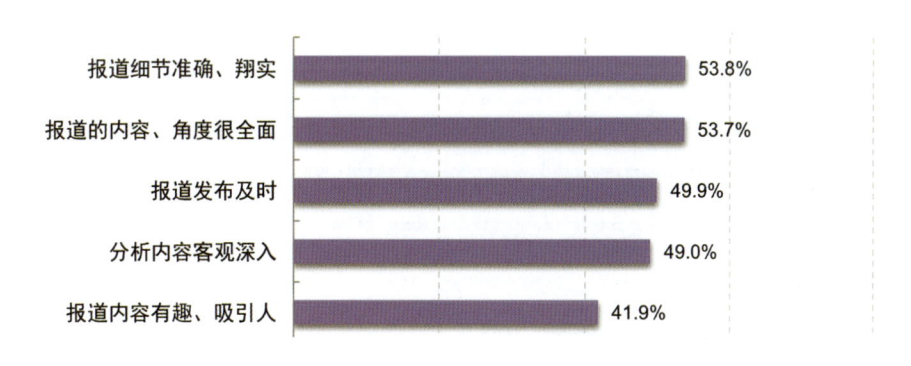

报道细节准确、翔实	53.8%
报道的内容、角度很全面	53.7%
报道发布及时	49.9%
分析内容客观深入	49.0%
报道内容有趣、吸引人	41.9%

数据来源：2022 中国网络视听用户调查
中国网络视听发展研究报告（2023） CNSA

图 3.16 对主流媒体的短视频账号信任原因

三、网络直播用户行为分析

1. 观看的直播类型：新闻直播最受网民欢迎

2020 年的网络视听用户调查结果显示，娱乐直播、游戏直播是用户最经常收看的节目类型，新闻排在第四位。本次调查结果显示，近四成用户经常收看新闻直播，超过娱乐直播、游戏直播，排在所有直播节目类型首位。约三分之一的用户经常收看娱乐直播、游戏直播，尤其男性更偏爱游戏直播，44.7% 的男性用户经常收看；经常收看美食直播、电商直播、体育赛事、教育直播的用户的比例也都在 30% 左右；近四成女性经常看美妆服饰直播（见图 3.17）。

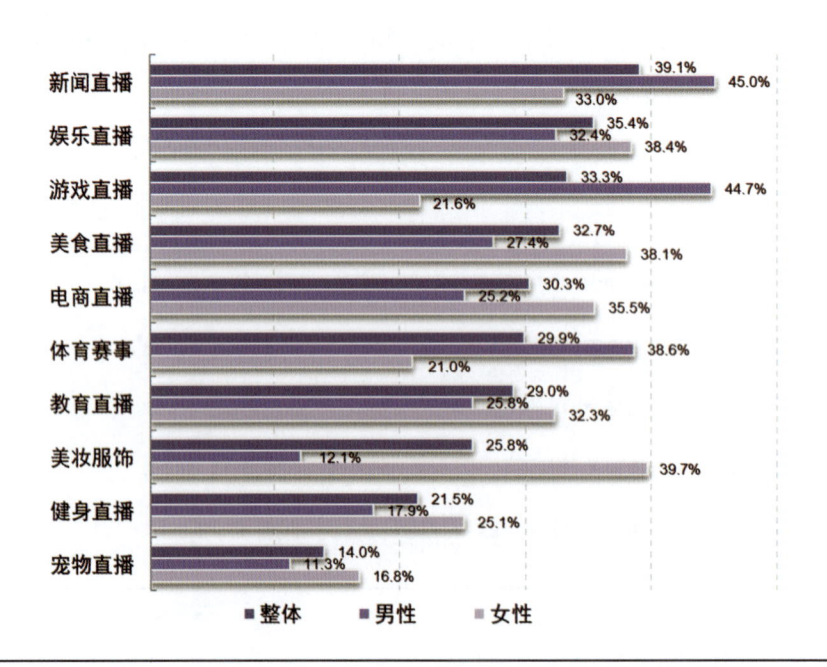

直播类型	整体	男性	女性
新闻直播	39.1%	45.0%	33.0%
娱乐直播	35.4%	32.4%	38.4%
游戏直播	33.3%	44.7%	21.6%
美食直播	32.7%	27.4%	38.1%
电商直播	30.3%	25.2%	35.5%
体育赛事	29.9%	38.6%	21.0%
教育直播	29.0%	25.8%	32.3%
美妆服饰	25.8%	12.1%	39.7%
健身直播	21.5%	17.9%	25.1%
宠物直播	14.0%	11.3%	16.8%

数据来源：2022 中国网络视听用户调查

图 3.17 经常收看的网络直播类型

2. 直播平台：聚集效应更加凸显

抖音、快手是用户最经常观看的直播平台。超过六成的用户经常在抖音看直播，近三成用户经常在快手看直播。在B站、虎牙、微信等平台看直播的用户比例在8%左右，在斗鱼、今日头条、微博、小红书等平台看直播的用户比例在5%左右。与2020年相比，B站、微信也成为用户经常看直播的平台（见图3.18）。

图3.18 经常观看的网络直播平台词云

随着短视频/直播行业的发展，越来越多不同背景、不同状态的创作者在短视频/直播平台分享内容，直播门槛不断降低，全民表达、全民直播的趋势开始涌现。有些政府工作人员也纷纷化身"主播"，直播推介当地农产品；疫情期间，直播成为在家学习的新方式，国内著名高校先后在短视频平台开播，为用户带去优质课程；文化娱乐方面，"云旅游""云健身"等直播活动更是丰富了大家的精神文化生活。调查数据显示，2022年上半年有6.5%的网络视听用户在短视频/直播平台开播，其中七成以上用户在抖音等短视频平台开播，一成以上用户在淘宝等购物平台开播，6.2%的用户在虎牙等直播平台开播。

3. 直播带货情况：超四成网民看直播时买过商品

2020年以来，电商直播成为发展最为迅猛的互联网应用之一。2021年，《关于加强网络直播规范管理工作的指导意见》《网络直播营销管理办法（试行）》等相关政策陆续推出，电商直播监管体系得到逐渐完善，消费者权益保护力度进一步提升，带动用户使用率进一步提升。调查数据显示，有42.7%的用户在最近半年内因观看网络视频或网络直播而购买过商品（见图3.19），与2020年相比提升27.0个百分点，居住在二线及以上城市、具有中高学历的中青年女性是网络视频/直播带货的最具潜力的目标人群。2022年上半年，经常因看网络视频/直播而购买商品的用户占9.2%，其中女性、20—39 岁、大专学历的用户购买过的比例在 50% 左右（见图 3.20）。

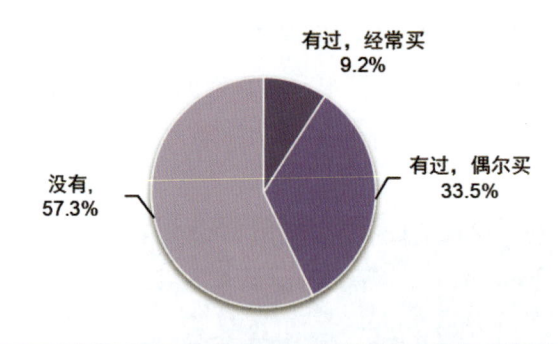

数据来源：2022 中国网络视听用户调查

图 3.19 是否因观看网络视频 / 直播而购买过商品

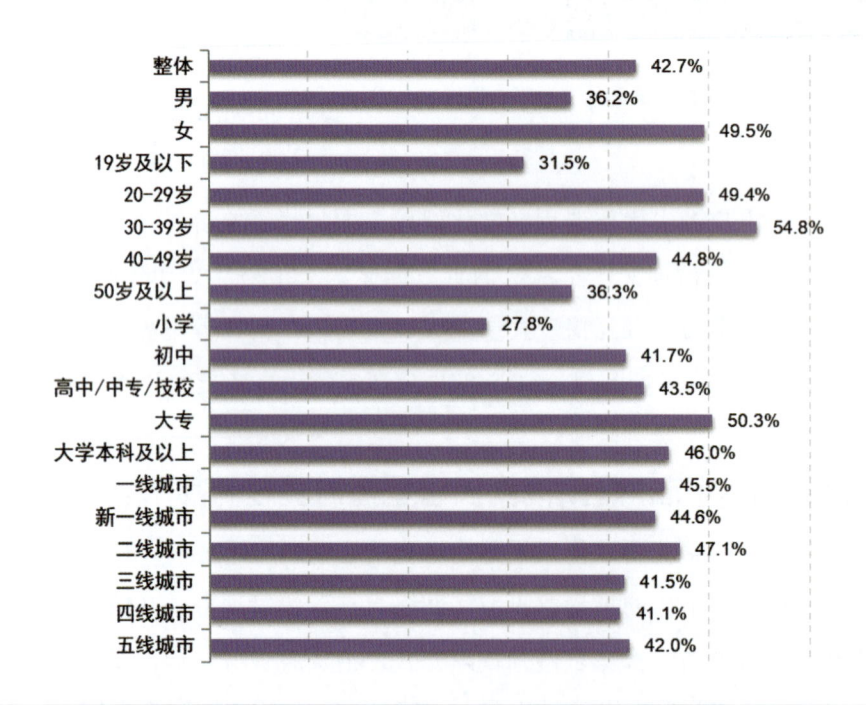

类别	比例
整体	42.7%
男	36.2%
女	49.5%
19岁及以下	31.5%
20-29岁	49.4%
30-39岁	54.8%
40-49岁	44.8%
50岁及以上	36.3%
小学	27.8%
初中	41.7%
高中/中专/技校	43.5%
大专	50.3%
大学本科及以上	46.0%
一线城市	45.5%
新一线城市	44.6%
二线城市	47.1%
三线城市	41.5%
四线城市	41.1%
五线城市	42.0%

数据来源：2022 中国网络视听用户调查

图 3.20 因观看网络视频 / 直播而购买过商品的用户比例

随着视频与电商的结合，几乎所有产品的"种草"都可以通过直播间来实现，而不是仅限于服饰箱包、美妆类产品。用户对与日常生活相关的、价格相对便宜的快消品，更容易因观看网络视频/直播节目而产生消费；而对数码产品、家具家装等贵重物品，在做出消费决策时需考量多方面因素，在直播间购买的比例相对较小。调查结果显示，因观看网络视频/直播节目购买生活用品的用户将近占六成；购买服饰箱包、食品饮料的用户在42%左右；购买电子数码产品、家具家装的比例相对较低，分别为19.4%、13.7%。分性别看，女性更容易因视频/直播而消费，女性对除电子数码产品、家具家装外的其他类型产品的购买比例均在40%以上，显著高于男性（见图3.21）。

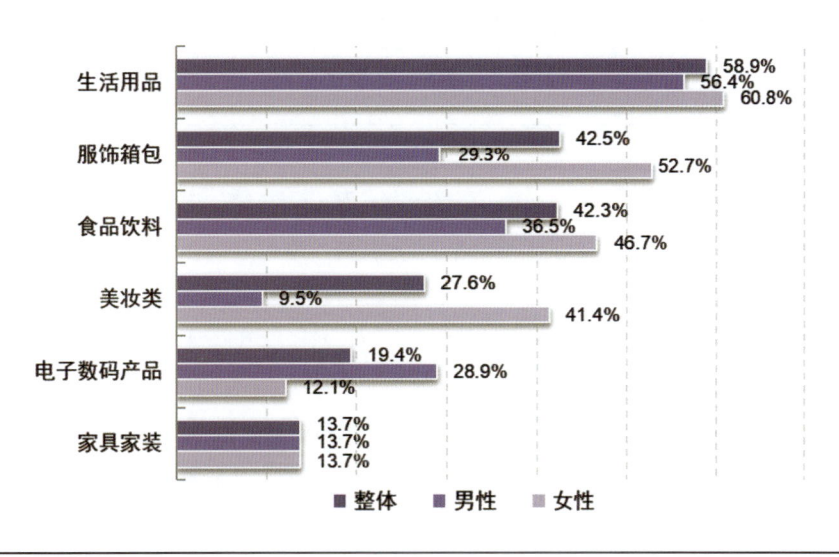

数据来源：2022中国网络视听用户调查

图 3.21 经常购买的产品类型

在因观看网络视频/直播产生消费（不含打赏）的用户中，56.5%的用户最近半年的消费金额集中在500元以下，最近半年消费金额在501—3000元、3001—5000元的用户占比分别为26.9%、6.6%，另外有10.0%的用户最近半年的消费金额在5000元以上（见图3.22）。

依据2020年的调查发现，因视频/直播产生的消费中，1001—3000元占比最高，为25.2%；2022年调查发现，0—100元的消费占比最高，为22.3%。这表明随着直播电商的发展，产品类型越来越丰富，更多的日常生活快消品营销与视频/直播深度绑定。

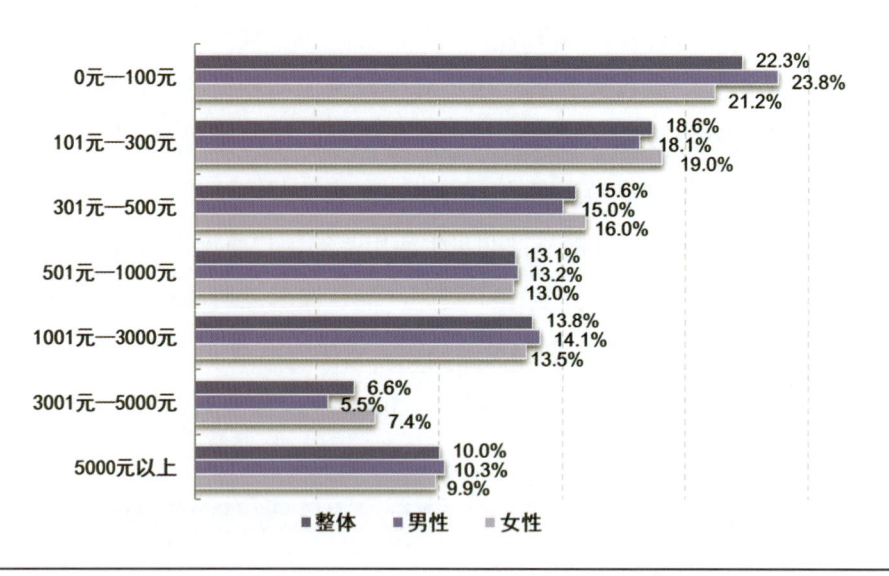

图 3.22 因观看网络视频/直播产生消费（不含打赏）的金额

消费金额	整体	男性	女性
0元—100元	22.3%	23.8%	21.2%
101元—300元	18.6%	18.1%	19.0%
301元—500元	15.6%	15.0%	16.0%
501元—1000元	13.1%	13.2%	13.0%
1001元—3000元	13.8%	14.1%	13.5%
3001元—5000元	6.6%	5.5%	7.4%
5000元以上	10.0%	10.3%	9.9%

数据来源：2022 中国网络视听用户调查

快手

快手状元——"同学，请接招"直播答题学党史工作汇报

2021 年 6 月 22 日—25 日、6 月 27 日—30 日，在国家广播电视总局的指导下，快手科技推出互动直播答题节目《快手状元——"同学，请接招"直播答题学党史》活动，通过主持人出题、观众实时回答的方式进行。活动以庆祝"建党 100 周年"为主题，通过 8 场知识答题，激励年轻一代立足本职岗位作贡献，为实现中华民族伟大复兴的中国梦继续奋斗。8 期直播主题分别为"风雨激荡 百年征程""英雄无悔 人民赞歌""科技创新 自立自强""开天辟地 奋斗到底""百年留声 华夏颂赞""百年伟业 光影见证""沟通世界 改革奋进""矢志践行 不忘初心"，涵盖百年党史关键节点，体现新中国屹立世界之林的全新面貌。在 6 月 30 日最后一场直播中，主持人围绕"不忘初心，矢志前行"主题，提出与新文化运动、五四运动、九一八事件、红军长征、遵义会议、西安事变、十一届三中全会等相关的问题，得到了大众的强烈呼应。直播过程中，观众们纷纷将"振兴中华""永远跟党走"打在了屏幕上。8 场直播答题吸引观众直播间观看人次超 2200 万人，参与答题总人数超 710 万人，累计点赞超 1520 万人，参会与答题人数 303 万人。

四、网络音频用户行为分析

1. 收听目的与状态：休闲和学习两不误，七成用户"深度阅读"

在当下，用户收听音频节目主要是为了获取陪伴感，填补空余时间。47.9% 的用户表明"娱乐休闲"是收听音频节目的主要动机（见图 3.23）。其中男性用户、20—29 岁、40—49 岁用户、新一线城市用户、二线城市用户选择这一动机的占比都在 50% 以上。其次是"学习知识"，三成用户选择此动机，其中，40—49 岁用户、本科及以上学历用户选择的比例相对较高，20—29 岁用户、低学历用户选择的比例相对较低。"开阔视野"的选择比例为 23.6%，排在第三位。"获取聊天话题""从周围的嘈杂环境中脱离"这两个目的的中选率都在 9% 左右。

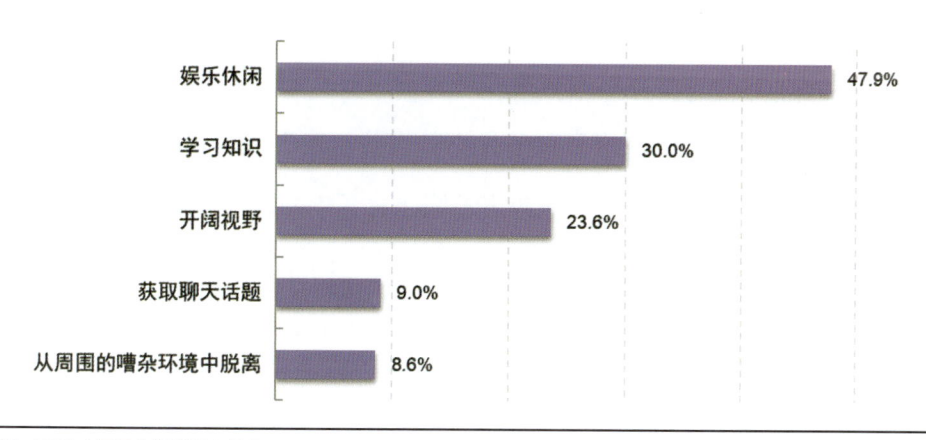

目的	比例
娱乐休闲	47.9%
学习知识	30.0%
开阔视野	23.6%
获取聊天话题	9.0%
从周围的嘈杂环境中脱离	8.6%

数据来源：2022 中国网络视听用户调查

图 3.23 网络音频节目收听目的

网络音频节目的"陪伴性"与节目内容质量深度挂钩。调查数据显示，33.2%的网络音频用户"能认真听完整期节目"，24.5%的用户"能认真听一大半的内容"（见图3.24）。其中50岁以上年龄用户中，能完整听完节目的用户比例为43.6%，而本科及以上学历用户对节目质量要求相对较高，能完整听完节目的比例仅为30.9%。此外，14.9%的用户"能认真听一小半的内容"。

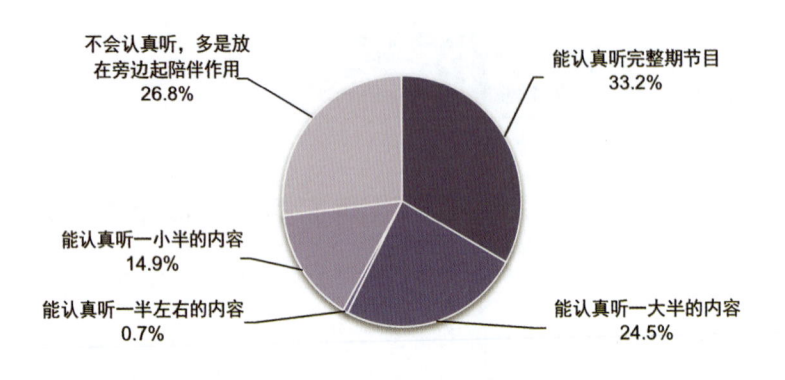

数据来源：2022中国网络视听用户调查
注：数据计算统计采取四舍五入方式，保留至小数点后1位。

图3.24 网络音频节目收听习惯

2. 收听设备：手机是最常用设备，"旅""居"可能是未来市场

使用智能家居设备、车载音箱收听网络音频节目的用户占比均在20%左右。调查数据显示，手机是最主要的网络音频节目收听设备，使用率为86.5%；其次是台式电脑/笔记本电脑和平板电脑。与其他应用不同，音频用户对智能家居设备、车载音箱的使用率均在20%左右，与平板电脑使用率接近（见图3.25）。分用户群体看，30—39岁高学历女性用户使用智能家居设备听音频节目的比例相对较高，一线城市高学历中青年男性用户使用车载音箱听音频节目的比例相对较高（见表3.5）。

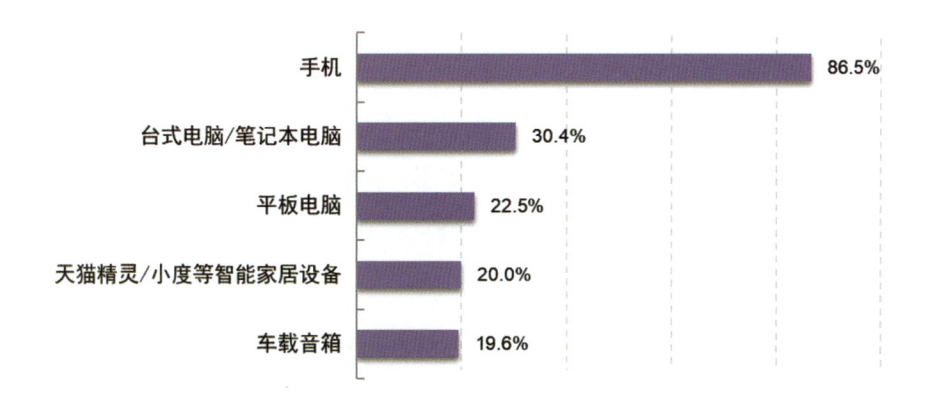

第三章 网络视听用户行为分析

```
手机                                86.5%
台式电脑/笔记本电脑      30.4%
平板电脑                   22.5%
天猫精灵/小度等智能家居设备   20.0%
车载音箱                   19.6%
```

数据来源：2022 中国网络视听用户调查

图 3.25 网络音频节目收听设备

表 3.5 不同群体用户网络音频节目收听设备

单位：%

用户	天猫精灵/小度等智能家居设备	车载音箱
整体	20.0	19.6
男	16.8	22.8
女	23.7	16.0
19 岁及以下	17.8	11.7
20—29 岁	20.7	22.7
30—39 岁	30.0	26.9
40—49 岁	19.1	24.4
50 岁及以上	10.2	12.8
小学	8.4	7.0
初中	19.0	15.1
高中/中专/技校	17.0	20.9
大专	21.4	21.9
大学本科及以上	23.8	23.8
一线城市	12.5	23.0
新一线城市	22.9	19.5
二线城市	21.9	22.2
三线城市	21.1	15.4
四线城市	21.1	20.9
五线城市	19.0	19.2

数据来源：2022 中国网络视听用户调查

3. 节目类型与付费情况：音乐、新闻节目最受欢迎，付费习惯尚在起步

音乐、新闻、有声小说是网络音频用户最经常收听的节目类型，26.6%的用户曾为音频节目付费，其中20—39岁高学历一线城市用户是音频节目付费的忠实群体。调查数据显示，56.7%的用户表示自己经常听音乐节目，其中有14.3%的用户为其付费，排在所有节目类型首位，且与其他类型拉开较大差距。新闻、有声小说的用户收听比例分别为38.8%和33.4%，用户付费比例分别为4.3%和7.1%。知识教育、历史人文、相声曲艺、文学等音频节目类型的收听比例均在20%以上，付费比例在3%及以下（见图3.26）。

与2021年相比，用户对音乐、新闻节目的收听比例分别提升了11.1、6.5个百分点，付费比例分别提升了1.5、3.3个百分点；此外，有部分类型节目的收听、付费比例有所下降，尤其对有声小说的收听比例下降了20.6个百分点，付费比例下降了11.0个百分点，这可能与网络音频用户规模增长、忠实用户更加分散有关。

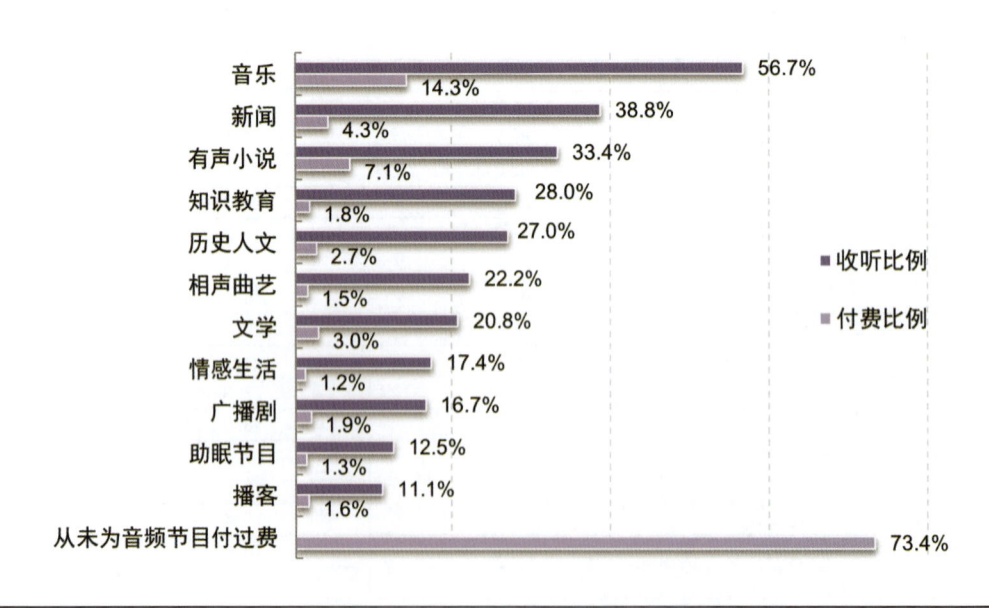

节目类型	收听比例	付费比例
音乐	56.7%	14.3%
新闻	38.8%	4.3%
有声小说	33.4%	7.1%
知识教育	28.0%	1.8%
历史人文	27.0%	2.7%
相声曲艺	22.2%	1.5%
文学	20.8%	3.0%
情感生活	17.4%	1.2%
广播剧	16.7%	1.9%
助眠节目	12.5%	1.3%
播客	11.1%	1.6%
从未为音频节目付过费	73.4%	

数据来源：2022中国网络视听用户调查

图3.26 网络音频节目收听、付费比例

综合网络音频用户规模、使用率、使用时长等指标以及结合收听习惯、付费用户占比等调研结果来看，网络音频市场或正在根据用户消费习惯的改变进行自我调整，在逐步深耕优质内容的同时加大对短音频内容的投入力度，进一步激发市场活跃度、撬动更大的用户群体。

4 网络视听节目发展现状及趋势

2021—2022年，各大网络视听平台加强内容建设，扩大优质网络文化产品供给，推出了一系列优秀网络视听节目，丰富了网民的精神文化生活。为深入了解各大平台在网络剧、网络综艺、网络电影、网络纪录片、网络动画片、短视频/网络微短剧、网络音频等垂类内容上的表现，特邀行业专家撰稿，对各类型节目表现进行剖析，把握市场动态，了解行业趋势，全面呈现网络视听节目的高质量创新性发展。

一、2021—2022年网络剧发展现状

2021年，在建党百年主题宣传的浓厚氛围下，在文娱领域综合治理的背景下，网络剧创作生产总体上稳中有进，进中求变，主旋律正能量覆盖全网。全网共上线网络剧[①]279部，较2020年的310部下降10.0%（见图4.1）。其中包含以管理方式定义的网络剧200部，网络首播电视剧79部。以管理方式定义的200部网络剧中，独播剧有179部，占整体的89.5%。其中，爱奇艺上线独播网络剧52部，占全年上线网络剧的26.0%，独播作品数居于各平台首位；腾讯视频、优酷均上线独播网络剧44部，占全年上线网络剧的22.0%；芒果TV上线独播网络剧23部，占全年的11.5%；哔哩哔哩上线独播网络剧5部。79部网络首播电视剧中，有47部仅在互联网播出，8部先网后台播出，24部网台同播但网站会员可优先观看。此外，全年共上线网台同播电视剧（卫视优先）113部。

2022年，全网共上线网络剧248部，较2021年的279部下降11.1%（见图4.1）。其中包含以管理方式定义的网络剧171部，网络首播电视剧77部。以管理方式定义

---

① 网络剧：从传播渠道和管理方式两方面来确定。传播渠道方面包括仅在互联网播出或首先在互联网平台播出的剧集；管理方式指由制作机构作为"重点网络剧"立项备案，规划信息由广播电视主管部门审核通过，成片经广播电视主管部门内容把关，并按要求报送相关信息的剧情类连续剧、系列剧作品，以及由制作机构或网民个人制作，主要在网络视听节目服务机构播出，并由播出平台对节目内容履行审核责任的剧情类连续剧、系列剧作品，单集时长不足10分钟的网络微短剧不纳入其中。

的 171 部网络剧中，独播剧有 145 部，占整体的 84.8%；付费剧 166 部，占整体的 97.1%。网络首播电视剧中，独播剧 48 部，占比为 62.3%；付费（会员权益）剧 74 部，占比为 96.1%，非会员权益进一步收窄。

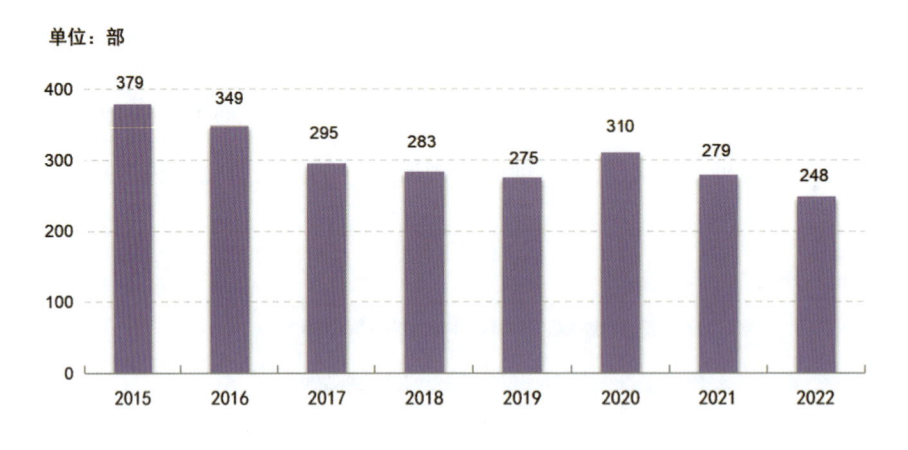

单位：部

年份	数量
2015	379
2016	349
2017	295
2018	283
2019	275
2020	310
2021	279
2022	248

数据来源：国家广播电视总局监管中心

中国网络视听发展研究报告（2023）

图 4.1 网络剧上线数量[①]

深度观察 1：2021—2022 年剧集网播整体趋势分析

2022 年，剧集网播产业处于深刻变革之中。粗犷的"量"增长开始放缓，"质"提升成为新的追求。在这一节点，我们要纵览数据的"表"，看清行业基本面；更要重新审视剧集网播从"大众"到"分众"的媒介变革本质，深入到产业的"里"。在梳理了 2022 年剧集网播的多维数据后，可以从以下几个层面了解产业的情况。

一、行业基本面：长视频结束缩量的曙光初现，平台降本增效扎实落地

1. 长视频缩量结束的曙光初现

根据云合数据统计，2022 年 Q4 全网剧综影[②]正片有效播放[③]实现了 10% 同比正

[①] 2019 年之后数据来源为国家广播电视总局监管中心，其他数据来源于骨朵传媒。
[②] 本文剧综影统计范围覆盖爱奇艺、芒果 TV、腾讯视频、优酷、搜狐视频、乐视视频、西瓜视频、哔哩哔哩八家视频平台的全部集均时长 20 分钟以上剧集、综艺、时长 60 分钟以上电影；统计时间为 2019 年 1 月 1 日—2022 年 12 月 31 日。数据来源于云合数据·四象分析系统（EVA）。
[③] 正片有效播放：综合有效点击与受众观看时长，去除异常点击量，并排除花絮、预告片、特辑等干扰，真实反映影视剧的市场表现及受欢迎程度。网播全端覆盖 PC 端、移动端及 OTT 端。

增长。在此之前，长视频网播缩量已经持续了近三年，从2020年Q2开始全网剧综影累计正片有效播放出现负增长，颓势一直延续到2022年Q3（见图4.2）。2022年Q4的正增长，让我们看到了缩量结束，重回增长的迹象。

持续近3年的"缩量"，意味着粗放发展的结束和行业泡沫的退场；而新的"增量"，让我们看到了更多的可能性，也对行业未来的发展满怀信心。

数据来源：云合数据·四象分析系统（EVA）

中国网络视听发展研究报告（2023）

图4.2 2019—2022年全网剧综影正片有效播放及同比变化

2. 平台降本增效扎实落地，剧集上新量下降与流量齐稳同步实现

进入2022年，视频行业都在提质减量、降本增效。从剧集上新量看，2022年上新数量明显下降，全年上新国产连续剧414部，同比下降9%，较2021年减少42部（见图4.3）。

虽然作品上新数量有所减少，但剧集正片有效播放在2022年Q1—Q3保持了基本稳定，并在Q4实现了15%同比

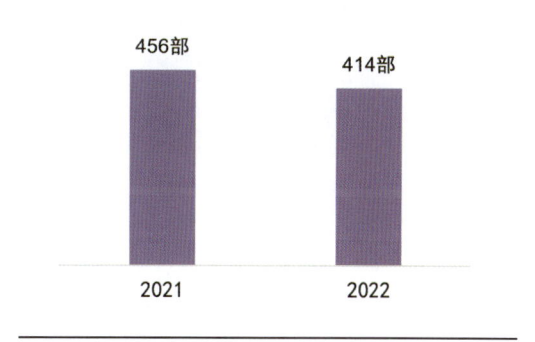

数据来源：云合数据·四象分析系统（EVA）
中国网络视听发展研究报告（2023）

图4.3 2021—2022年国产剧集上新部数

正增长（见图4.4）。剧集上新量的降低，并没有造成整体有效播放的下滑，剧集的"提质减量"策略已初见成效。

图4.4 2019—2022年全网剧集正片有效播放

3. 片库内容持续扩充，老剧集长尾价值凸显

2022年片库内容[①]持续扩充。其中，上新剧中含片库剧98部，占上新总量的1/4，上新片库剧以首播时间在2000—2017年的居多。老剧集[②]的长尾流量稳定，2022年有效播放前100名中有18部老剧集。全网剧集中，老剧集有效播放量达1622亿次，同比增长10%（见图4.5）。

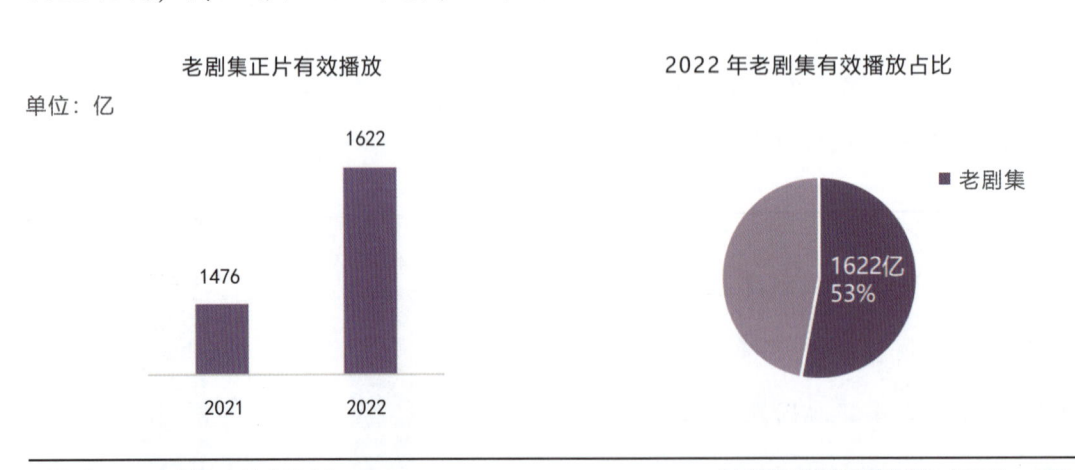

图4.5 2021—2022年老剧集正片有效播放和2022年全网老剧集占比

[①] 片库内容：2022年片库内容为首播在电视台且首播年份在2021年之前，2022年正式上线视频平台的剧集。
[②] 老剧集：2022年老剧集为截至2022年1月1日上线满一年的剧集；2021年老剧集为截至2021年1月1日上线满一年的剧集。

值得注意的是，2022年老剧集在全网剧集中的有效播放占比过半，高达53%，老剧集长尾价值明显（见图4.6）。究其原因，一是因为长视频平台内容运营加强个性化算法分发，使优质内容获得了更多推广资源；二是在长短视频达成二创版权合作后，在满足了用户对二创作品的需求外，也为老剧集作品带来新流量，如老剧集《琅琊榜》《武林外传》等的有效播放同比均有上涨。存量剧集的流量，无论从绝对值角度还是从占比角度都在快速增长，意味着长视频剧集品类运营效率稳步提升，平台获取的内容在更长的时间里贡献了更大的观看价值。

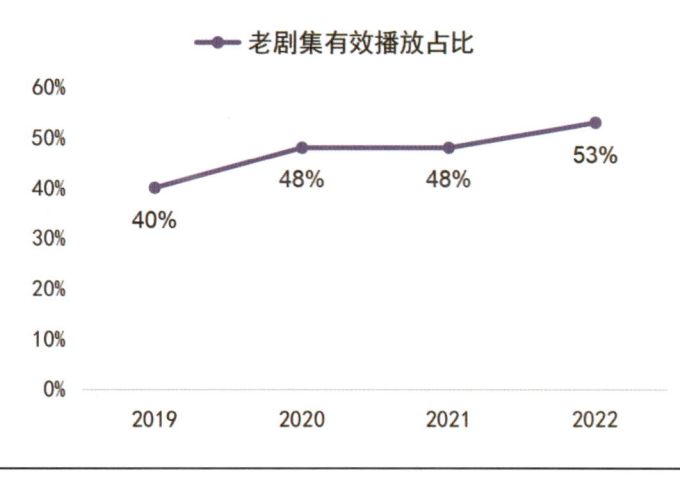

数据来源：云合数据·四象分析系统（EVA）　　　　　　中国网络视听发展研究报告（2023）

图4.6　2019—2022年全网剧集正片有效播放中老剧集有效播放占比

二、行业生态："供给侧改革"持续进行，主旋律内容迎来爆发

1. 剧集网播产业"去水"效果显著

2022年，行业"去水"取得了显著的效果。首先是集数注水的大幅度改善。2022年上新国产剧集部均集数同比减少，由2021年的部均31.5集下降至29.9集，同比减少1.6集。2022年上新剧中，24集及以下剧集部数占比微涨，为40.1%，同比上涨1.9个百分点；25—40集剧集占比为51.4%，同比上涨4.7个百分点；41集及以上剧集占比为8.5%，同比下降6.6个百分点（见图4.7）。

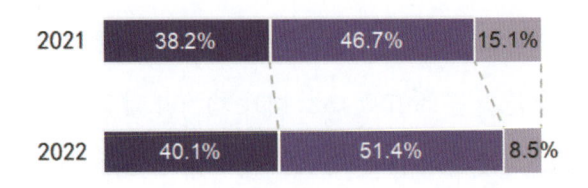

■ 24集及以下　■ 25-40集　■ 41集及以上

年份	24集及以下	25-40集	41集及以上
2021	38.2%	46.7%	15.1%
2022	40.1%	51.4%	8.5%

数据来源：云合数据·四象分析系统（EVA）

图 4.7　2021—2022 年上新国产剧集总集数分布（部数占比）

高流量剧集"去水"效果更为突出。2022年上新国产剧集集均V30TOP50部均集数为35.5集，同比减少1.5集（见图4.8）。还出现了《与君初相识·恰似故人归》《星汉灿烂·月升沧海》《沉香如屑·沉香重华》等剧以"一剧两播"模式播出的现象，即在备案时拆分为上下两部，播出时无缝隙联播。此种备案排播方式有利于还原IP原作的丰富故事线，或将开启排播新模式。

在全国重点电视剧和网络剧备案集数方面，总集数继续减少，24集及以下规模壮大。24集及以下的剧集占比高达54%，其中12集、24集占比分别为12%、27%（见图4.9）。

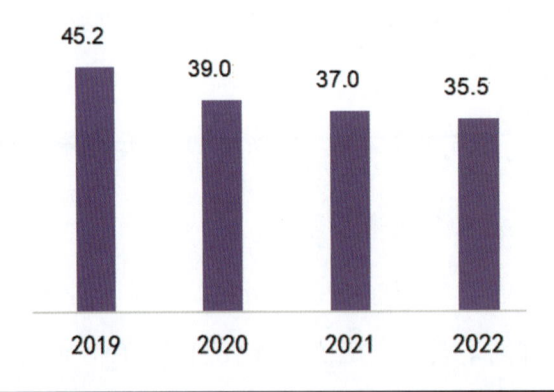

单位：集

2019	2020	2021	2022
45.2	39.0	37.0	35.5

数据来源：云合数据·四象分析系统（EVA）

图 4.8　2019—2022 年上新国产剧集均 V30[①] 前 50 部均集数

---

① 集均30天有效播放（集均V30）：每集30天累计有效播放 / 集数，集均V30可客观且直观地对比长短剧集的有效播放表现。

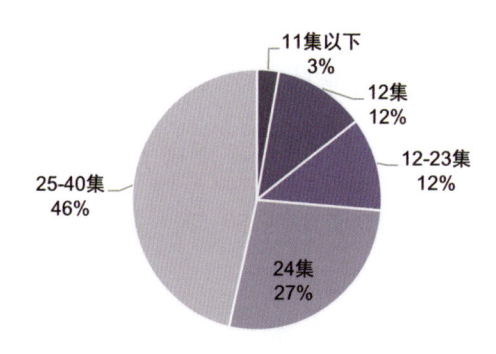

数据来源：国家广播电视总局公开资料汇总　　　　　　　中国网络视听发展研究报告（2023）

图4.9　2022年全国重点电视剧和网络剧备案集数分布（部数占比）

通过备案的剧集作品数量也在减少。据国家广播电视总局公开数据，2022年通过备案的电视剧共471部，连续4年下降。2022年全国重点网络剧规划备案655部，比2021年备案数量减少了517部（见图4.10）。

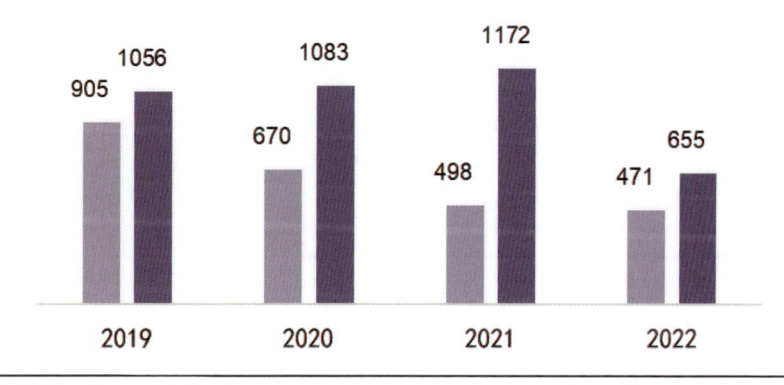

数据来源：国家广播电视总局公开资料汇总　　　　　　　中国网络视听发展研究报告（2023）

图4.10　2019—2022年全国重点电视剧和网络剧备案数量[①]

过去几年，行业在政策指导下进行反注水、去泡沫。从最早的去点击量注水，到针对明星高价片酬、"阴阳合同"、偷逃税等违法违规行为的严抓严打，再到对集数注水、凑时长、过度广告植入等行业乱象的整治，都在推动着产业变革，促使制作方和平台方更加注重作品质量、控制成本、减少资源浪费，推动整个市场更加

---

① 电视剧统计时间为2019—2022年；重点网络剧统计时间为2019年2月—12月、2020—2022年；数据来源于国家广播电视总局。

理性健康发展，为观众带来更多的优质作品。

2. 现实主义与主旋律作品比重进一步加大，引发网播热潮

2022年，剧集题材中现实主义与主旋律作品比重进一步加大。在规模上，2022年上新现实主义与主旋律作品共50部，在整体上新剧集中部数占比为12.1%。上新现实主义与主旋律作品剧集正片有效播放共为288亿，在整体上新剧集有效播放中占比达26.6%（见图4.11）。

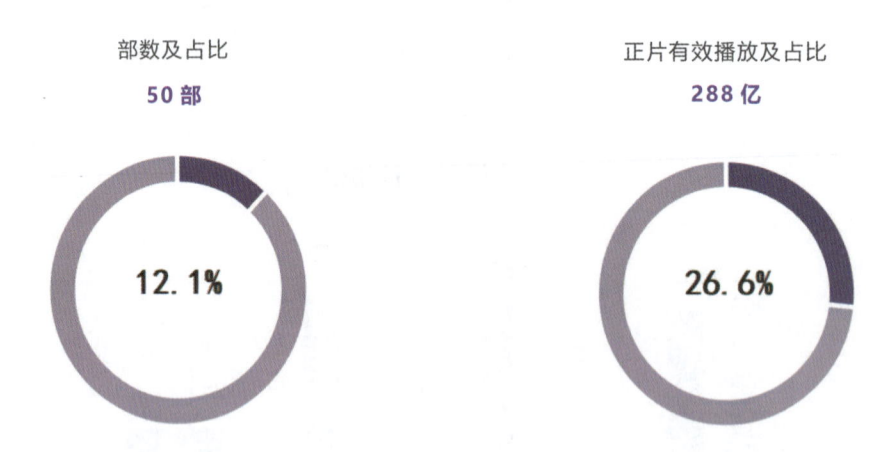

部数及占比 50部 12.1%

正片有效播放及占比 288亿 26.6%

数据来源：云合数据·四象分析系统（EVA）

图4.11 2022年上新国产剧集中"现实主义与主旋律"题材剧集部数及正片有效播放占比

可以看到，2022年头部剧集当中不乏现实主义与主旋律作品的身影。2022年上新国产剧集正片有效播放前20名当中，现实主义与主旋律作品共计8部。2022年上新国产剧集正片有效播放前40名当中，现实主义与主旋律作品共计13部。《人世间》《特战荣耀》《罚罪》等9部现实主义与主旋律作品2022年正片有效播放突破10亿（见表4.1）。

表 4.1　2022 年上新国产剧集正片有效播放 TOP40 中现实主义与主旋律剧集

单位：亿

上新剧集中排名	剧名	正片有效播放	上线时间	播出平台
1	人世间	47.6	2022 年 1 月 28 日	爱奇艺
5	特战荣耀	25.4	2022 年 4 月 5 日	爱奇艺 / 腾讯视频 / 优酷
6	罚罪	24.4	2022 年 8 月 25 日	爱奇艺
9	风吹半夏	18.9	2022 年 11 月 27 日	爱奇艺
14	底线	15.8	2022 年 9 月 19 日	爱奇艺 / 芒果 TV
16	心居	13.6	2022 年 3 月 17 日	爱奇艺
19	幸福到万家	12.6	2022 年 6 月 29 日	优酷
20	警察荣誉	12.5	2022 年 5 月 28 日	爱奇艺
25	县委大院	10.4	2022 年 12 月 7 日	爱奇艺 / 腾讯视频
28	摧毁	9.9	2022 年 4 月 24 日	爱奇艺 / 芒果 TV / 腾讯视频 / 优酷 / 乐视视频 / 搜狐视频 / 西瓜视频
30	冰雨火	9.1	2022 年 8 月 11 日	优酷
31	特战行动	8.9	2022 年 1 月 18 日	爱奇艺 / 腾讯视频
33	对决	8.8	2022 年 5 月 10 日	爱奇艺 / 腾讯视频

数据来源：云合数据·四象分析系统（EVA）

聚焦普通百姓生活日常的《人世间》，以累计正片有效播放47.6亿、全年剧集有效播放市占率1.6%的成绩，位居2022年全网连续剧有效播放霸屏榜首位。《底线》深入展现公职人员的职业工作情况，《幸福到万家》体现乡村振兴战略为农村生活带来的变化，《警察荣誉》反映基层民警的工作生活日常，《县委大院》讲述基层干部、工作人员的故事。这些作品具有强烈的时代共鸣性，兼具社会效益和商业效益。

值得注意的是，新时代主旋律作品打破了传统的观众人群划分和渠道限制，利用互联网在全网全社会取得巨大反响。以描绘小人物、呈现时代记忆的《人世间》为例，它的用户画像中，30—39岁年龄群体占比最高，达33%，其次是占比23%的20—29岁观众，再次是占比为22%的40—49岁观众，50岁以上观众占比19%。主旋律剧集不仅吸引年轻观众，也与中老年群体打成一片，引发全年龄层面的追剧热潮。

现实主义与主旋律作品的网播热潮，意味着剧集内容已然成为传播时代心声的重要文艺载体；也意味着主旋律作品利用网络视听媒介获得了巨大的社会影响力，真正与大众、时代形成了共振。

3. 华语剧集"出海"新格局已基本形成

2022年，由国家广播电视总局发展研究中心课题组完成的首个国产电视剧国际传播报告《中国电视剧国际传播报告（2022）》（以下简称《报告》）正式发布。《报告》显示，中国电视剧质量不断提升，国际发行网络、国际传播渠道不断拓展和丰富，中国电视剧已在全球200多个国家和地区播出，新的国际传播格局基本形成。

各类题材中国电视剧竞相出海，已实现从以古装剧、功夫题材为主，进入以当代剧为主、多元题材并存的新阶段。《大江大河》在国际互联网平台全剧播放总量达3308万次，好评率达88.43%。《山海情》在多国热播，引发国际社会广泛关注。此外，青春偶像剧也成为国际传播新主力。在YouTube每集平均播放量超过100万次的85部中国电视剧中，青春偶像剧占52%；在总播放量超过2亿次的10部剧中，有7部青春偶像剧。

中国电视剧国际传播平台日趋多元，"电视中国剧场"、长视频平台海外版、智能终端内置视频应用程序、国际互联网平台等各种传播渠道形成矩阵，有效推动中国电视剧国际传播。其中，"电视中国剧场"是中宣部、国家广播电视总局组织打造的国际传播平台，逐渐成为播出现实题材剧、重大主题剧的主平台。截至2022年8月，38个国家和地区的视听媒体开办了62个"电视中国剧场"，为中国电视剧进入各国主流人群提供了重要渠道。[①]

三、未来趋势：互联网"分众"特征继续为产业带来深刻变革

为了判断产业发展趋势，我们必须重新审视从"大众"到"分众"的媒介变革。传统视听时代，电视台、电影院等大众媒介主导市场，分发效率大大受限于时空条件，内容取舍和资源配置高度依赖于经验判断。而网络视听分发效率大幅度提升，观众可以按照自己的意愿消费内容。内容与观众的关系是"多对多"，在算法大范围应用后，甚至是"千人千面"的。

[①]《中国好剧全球传播》，人民日报海外版，2022年11月18日，http://paper.people.com.cn/rmrbhwb/html/2022—11/18/content_25949827.htm。

分众传媒带来了内容分发生产力的质变，而当下主流的生产关系仍然延续着传统剧集的模式。在生产力倒逼之下，剧集的生产关系、生产模式都会发生相应变化。观众将拥有更多话语权，打破传统模式中基于"行业关系"的决策机制，让优质作品、创作者和团队真正得到来自观众的正向激励，增加产业活力（见图4.12）。

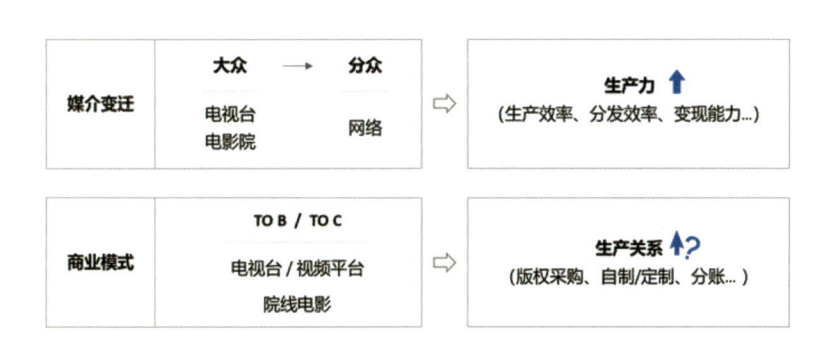

数据来源：云合数据　　　　　　　　　　　　　　　　中国网络视听发展研究报告（2023）CNSA

图 4.12 长视频生态的"生产力"与"生产关系"

以此为线索，不难做出以下判断。

1. 产业升级的下一阶段是全面的效率升级

过去几年剧集发展的主题，第一是剧集内容渠道从台到网的转变；第二是继承、学习传统视听的内容经验、适应互联网受众并围绕平台重新构建产业链条。当下，这两个目标都已基本完成。随着互联网技术深度赋能，全产业链的效率升级是最重要的升级方向。这不仅适用于网络剧，更适用于全部网络视听内容。

实际上，效率升级的浪潮已经开始席卷整个剧集产业。在内容运营、内容营销上，算法、大数据技术赋能的新一代运营营销方法正在落地。爱奇艺、腾讯视频等长视频平台积极拥抱技术升级、降低运营成本的同时，使优质内容获得了更多推广资源，让观众、片方和平台实现共赢。

变革也在产业链条中上游进行着。当下，针对内容营销、内容审核、介质传输制片管理乃至内容研发的体系、服务和产品层出不穷。阿里大文娱推出了"云尚制片系统""在线试播会"产品；爱奇艺也推出了制片管理系统、内容管理系统、内容审核系统、虚拟拍摄工具;更多第三方机构、高校科研院所也在同步研制同类产品,有很多已经实际应用在剧集的制、宣、发过程当中。

升级过程将充满波折和试错,但最终仍会完成全进阶。"业内关系主导"的内容生产模式面临挑战;追求"声量","买评分""买热搜"的营销模式将被淘汰;链路清晰、高效率、高技术含量的模式和产品将会涌现,并成为主流的营销模式。

2. 剧集价值确认重心向观众转移,"业内判断"不再成为绝对标准

过去,对剧集的价值判断局限于极少数话语群体;观众消费内容,却并未直接影响内容生态。接下来,剧集价值的判断权将更多交给观众。纷繁复杂的"购销双方"等"中间环节"的作用将会显著降低。

第一,老剧集焕发新生,观众"求精不求多"。在云合全网剧集霸屏榜中,《知否知否应是绿肥红瘦》《甄嬛传》《琅琊榜》《庆余年》《香蜜沉沉烬如霜》等老剧集屡次上榜。随着算法分发比重的增加,老剧集上榜的频次更高,在榜位置也更靠前。以2018年的《知否知否应是绿肥红瘦》为例,在2022年该剧正片有效播放24.2亿,位列2022年全网剧集有效播放霸屏榜TOP7。另外,《甄嬛传》《琅琊榜》《庆余年》2022年有效播放均超10亿(见表4.2)。

表4.2 2022年老剧集[①]正片有效播放TOP10

单位:亿

排名	剧名	正片有效播放	上线日期	播出平台
1	知否知否应是绿肥红瘦	24.2	2018年12月25日	爱奇艺/腾讯视频/优酷
2	甄嬛传	13.1	2012年3月26日	优酷/乐视视频
3	琅琊榜	12.9	2015年9月19日	爱奇艺/腾讯视频
4	庆余年	10.7	2019年11月26日	爱奇艺/腾讯视频
5	香蜜沉沉烬如霜	6.0	2018年8月2日	爱奇艺/腾讯视频/优酷
6	楚乔传	5.9	2017年6月5日	爱奇艺/腾讯视频/优酷/乐视视频/搜狐视频
7	武林外传	5.8	2006年1月2日	爱奇艺
8	特种兵之火凤凰	5.4	2013年10月23日	爱奇艺/芒果TV/腾讯视频/优酷/哔哩哔哩
9	新三国	5.4	2010年5月2日	腾讯视频
10	芈月传	5.3	2015年11月30日	腾讯视频/乐视视频

数据来源:云合数据·四象分析系统(EVA)

[①] 2022年老剧集:截至2022年1月1日上线满一年的剧集。

正如前述，2022年老剧集正片有效播放同比上涨10%，在全网剧集有效播放中占比为53%。这表明平台运营效率显著提升，同时也证实了之前的几年，剧集内容存在着供给过剩、观众求精不求多的情况。

第二，点播付费规模逐年提升，用户付费模式开启新思路。2022年，剧集的播出模式有了更多的形式，"超前点播"回归，上新剧集出现"付费回转""仅会员观看"模式。

先是"超前点播"以"点映礼"形式回归。2022年共11部剧开启"点映礼"。自腾讯视频开启《梦华录》大结局点映礼后，芒果TV、优酷皆有剧集陆续跟进，2022年腾讯视频共4部剧开启"点映礼"，分别为《梦华录》《星汉灿烂》《昆仑神宫》《爱的二八定律》；芒果TV 4部，为《少年派2》《消失的孩子》《覆流年》《云中谁寄锦书来》；优酷3部，为《沉香如屑·沉香重华》《冰雨火》《点燃我，温暖你》（见图4.13）。在该模式下，主演团队通过直播方式与付费观众一同观看大结局。

数据来源：云合数据·四象分析系统（EVA）

图4.13 2022年上新超前点播剧集

2021年，在多种因素影响下，爱奇艺、腾讯视频、优酷三家视频平台先后宣布正式取消剧集超前点播服务。多数声音认为这意味着"超点"尝试的彻底失败。但客观上来说，分析超前点播模式的失败，不在于方向上的问题，而在于落地的具体规则不够完善。而2022年"超前点播"的回归也早有预兆。2022年2月，从弹幕、站内评论等用户反馈来看，有相当数量的观众有意愿也有消费能力提前解锁剧情。在超前点播模式取消后，"重开超点"一度成为弹幕热词（见图4.14）。

"超点"给平台和创作者同样提供了多元的变现渠道。当下长视频平台会员规模已经见顶，通过为用户提供优质内容、差异化服务，直接获得用户付费，已经成为平台收益的最重要来源。对创作者来说，"超点"更是重要的激励手段，倒逼优质内容的生产和良性竞争。好内容吸引观众付费，平台依靠好内容获得更多的收益，继而制作、采购更多精品剧集作品。如此循环往复将形成以好内容为核心的产销良性循环。

另外，非会员权益进一步收窄。除片库仅会员可观看外，新片跟播期的播出模式也在不断调整，由非会员转免到限时转免，再到会员纯享，非会员的免费窗口期逐步缩减。2021年12月上线的《对手》《王牌部队》等剧均为回转付费模式观看（跟播期限时免费观看后即转为会员观看），2022年12月上线的《回来的女儿》为会员纯享剧集，非会员不可观看。

数据来源：云合数据·四象分析系统（EVA）
中国网络视听发展研究报告（2023）

图4.14 2022年2月在播剧综节目中提及"超前点播"的部分弹幕

健康、多元的内容付费模式本身即意味着产业的进步。当下，多数网民的互联网付费习惯已经形成，观众而非"采购部门"才是内容价值的判断者。"超点"模式被取消并不代表"付费"趋势的终结，恰恰相反，更加合理、健康的付费模式必将回归。

第三，分账网剧比重逐年攀升，片方收益与内容表现直接挂钩。除"超点"外，分账网剧是"To C"模式的另一大创新尝试。分账模式是国内视频平台的首创，与传统的版权售卖、平台投资自制或定制模式不同，分账内容片方的收入直接来自付费会员的有效观看。它将平台从高额的内容投入当中解放出来，又推动片方以合理的成本制作优质内容，避免劣币驱逐良币的恶性竞争，为产业去泡沫提供助力。

2022年共上新分账剧61部，同比减少11部；在整体上新剧集中部数占比为14.7%，同比下降1.1个百分点；累计有效播放56亿，同比上涨23%，在整体上新剧集中的有效播放占比由3.8%上升至5.2%。分账剧虽然上新部数减少，但有效播放实现了正向增长，是剧集市场中难得的增量。尽管目前分账剧在整体中占比仍然很小，但它所反映出来的潜力不容小觑。将分账剧与非分账剧进行对比，会发现分账网剧的集均V30占比稳步提升。在作品基数较小、投资体量不高的情况下，分账网剧的"观看价值"不断进阶。

2022年上线的分账剧《一闪一闪亮星星》展现出了头部网络剧的播放潜力：集均V30有效播放量达1668万，在2022年Q1上新网络剧中排第7。据云合数据观察，未来分账剧的制作水准、内容多样性和播放成绩都有望进一步提升，分账模式将成为中腰部、中头部内容的重要选择。

在分账模式当中，平台分账规则越公平、越"To C"，服务体系越完善，越能立竿见影地推动内容精品化。在2021年，各大平台将会员观看时长作为会员分账收入的计算标准，优酷、腾讯视频宣布将剧综的定级从播前调到播后，综合口碑等因素来分配剧集分账收益。2022年，爱奇艺再次对分账剧规则进行调整，取消对分账剧的平台定级，并且在原会员观看时长分账基础上，增加会员拉新分账。规则变动之后，分账网剧精品化倾向更加明显，早期市场存在的"猎奇倾向""粗制滥造"已基本被淘汰，内质量成为衡量作品成败的最关键因素。

为鼓励优质短剧内容的创作，优酷也进一步升级分账短剧的激励规则及合作方式，依托平台优势资源为广大创作者开放多样合作。优酷将调整"会员+广告CPM分账""流量分账""广告CPM"分账三种模式的级别和单价，为合作方提供更加优质的动态服务。

2023年，腾讯视频也升级了分账剧规则，提出"有效正价会员开通数"的计价标准，合作方总分账收入为"会员分账收入＋广告分账收入＋激励收入"。其中，会员分账收入的计价标准从（旧规中的）会员观看时长演进更新为"有效正价会员开通数"[有效正价会员开通数：用户在腾讯视频平台为观看合作剧集正片而付费购买正价腾讯视频VIP会员（包含超级影视SVIP会员）的有效人次]。并且不管独家还是非独家合作，与片方的分成比例均按100%施行，让内容价值实现更充分的释放，让内容决定收益。

不难看出，精品化已经成为分账剧产业发展的必经之路。天然的良性生产关系也让分账行业步入正向轨道。在生产端，围绕分账模式给予核心演职人员分账份额也已成为新的趋势。广义上的分账模式，已经成为视听平台降本增效最有效的手段。

3.行业亟待围绕新型产业生态的内容评价体系和人才

围绕互联网的分众特征，内容生产、宣发正在建立新的生产关系，这同样倒逼着新的影视评价评分生态和标准的形成。

传统的影视剧产业中，观众的真实反馈对内容发行、版权交易没有直接影响，产业链条内的"甲乙方关系"，在一定程度上为水军刷分等恶意竞争行为提供了土壤。此前，"水军刷分""恶意差评"等话题不断引起行业内外的注意。旧的内容评价生态越来越不适应观众差异化的观影喜好，也难以真实反映内容质量。

从技术层面来说，剧集的线上观看会产生丰富的数据，这些数据相对能更加客观地反映观众对内容的喜好程度。在"量"的维度上，累计正片有效播放、集均V30等多种数据可以立竿见影地反映出剧集播放效果；在"质"的层面，也可以通过观看时长、观众黏性等来客观反映市场对内容的接受度。对内容的主观打分，也同样面临着如何公平、如何"服众"等问题。

在人才方面，亟须适应新业态的新团队和新力量。"To C"模式下，内容播放效果直接决定了片方收益，编剧、导演、美术、主演等核心主创人员的收入需要和内容收益高度关联，优秀的内容创作者、团队将会得到更多机会。新的生产关系将推动新型制、宣、发团队以及工具和平台的出现。

人才成为剧集产业最重要的生产要素，行业的不断进阶、升级，也就是人的升级换代、不断进步。已经成熟的、金字塔尖的团队和人才，更需要有意识地带动新生的力量、拥抱新的产业趋势，剧集产业才会更加健康、强大。

综上，剧集网播整体发展趋势向好。长视频缩量结束的曙光已经初现，相信在2023年会实现持续增长。在提质减量、降本增效的行业大环境下，视频平台也开始了盈利。剧集价值确认重心向观众转移后，倒逼优质内容的生产和良性竞争。好内容才能吸引观众的注意，而平台也将依靠好内容获得更多的收益，继而制作、采购更多精品剧集作品。如此将形成以好内容为核心的产销良性循环，促进行业的发展愈发健康稳定，真正实现"未来已来"。

李雪琳 | 云合数据 CEO

腾讯视频

《开端》——心怀希望，抵达正义

《开端》由正午阳光出品，改编自晋江文学城祈祷君同名小说，是一部以时间循环为主要设定的15集体量的高概念短剧。该剧由祈祷君、邱玉洁、算、黄凯文编剧，孙墨龙、刘洪源、算执导，侯鸿亮担任总制片人，赵子煜担任制片人，白敬亭、赵今麦领衔主演，刘奕君特别出演，刘涛友情出演，黄觉、刘丹联合主演。

《开端》讲述了游戏架构师肖鹤云和大学生李诗情在乘坐的公交车出事后，意外发现他们居然"死而复生"，在公交车出事的时间段不停循环的故事。两个涉世未深的年轻人在焦虑与绝望中苦苦挣扎，为了不彻底崩溃，也为了自救，他们尝试在每次循环的短暂时间里，在密闭的公交车内，依靠着有限的线索，努力寻找公交车爆炸案的真凶。最终，他们成功制止了这场灾难，也摆脱了自己的"死亡循环"。

该剧剧情节奏紧凑，讲述了一个非常规空间内的现实主义故事，在悬疑的外壳下，有着关照现实的创作内核。剧中由普通人完成看似不可能完成的英雄任务，展现了有中国特色的集体英雄主义，唤起了观众对社会公平正义的向往，启示观众无论时代如何变化，良知和勇气永远是让社会更加美好的必需品。同时，《开端》还是一幅小人物的生活群像，是一本警民共建的正能量图鉴，以其故事性和精神感染力，成为口碑、播放成绩双丰收的2022年开年爆款电视剧。

爱奇艺

《风吹半夏》——传递自强不息的时代精神

爱奇艺自制剧《风吹半夏》讲述了中国改革开放初期，中小民营企业迎难而上、百折不饶的创业历程，传递出自强不息的时代精神，是一部主题温暖、感染力十足的现实题材作品。

《风吹半夏》自开播以来，获得口碑与热度双丰收。开播10天，该剧在爱奇艺站内的热度值破万。截至收官，累计17次获得猫眼电视剧热度总榜冠军，并位列浙江卫视、江苏卫视双台2022年首播剧酷云收视率年冠。与此同时，该剧相关上榜热搜话题超1800个，微博话题阅读量超128亿，在豆瓣平台收获8.2高分，引发广泛讨论。人民网评价《风吹半夏》既有时代变革之风，也有个体蝶变之风，汇聚出一个时代的风貌；光明网称赞《风吹半夏》具有强阵容班底的精彩演绎，塑造出大时代下鲜活的奋斗者群像；新华网赞誉其情节张力十足，传递出坚持不懈的拼搏精神，让观众感受到改革开放精神的传承，收获情感共鸣，获得新的力量。

二、2021—2022年网络综艺发展现状

2021—2022年，综艺节目在褪去浮躁后整体品质稳中有进。2021年9月，国家广播电视总局发布《关于进一步加强文艺节目及其人员管理的通知》，偶像养成类节目受到限制、泛娱乐化得到遏制，给综艺市场风气带来极大转变，众多原创、接地气的高质量综艺节目频出。数据显示，2021年全网共上线广义网络综艺节目[①]452档，较2020

[①] 网络综艺：由节目制作机构或网民个人制作，主要在网络视听机构播出，按照网络原创节目管理要求履行相关手续并由主管部门进行内容把关，或由播出平台对节目内容履行内容审核责任，综合运用各类视听表现手法，广泛融合多种艺术形式并对其进行二度创作，满足大众艺术审美和休闲娱乐需求的专业类（非剧情类）视听节目（含综艺晚会类节目、有主持人的娱乐报道类节目、节目制作完整的单项艺术类节目）。"狭义"的网络综艺是指有独立的制作思路、叙事、剪辑较为完整的网络综艺，不包含多版本和衍生综艺。"广义"的网络综艺既包括以上的"狭义"网络综艺，也包括进一步扩大节目影响力、满足不同观众观看需求而制作播出的多版本和衍生综艺（含电视综艺在网络首播的多版本和衍生综艺）。以上定义参考国家广播电视总局监管中心。

年增加 52 档。其中，"狭义"网络综艺[①]238 档（见图 4.15），较 2020 年增加 9 档，多版本和衍生综艺 214 档，数量同比上升 25%。238 档网络综艺节目中，"综 N 代"综艺 56 档，较 2020 年减少 4 档，占比为 23.5%，尽管数量有所减少，但仍占据着重要位置，整体表现亮眼；付费综艺 64 档，较 2020 年增加 15 档，占比为 26.9%。214 档多版本和衍生综艺中，有 168 档仅限会员观看，各视频网站更加注重通过先导片为重点节目预热，先导片制作水准提升，吸引用户观看。此外，全网全年上线 154 档网播电视综艺，其中 23 档需要付费观看。从播出平台看，芒果 TV、爱奇艺、腾讯视频、优酷四家网站全年上线网络综艺共 206 档，其中独播 181 档。独播综艺中，腾讯视频上线 73 档，优酷上线 34 档，爱奇艺上线 40 档，芒果 TV 上线 34 档。

2022 年全网共上线广义网络综艺节目 431 档，较 2021 年减少 21 档。其中，"狭义"网络综艺 198 档，较 2021 年减少 40 档，多版本和衍生综艺 233 档，同比增加 19 档。198 档网络综艺节目中，"综 N 代"综艺 50 档，较 2021 年减少 6 档，占比为 25.3%；付费综艺 68 档，较 2021 年增加 4 档，占比为 34.3%。233 档多版和衍生综艺中，有 207 档为付费综艺。此外，全网全年上线 184 档网播电视综艺，较 2021 年增加 30 档，其中独播综艺 97 档，付费综艺 25 档。

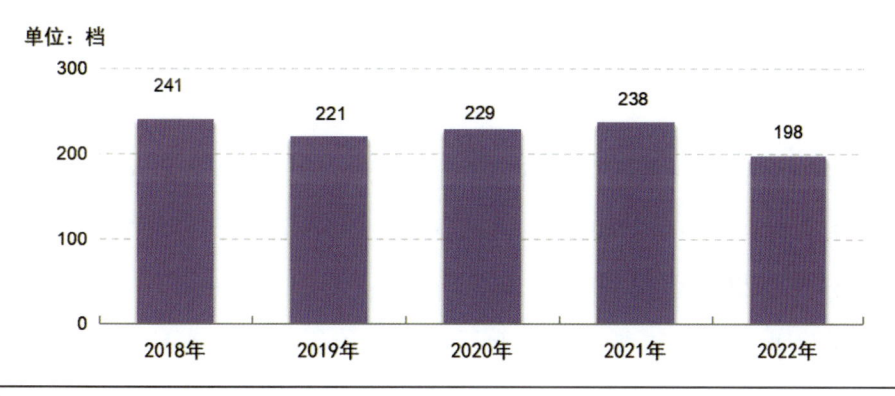

单位：档

年份	2018年	2019年	2020年	2021年	2022年
数量	241	221	229	238	198

数据来源：国家广播电视总局监管中心　　　　　　中国网络视听发展研究报告（2023）

图 4.15 网络综艺节目上线数量

---

① 本报告中，除非特别指出，均指"狭义"网络综艺节目。

深度观察2：2021—2022年网络综艺行业整体趋势分析

一、政策背景

2021—2022年中国网络综艺行业在变革中不断摸索、寻求突破。随着网综市场日益成熟、影响力不断提升，更有力的监管政策也相应陆续出台，为行业发展划下"红线"。其中标志性事件是2021年8月3日，国家广播电视总局开展为期一个月的网络综艺节目专项排查整治，并下发《关于进一步强化网络综艺节目管理的通知》，要求严格控制偶像养成类节目，重点加强选秀类网络综艺节目管理，严格控制投票环节设置；坚决抵制追星炒星、泛娱乐化等不良倾向和"流量至上"、拜金主义等畸形价值观；进一步压实网络综艺节目制作和播出机构主体责任，加强对粉丝群体正向引导。9月2日，总局又发布《关于进一步加强文艺节目及其人员管理的通知》，要求广播电视行业坚决抵制违法失德人员，坚决反对唯流量论，不得播出偶像养成类节目，坚决抵制不良"饭圈"文化，坚决抵制泛娱乐化，杜绝"娘炮"等畸形审美，坚决抵制高价片酬，切实加强对从业人员的管理。

这些政策的出台给综艺市场风气带来极大转变，创作格局重新洗牌。急功近利、哗众取宠、重流量轻质量、重娱乐轻价值的投机心态将从根本上得到进一步遏制。随之而来的必将是更良性的节目研发起点、更健全的平台内部合规机制、更明显的行业规范作用以及更严格的从业者自律要求。同时，更广阔的发展舞台和更明确的发展边界对网络综艺的内容创作提出了更高要求，也为真正有心有志探索综艺发展方向的创作者们提供了自我革新的契机和扩展的空间，需要从业者们大胆拓宽思路。如何在立意的扎根和创新的发散上获得平衡，将成为下一阶段探索的新方向。

二、2021—2022年网络综艺赛道分析

2021—2022年，随着网络视听行业制度体系和治理体系日渐成熟规范，泛娱乐化倾向得到有力遏制，综艺节目在褪去浮躁后整体品质稳中有进，并呈现出一些共性：紧扣国家大政方针进行主题立意，持续发力弘扬中华优秀传统文化和社会主义先进文化；观照社会现实，正向引导社会情绪。在打通代际交流、发扬女性力量、关爱老年群体、树立青年榜样、倡导多元文化、凝聚家庭关系等现实向议题的设置和探讨引领上发挥了不可小觑的作用。

1. 歌舞赛道

歌舞是综艺版块中的重要赛道，包括音乐题材、舞蹈题材，以及唱跳兼具的综合类题材。2021—2022年，网络综艺歌舞赛道具有以下典型特征。

第一，在立意上，用心用情服务大局的节目开始涌现。2021年以来，党和国家大事要事不断，为网络综艺生产提供了绝好的内容素材和极大的创新空间，如芒果TV在香港回归祖国25周年的重要时刻推出音乐综艺《声生不息·港乐季》，由国家广播电视总局网络视听节目管理司、港澳台办公室和香港中联办宣传文体部特别指导，两地人民通过音乐对话，促进民心相通，符合国家大政方针的同时因内容优质，收获广泛好评，时任香港特区行政长官的林郑月娥特别为节目致辞；优酷携手河南广电持续探索"中国节日"系列节目，在端午、七夕、中秋、重阳、元宵等节日，联合出品及网络独播了多场"奇妙游"主题节目，进一步突破传统歌舞晚会的艺术形式和表达手段，充分展现了传统节日文化内涵与时代精神、前沿科技的创新融合。"中国节日"系列节目已经成为中国影视文化领域的一个"现象级"事件，也掀起了年轻受众关注中国传统文化的浪潮。

第二，在叙事上，聚焦成长过程，激荡向上力量。一些带有竞演元素的节目将关注点更多放在作品故事和个人成长上，尤其注重长短线结合的戏剧性和故事性，多维度塑造嘉宾性格特征、传达节目精神理念，在舞台秀之外与观众产生深层的情感联结，从而对观众产生积极正向的引导。如《了不起！舞社》以女性齐舞为主要表现形式，通过女性之间互帮互助、互相学习的真人秀描绘出21世纪女性成长群像；《我的音乐你听吗》安排36组选手共同入住"有谱村"，在真人秀部分重点聚焦年轻音乐人如何以歌会友，实现共同成长；《明日创作计划》将关注重点转向作品，挖掘具有原生力、表达力和创造力的青年音乐人；《为歌而赞》系列为音乐人和创作者搭建交流平台，实现行业审美与大众审美的碰撞与平衡；《乘风破浪》系列和《披荆斩棘》系列打破舞台表演的年龄限制，以各年龄段尤其是大龄嘉宾的奋斗精神鼓舞大众勇敢自信、突破挑战，展现不同性别的内在力量；《沸腾校园》首次聚焦高校舞蹈社团竞演，以社团文化展现当代大学生鲜活面貌和年轻态度，以无畏的青春活力、热烈的团结斗志讲述舞蹈竞演的新故事，传递梦想母题的新表达。

第三，在题材上，尝试跨界融合和破圈表达。2021—2022年，以歌舞表演为主体的综艺大部分是创新作品，且普遍与垂类元素结合，在题材上进一步细分，以差异化的打法为综艺内容拓展开辟新领域的同时，也为不同圈层间的沟通、理解搭建桥梁。如电音题材中，《超感星电音》向大众普及电音文化，并以多元的合作改编形式探索专业创作与市场接纳的平衡；《中国潮音》将流行音乐与中国传统文化元素充分融合，寻求国潮音乐生命力；街舞题材中，《这！就是街舞》系列在第四季中集结世界范围内的顶尖街舞力量打造国际联赛，在第五季中聚焦新生代青年舞者初出茅庐的自我挑战，不断挖掘该题材下叙事模型的更新，展现跨越性别、年龄、国界的街舞精神，展现街舞文化的传承与交流；说唱题材中，《少年说唱企划》尝试将"少年感"和说唱元素结合，为社会展现正向青年文化群像；《黑怕女孩》首次聚焦女性说唱歌手，融合音乐理念和态度表达；《中国说唱巅峰对决》以联盟对决的形式，为成熟说唱歌手提供顶级竞赛舞台；此外，《我们民谣2022》以民谣音乐为切口，将民谣概念从音乐形式延伸到生活态度，鼓励大众积极热爱生活、善于观察生活、乐观面对生活；《令人心跳的舞台》《朝阳打歌中心》《百分百开麦》聚焦"打歌"形式，为优质歌手开辟自我展示的空间，以真唱真跳的标准历练新生代表演者，助推行业良性循环。

第四，在呈现上，多种形式并进，沉浸氛围突出。本年度歌舞赛道开始尝试舞台表演以外的多种形式，在呈现紧张激烈的竞技之外，更多探索以艺术表演传递精神共鸣、形成情感共振，回归艺术本质。如《来看我们的演唱会》，还原演唱会这一特殊表演形式，模拟其生态和氛围，以现场感、互动性展现音乐生命力，激发观众对生活的希望感；《元音大冒险》将元宇宙概念与音乐表演、互动游戏结合，打破虚实边界，探索科技赋能文娱体验的新方式；《去炫吧！乐派》以纪实风格和真人秀形式完成地域音乐的老歌新唱，在烟火故事的探寻中为中国本土音乐增添时代活力。

2. 观察赛道

观察类综艺核心是观察人与人之间的关系，2021—2022年的观察类赛道再度扩容，延展出较多垂类主题，从大众话题制造者的"国民向"综艺，到为圈层话题发起者的"垂直类"综艺，更广泛的话题覆盖面有助于这一赛道进一步升级。

第一，聚焦两性关系的观察类综艺呈蓬勃发展态势。此类综艺主要聚焦年轻观众的情感诉求，尤其是对两性关系建构的探讨。各平台不仅对多个成熟IP进行了新一轮的升级，如《妻子的浪漫旅行》《心动的信号》《喜欢你我也是》《我们恋爱吧》等，还从多个维度尝试打出新的加法。

节目元素更加丰富，情感交互方式更加多元。多种故事模型都被运用其中，为婚恋主题增加了多维的观察角度和叙事基础。如《怦然心动20岁》系列以毕业旅行为切入点，打破恋爱综艺的人物选择惯性和叙事束缚，展现更多维度的青春话题；《一起探恋爱》将剧本演绎与恋爱、推理的元素结合，让叙事在深度社交场景营造的虚拟世界和日常生活场景的真实约会世界间穿插进行；《恋恋剧中人》打造"剧中剧"叙事，让嘉宾依托真实的情感经历进行剧本创作并演绎。

以亲密关系为核心的母题不断被挖掘。除了乌托邦式的甜蜜关系，年轻人婚恋话题的痛点也得到正视，围绕亲密关系的结束展开的社会情绪得到回应。如《再见爱人》系列选取多对已经离婚或处于离婚边缘的夫妻，展现不同的婚姻生活相处模式，直面常见的情感危机，引导大众积极经营良性亲密关系；《灿烂的前行》《春日迟迟再出发》聚焦尚未走出婚姻关系终结伤痛的单身男女，折射出当代常见的婚姻问题，呈现出对美好爱情的向往与再爱一次的勇气。这些新尝试让观众能从更多元的嘉宾身上"看到"自己和身边的人，观照、反思甚至重构自己的生活和情感态度。

不同年龄段、不同代际的情感话题都得到关注。曾经宽泛的俊男靓女被仔细划分，如《没有谈过恋爱的我》将初次恋爱定义为人生必经的情感阶段，首次关注情感启蒙；《90婚介所》中"90后"男女嘉宾以相亲之名就婚恋问题展开热烈探讨，为观察这一代际的婚恋观提供了全新视角；《半熟恋人》聚焦轻熟龄男女，呈现"30+"人群面对感情的真实状态。

第二，各类家庭社会关系都成为观察题材。除了两性关系之外，观察类综艺几乎将各类社会关系和社会情绪都纳入了考量，观察对象所处的环境也越来越日常化，当代年轻人基于他人观察生发出的向内自我观察需求越来越明晰，综艺节目发挥出了带领观众认知自我、认知他人、认知社会的作用。除了《让生活好看》《做家务的男人》《送一百位女孩回家》《婆婆和妈妈》等经典IP推出续作，还有《朋友请听好》系列用声音来交流真心，聚焦现实情感与生活难题，用他人的故事治愈更多的人；《我的小尾巴》系列以开放生育政策为背景聚焦兄妹关系；《五十公里桃花坞》系列进行了一场结合代际、性别、圈层的社交实验；《屋檐之夏》让独居老人和来大城市打拼的年轻人同住一个屋檐下，借此观察两个代际生活方式和价值观念碰撞出的火花；《爸爸当家》在当代男女就业机会平等的形势下诞生，探讨并正向引导对多元化家庭分工的思考。当然，社会关系中，还有一种为人津津乐道的关系就是"职场关系"。这些以观察为主要手段的节目将在职场类综艺中做进一步探讨。

总体看，观察类节目真实展现婚恋、家庭、代际等关系中人们普遍关切的痛点问题，并通过第二现场观察室的设置引发相关话题讨论，回应并正向引导社会情绪、输出正向价值观，呈现出鲜明的现实主义色彩。

3. 职场赛道

职场类综艺已跳脱出传统求职棚综的"现场招聘"，转而聚焦真实、完整的实习过程和职场生态。这不仅更利于唤起年轻观众的共鸣，也能切实地为当代青年求职、就业提供指导。换言之，它们既是一面镜子，也是一堂课程。

2021—2022年，职场类综艺逐渐发力，主要分为两种类型：观察类职场综艺，聚焦职场竞争生态，展现实习生成长过程；体验派职场综艺，一般由具有一定影响力的嘉宾亲身参与，探索鲜为人知的职业真相，力求将其中酸甜苦辣还原给观众，彰显平凡人的伟大，传递正向价值观。

2021—2022年，职场赛道呈现以下发展特征。

第一，职业类型不断扩展。如《初入职场的我们法医季》首次聚焦对国家司法建设有重要贡献的法医行业，由法医界前辈带领5位来自中国顶尖医科、警官类院校的实习生，通过模拟案件考核学习，破除刻板印象，致敬中国法医的精神传承；《令人心动的offer》系列在第三季中关注医疗行业，通过几名医学生向合格医生迈步的成长历程，为展现中国医疗行业和职业培养体系的真实状况提供了窗口，继而在第四季中聚焦建筑师群体，展现大众印象中的神秘行业，以两家风格迥异的公司为背景，讲述当代青年在追逐理想的过程中面临的抉择和挑战；《跃上高阶职场》差异化聚焦成熟职场人，展现广告行业中的创造力；《一往无前的蓝》通过艺人嘉宾对消防工作的真实体验，以第一视角走近邻家英雄，传播消防知识的同时，展现了消防员群体有血有肉的真实面貌；在这些多元的职业样态呈现中，更多正向的职业观得以传达。

第二，探索职场与其他元素结合，延展话题探讨边界。如《大湾仔的夜》系列立足大湾区，探寻"大湾仔"在求职创业过程中面临的问题与挑战，真实记录了粤港澳大湾区青年奋斗群像，呈现出粤港澳大湾区融合过程中内地城市的高速发展、民众之间的人心相融；《上班啦！妈妈》系列将职场与女性视角结合，聚焦于职场妈妈群体，呈现出当代新女性在职场和家庭这两种不同环境下，其生活状态的差异和变换，让节目主题更加深入，受众更加垂直。

第三，职场类综艺成为企业品牌 IP 孵化地，彰显文娱行业和实体经济的双向激活和赋能。如《初入职场的我们》通过魅力型企业领导人参与助力企业形象塑造，为企业储备优质人才提供试炼，建立了企业品牌与年轻人之间的情感链接，并成功延续至节目之后的企业建设实践，为助力实体经济发展提供新的思路。

4. 户外真人秀赛道

2021—2022 年，户外真人秀更加多元化，类型涉及社会纪实型、文旅结合型、温暖治愈型、知识输出型等，并且较以往出现了明显的风格调整。

第一，现实主义纪实精神突出。快节奏和强刺激性正在转变为行进时、轻任务、重感受，如《哈哈哈哈哈》第一季和第二季，让嘉宾以"半工半游"的形式出行，感受祖国山河美景，接触最真实的普通人工作与生活，展现更多元的生活方式与积极乐观的生活态度；《很高兴认识你》第二季回归城市，周迅跟阿雅从探访、观察、体验的视角出发，给城市生活的年轻人带来更多新的思考；《因为是朋友呀》中互为老友的嘉宾们结伴开启解压旅行，不刻意设置强冲突博人眼球，自然且轻松的节目气质更加打动观众；《新游记》让嘉宾走进城市成为其中随处可见的房产中介、流水线工人以及搬运工人等，挖掘社会议题，承载大众的情感表达；《恰好是少年》让三位嘉宾全程自驾，独立规划旅行，嘉宾拍摄与节目拍摄双线并行记录真实人间。

第二，积极赋能各地文旅宣传。如《一起露营吧》展开 5 场 2 天 1 夜的旅途，走近大漠、雨林、草原、近郊、沙滩等不同的露营地，带领观众在轻松的氛围中感受广州等 5 地自然风景之美；《登场了！洛阳》全景式展现千年古都的文化魅力，走进了年轻人的世界，也为洛阳文旅产业的发展注入新动力，其中探索团去过的地方在去年"十一"期间更是成为打卡热门地，提升了地方文旅的传播价值；《我的家乡，好美！》以探寻"家乡宝藏"为切口，将湖南五地人文特色传递给观众，推动当地特色经济的发展，探索新时代新乡村的多元化可能性。

第三，节目泛人文属性强化。如《探世界》《锵锵行天下》《奇遇·人间角落》等节目频繁出圈，以丰富的知识性和深厚的人文性给予观众收获感和治愈感。

5. 体育赛道

2021—2022年，东京奥运会、北京冬奥会两项国际性奥林匹克赛事为体育题材综艺的创作提供了契机。2021年有五档节目先后在优酷、爱奇艺、腾讯视频、央视频等网络平台和黑龙江、北京等卫视平台上播出；2022年，相关题材综艺更是集中出现。这一赛道节目类型以冰雪运动科普和竞技居多，主要通过弱化冰雪运动专业性、强调体验趣味性，力求让普通大众在理解专业的冰雪运动规则的同时对其萌发兴趣，从而为"三亿人上冰雪"营造良好社会氛围。

如由北京冬奥组委指导，文投控股股份有限公司、北京广播电视台、优酷联合出品的《冬梦之约》第二季里，嘉宾们每一期都会选择一项冬奥冰雪项目，完成从项目知识点、动作要领学习到场上比赛对抗的全过程，既普及了冰壶、冰球、短道速滑、单板滑雪等玩法和相关知识，也让观众对运动隐含的趣味能够感同身受。

不止冰雪题材，体育综艺在篮球、街舞、拳击等领域也呈现出"多点开花"趋势：优酷推出《这就是灌篮4》《这就是街舞4》《拳力以赴的我们》等综艺节目，聚焦多品类的布局规模初现；《超新星运动会》也走到第四季。

这些节目的出现，推动了体育精神的传播和线下体育运动的风靡。未来，如何在体育运动、体育精神的普及与可看性、娱乐性之间寻找平衡或许是体育综艺出圈的关键。

6. 喜剧赛道

2021—2022年，喜剧类综艺的边界不断拓宽。

第一，喜剧艺术中的多个垂直领域成功破圈。如《一年一度喜剧大赛》作为首个深度关注喜剧行业生态、挖掘喜剧青年演员的综艺节目，接连推出两季并持续收获好评。节目以sketch（素描喜剧）为主体，让漫才、音乐剧、默剧、偶剧、独角戏等多种形式的喜剧表演走入观众视野，结合爱情、社交、职场等社会话题引发共鸣，并通过节目挖掘中下层喜剧表演者中创作能力、协作能力、表演能力突出的团体和个人，为行业发展源源不断地输送新鲜血液；《脱口秀大会》第四季在前作积累铺垫下,将"人人都可以讲五分钟脱口秀"的概念打响,并在第五季中进一步延展为"人人都可以快乐五分钟",让脱口秀更大范围地进入了大众视野和日常生活,并在大众化历程中形成了更为包容的内容承载力;《怎么办!脱口秀专场》以各行各业和各类人群为观察切口,展现具有反差感和共鸣度的社会百态,同时也首次呈现了脱口秀演员在舞台之下更真实生动的状态。

第二,作品背后的厂牌效应愈发明显,带动了喜剧行业的壮大和线下产业的活跃。《麻花特开心》《象牙山爱逗团》开辟出了喜剧团体的发力新方向,如开心麻花、辽宁民间喜剧艺术团等喜剧艺人团体开始走下舞台,走进生活,走近观众。喜剧社团的国民度、天然的默契度、自然的幽默感成为此类节目更容易链接观众的优势。喜剧创作者正走出原有创作习惯和原有观众群体的舒适圈,在全新的语境和环境下抓住机遇破圈,发挥喜剧在当今社会弥补人际交流距离感、鼓舞社会正向情绪的价值。

7. 推理赛道

2021—2022年,随着线下推理类游戏的风靡,线上推理类综艺也如雨后春笋般爆发。芒果TV持续深耕"悬疑IP","明星大侦探"系列和《密室大逃脱》系列都已形成了较为完整的创作体系和成熟的迭代思路,取得了不俗的成绩;爱奇艺打造"迷综季",连续推出模式与风格各异的《萌探探探案》《奇异剧本鲨》《最后的赢家》三部曲,其中《萌探探探案》将影视化与综艺相结合,通过高国民度艺人参与改编大众熟知的经典IP,扩大了推理类综艺的受众面,具有一定的创新性;腾讯视频以《开始推理吧》创新入局,在连续剧式的逻辑框架中为观众提供沉浸式推理体验。该赛道已然成为当下综艺的经典品类,可以预见的是,2023年推理类赛道还将继续涌入新的竞争者、产出大量作品,共同推进其良性竞争和健康发展尤为重要。

深耕立意,点燃观众对法治的信念感。推理类综艺天然与普法有密切联系,也更需要承担起以"案"释法的责任,即不能仅仅强调案件的猎奇或残忍,更需要以诚心和匠心阐释背后法律知识、明晰其中道德底线。例如,"明星大侦探"系列持续聚焦网络暴力、个人信息泄漏、儿童保护、环境保护、家庭暴力、抑郁症、容貌焦虑等严肃社会议题,呼吁观众知法懂法守法,又在第七季(《大侦探》)与最高人民法院联合制作《大侦探合议庭》剖析剧情案件中涉及的法律知识，针对违法行为科普定罪量刑建议，以观众喜闻乐见的方式传递知识和法治理念。

尝试"推理+"新节目形式。推理类综艺除了常见的"推理+探案""推理+密室"题材，还可以尝试多种文艺类别或多种元素的搭配，以推理为动力，以能够与观众产生共鸣的题材为内核，提升价值表达。如"推理+体育竞技／文化／喜剧／科普／文化／音乐／职业体验／户外旅行／公益／美食"等元素的结合都有可能碰撞出全新的火花。

拓展内容类型和游戏玩法。推理类节目的叙事表达对编剧剧本依赖较高，剧本质量在很大程度上决定了节目品相，线下剧本体验游戏中仍有丰富的内容类型和玩法设定值得借鉴，如欢乐本、情感本、阵营本、机制本、立意本、封闭本、开放本、半开本，等等。甚至已经出现许多历史题材或彰显家国情怀的剧本。

8. 演艺赛道

在过去几年中，综艺领域涌现了大量聚焦演技和演员生态的内容。影视艺术行业从台前到幕后多个环节受到广泛关注，为综艺创作提供了灵感源泉。2021—2022年，对影视艺术行业的探索又开辟出了新的视角。

爱奇艺和腾讯视频分别推出《开拍吧》和《导演请指教》，聚焦影视行业的导演职业，以创作对抗为主要元素，前者聚焦真实还原电影工业化流程，为青年导演提供一个展示才华的平台；后者重点还原市场机制，让导演在接近真实的创作现实面前，展现专业技能、沟通技巧、领导思维、抗压能力、社交情商等综合能力。优酷《无限超越班》较大程度地还原了中国香港无线电视艺员训练班的授业模式，创新引入职场元素，十多位青年演员在众多老牌港星的带教指导下磨炼演技、修炼艺德。致敬港片经典的同时，促进了香港与内地艺人交流合作，共同探讨演艺行业的热门话题，助力青年演员精进艺能、端正艺德。此外，《戏剧新生活》作为演艺赛道中高评分节目的代表作，聚焦戏剧表演艺术以及戏剧人，以先锋潮流的戏剧创作与演出为切入，汇聚8位顶级戏剧人和众多明星嘉宾齐聚乌镇剧场，呈现出一场场"戏剧的狂欢"。这档节目之所以能让小众艺术类别具备大众传播的潜质，除了优秀的制作水平和编播意识，更大原因在于其将戏剧创作者们群策群力、"把戏玩出来"这个痛并快乐着的过程展现得淋漓尽致，且输出的作品质量配得上过程叙事精彩程度。

这些节目为演艺赛道突围提供了有益参考方向，即对观众而言，具有精彩、高质量的演艺内容，能多视角展现真实行业生态的垂类节目或许更受欢迎。

三、生产、传播和盈利模式新探索

1. 传播方式

除了以优质的内容创作本身打牢基础之外，一档综艺的成功出圈还需要扎实的传播策划为其赋能。前置策划、迅速反应、专业化生产成为传播策略的必要。2021—2022年，网络综艺传播方式迭代升级主要体现在两方面：一是手段；二是内涵。

手段上，以轻量化、日常化提升制作和传播的灵活性。进入2021年，长短视频平台均开始布局短综艺。对观众而言，短综艺体量轻，正片故事简单、理解门槛低，收看的时间场合可灵活安排，能够充分发挥综艺节目在日常生活的碎片时间中的陪伴功能；对平台而言，短综艺成本低，制作及播出周期更短，利于IP试错。

因此，腾讯视频提出"小鲜综"概念，推出讲述在不同行业领域的真实就业场景中进行一日工作体验的《人间指南》、展现"大码女孩"美丽和成长的《大有可为的我》等节目，单集时长均为15分钟至20分钟；优酷推出了"1刻综"系列，包括《静静吧！恋人》《来1局吧！康永哥》《出发吧！老孟》，让主创嘉宾分别成为恋爱脱口秀达人、游戏主持人、旅游博主，以人物IP撬动恋爱、新社交、旅游等不同圈层观众；抖音推出明星综艺《给你，我的新名片》，围绕不同嘉宾特质进行定制内容，展现嘉宾舞台之外的B面人生；快手首档自制美食社交综艺《岳努力越幸运》以"短视频+中视频+直播"多形态呈现的形式，让嘉宾在完成挑战后品尝当地美食，兼顾趣味性和人文性。这些综艺上线之后均有不俗表现，如《大有可为的我》上线第一天就斩获了15个热搜热榜；《岳努力越幸运》截至收官，节目话题视频观看量突破87亿，节目总覆盖人数超3亿。

与此同时，衍生节目作为大多数综艺的配套副产品，已经改变了正片花絮的制作逻辑，呈现出独立成章的策划特点，为拓展、延伸主综艺IP提供了新的传播思路。如《欢迎来到蘑菇屋》《桃花坞开放中》，分别利用了《向往的生活》和《五十公里桃花坞》中的标志场景，由完全不同的嘉宾参与，提供完全不同的节目内容；《半熟之后》《南波万的聚会》《法医探案团》《又见爱人》则以"团综"概念挖掘出节目嘉宾之间新的化学反应，以"番外"形式提供灵活、丰富的看点，强化观众对节目元素的认知，延长传播链条。

此外，《毛雪汪》经过一年的尝试和调整，探索出了年番形式综艺的示范，以真实自然的内容风格融入观众生活场景，提供陪伴感、日常感，培养了用户黏性，形成了综艺品牌，延长了节目生命周期，将易逝的热度变为持久的温度。

内涵上，"内容为王"成为中国文化走出去的重要力量。《创造营2021》集结了来自日本、泰国、俄罗斯、乌克兰等多国选手，在海外引发收视热潮；《这！就是街舞》系列借势街舞成为奥运比赛项目，以国际化为核心概念，持续为不同国家的优秀舞者提供技术与文化的交流空间；《这！就是街舞》越南版的播出，更标志着中国网综实现了节目模式落地零的突破；《再见爱人》作为首档婚姻纪实观察类节目，正在进行英语译配，即将走入非洲，将中国积极正向的家庭婚恋观、人文思想传递出去。这些尝试意味着网络综艺不仅能依靠内容输出文化元素，还可以通过商业模式展现中国文娱产业的发展与实力。对此，网络综艺应该充分发挥优势，打造融通中外的新概念、新范畴、新表述，更加充分、更加鲜明地展现中国故事及其背后的思想力量和精神力量。

2. 盈利模式

2021年，众多脱胎于线下产业的节目开始反向通过实体店铺的经营带动线下消费。如芒果TV通过《明星大侦探》《密室大逃脱》将线下推理游戏带入大众视野并推动其成为当下年轻人新的沉浸式娱乐社交体验方式，进而在长沙、南京等地打造了主题实景探案店，延长了节目内容IP。此类成功的案例跳出了综艺内容制作本身，他们将综艺节目从"仅供观赏"变成"可供参考"——引领文化潮流，提供生活方式样本，在线上与观众建立情感联结后，在线下的生活空间里创造消费场景。此外，年番类综艺以年为播出周期，以周为单位上新，以季度为休番节点，整体播出周期长且具备阶段性，能够根据季度特点灵活调整商务矩阵，同时更好地覆盖全年热门营销时段，进行连贯性的品牌联动。

此外，网综在商业化运作上也有新的探索，以更年轻化、创意化的广告植入内容打造自己的商业IP，如《这！就是街舞》第四季中选手们分配厂牌的环节，就以抽盲盒形式进行，让雪花啤酒、潮玩盲盒IP"锦鲤拿趣"两个品牌自然地融入节目环节中；《象牙山爱逗团》推出人物盲盒，迎合了时下年轻人的兴趣点，也进一步巩固了IP形象。

四、结语

回顾2021年的网络综艺市场，不得不说，面临了巨大挑战和一定波动，但在当前市场环境下，行业积累到一定阶段后要实现更进一步发展，必须解决以往创作生产过程中所积累的问题，规范生长路径才能营造健康良好的发展生态。

即便在调整提升中，网络综艺依然展现出较强的发展韧性和创新锐气，实现了亮眼的突破和创新——歌舞、观察、职场、喜剧、推理、演艺、体育、户外真人秀等多个赛道正在优化、迭代与扩容。一方面，坚持导向先行，以丰富的形式，走心地表达和全方位地传播高质量完成了主题主线宣传工作；另一方面，强化内容建设，以更现实的视角、更具烟火气的语态，探讨社会议题，链接用户情感，传递正向价值，在质量和创新上均表现不俗的节目不断涌现。

可以说，网络综艺向精品化、多样化和垂直化发展已成为大势所趋，期待2023年的网络综艺继续秉持"内容至上"理念，坚守行业底线，更加自觉地讴歌时代、描摹现实，更加诚恳地聚焦需求、创新发展，并始终如一地朝着高质量创新性发展方向迈出坚实步伐。

周逵 | 广电智库专家，清华大学—麻省理工学院联合培养博士
中国传媒大学副教授，中国传媒大学国家传播创新研究中心研究员

《奋进·新征程——2023中国网络视听年度盛典》——为时代和人民放歌

《奋进·新征程——2023中国网络视听年度盛典》由国家广播电视总局指导，中国网络视听节目服务协会、中国电视艺术委员会主办，18家重点网络视听平台等联合承办，于1月24日通过学习强国、人民网、芒果TV、百视通、爱奇艺、优酷、腾讯视频、抖音、快手、哔哩哔哩、咪咕视频、微博、凯叔讲故事、好看视频、PP视频、喜马拉雅、斗鱼直播、腾讯音乐娱乐；IPTV各平台、OTT各平台；华为、小米、VIVO、OPPO手机视频平台；新浪、搜狐等同步上线播出。

盛典以"奋进新征程"为主题，通过序幕"拥抱·新时代"和"共绘·新画卷""追梦·新生活""炫动·新国风""奋斗·新青年""扬帆·新征程"五个篇章，展现网络视听行业自信自强、团结奋进，用更多精品节目铸就新辉煌的昂扬风貌。盛典以党的二十大精神为创作导向，围绕文化自信、乡村振兴、两岸同胞情等时代主题，用一大批质量上乘、群众喜爱、守正创新的精品节目来讲述中国团结奋斗的故事，让青春在"奋进新征程"中绽放出光芒。

截至2023年1月25日10时，各平台总播放量累计逾2亿次；微博相关话题总阅读量逾40亿次，多个话题登上热搜前十；抖音平台形成相关热门话题20个，播放量近8000万次；快手平台形成相关热门话题11个，相关短视频3000多个；人民网、中国网等近200家媒体对盛典播出进行了报道或评论。盛典用一以贯之的精品思维升级节目创意、延续文化基调，在网络空间以青春的方式唱响"奋进新征程"的时代主旋律。

芒果TV

《声生不息·港乐季》——以音乐对话，促民心相通

《声生不息·港乐季》是国家广播电视总局网络视听节目管理司、港澳台办公室、中央政府驻港联络办宣传文体部出任特别指导单位，芒果TV、湖南卫视、香港TVB联合推出的献礼香港回归25周年特别节目。节目以"港乐金曲"作为连接内地和香港的文化桥梁，完成新时代改编，为内地和香港传递美好温暖的旋律与故事，促进内地与香港的文化交流。该节目打破了传统音乐节目的线性叙事，融入叙述、互动、沉浸、体验等多种元素，最大限度地唤起了线上和线下观众的共鸣与共情。《声生不息·港乐季》借着唱响港乐金曲这道桥梁，让同根同脉的内地和香港人民特别是年轻人通过音乐对话，促进民心相通。节目用贴近年轻人的语态、年轻人喜闻乐见的方式实现港乐的创新表达，传递出新时代大湾区精神文化新主张。

节目获得主管单位高度肯定和主流媒体高度评价。前香港行政长官林郑月娥和湖南省委常委省委宣传部杨浩东部长高度重视并为节目录制开篇致辞。国家广播电视总局、中联办官网发文肯定节目"开综艺节目先河"。《人民日报》、新华网、香港《大公报》、香港《文汇报》等40余家媒体机构在客户端、纸刊等渠道重点报道推荐。在海外，《人民日报》《环球时报》等媒体还通过Twitter、Facebook等社交媒体账号持续发布节目内容，辐射全球受众。

央视网

中央广播电视总台网络春晚——当代中国青年的"开心嘉年华"

中央广播电视总台网络春晚是总台"五大晚"（五档大型文艺晚会）节目品牌之一，高度重视面向青年群体的正向价值引领，推进"思想+艺术+技术"创新融合，强化"网络+青春"特色，致力打造"最受年轻人欢迎的总台晚会IP"。

在创作理念上，结合流行文化与传统文化，打

造网上网下、不同圈层年轻人的"青春嘉年华";在内容编排上,深度融合经典 IP,并与时代热点紧密结合,实现内容破壁、打通代际沟通;在表现形态上,采用"去主持人"的晚会架构,通过嘉宾的自我表达展示年轻人向上姿态,运用先进技术、沉浸式的交互舞美为观众带来更好的视听观感和体验。

总台 2022 网络春晚以"青春正好,当燃开新"为主题,以网络化、年轻态的表达,生动展现"网生一代"的青春风貌和奋斗故事,汇聚青春力量。晚会通过 CCTV-1 综合频道及央视网、央视新闻、央视频、央视财经、央视文艺等总台新媒体矩阵同步播出,实现跨圈层传播效应。电视端观众触达人次 1.43 亿,相关内容新媒体矩阵直播播放量 1.5 亿次,视频播放量 10 亿次。在全网引发热门话题 260 个,其中微博热搜 151 个。

优酷

《这!就是街舞》——中国网综模式海外落地

优酷加大加深海外布局力度,推动《这!就是街舞》实现中国综艺海外节目模式落地,从此前版权输出的基础上,跃升为节目模式的输出落地,不断提升中国文化国际传播效能。

发挥青年题材海外传播优势,触达更多海外年轻观众。《这!就是街舞》立足本土、面向国际,通过"运动"与"潮流"主题拉近各国青年的距离,也承载全球青年共同的青春、朝气与活力,越过不同国家社会、文化、语言的藩篱,在向世界展示一个朝气蓬勃的青春中国的同时,也力求打动更多海外 Z 世代观众。

创新方式方法,打造"制作宝典"提升海外制播效率。为解决中国原创 IP 扎根异域的"最后一海里"的操作问题,提升海外落地效率,中方节目组按国际通用的标准,用时数月将《这!就是街舞》IP模式化,全链路覆盖节目理念、标准化制作流程、节目形式等,编写了详细的制作手册。中方节目组还为越南方节目组提供视觉设计、舞美等节目制作素材,全程参与到越南版节目的创作,确保节目质量。由此,《这!就是街舞》越南版在内容越南本土化的基础上,较好地复刻承袭了优酷原版的长处,将节目赛制、玩法、裁判机制等有机融入,获得两国观众共同的好评。

拓展国际视野获得海外实效与热度双丰收。《这!就是街舞》越南版在越南胡志明市电视台（HTV）、越南有线电视官方在线新闻频道（VTVcab News）及YouTube播出,节目播出当天即成为HTV史上最高电视收视节目,平均收视率高达3.2%;截至节目收官,节目YouTube、TikTok等社交媒体阅读量达到19亿;Facebook访问量超过3000万;覆盖海外主流电视与新媒体渠道,收视与热度齐高。

三、2021—2022年网络电影发展现状

2021年,全网共上线网络电影531部(见图4.16),总时长约42601分钟,同比分别下降19%、17%。其中,龙标网络电影[①]92部,较2020年减少40部,下降30%;从题材看,动作、情感、古装、剧情、喜剧、超现实题材表现稳定,不仅上线数量均在百部以上,且深受广大观众的喜爱。国家广播电视总局监管中心数据显示,2021年播放表现(以网站热度和播放量为准)前100名的影片,均属于以上6类题材,或同时兼具其中数种题材元素。这100部影片中,动作题材占比高达68%,喜剧题材占比37%,古装题材占比29%,情感题材占比22%,剧情题材占比16%。2021年,腾讯视频、爱奇艺、优酷分账超过1000万元的网络电影共计60部,其中爱奇艺独播23部,腾讯

---

① 龙标网络电影:获得"电影片公映许可证",仅在网络视听机构播出或首先在网络视听机构播出的作品。

视频独播 18 部，优酷独播 8 部，其余为联合发行。票房破千万作品占比为 11%，相较 2020 年上升 2 个百分点。从票房来看，2021 年，爱奇艺、腾讯视频、优酷三大平台所公开的网络电影分账票房总规模约为 19.6 亿，如果加上采用单片付费模式的网络电影、未获公布票房的中尾部电影等，网络电影的整体票房规模预计已超过 30 亿元。此外，随着院线电影转网窗口期进一步缩短，2021 年上线网播院线电影[①]354 部。

2022 年，全网共上线网络电影 380 部（见图 4.16），同比下降 28.4%，其中龙标网络电影 47 部，较 2021 年减少 45 部，下降 48.9%。网络电影出品机构 1305 家，较 2021 年的 1611 家减少了 306 家；制作机构 403 家，较 2021 年的 501 家减少了 98 家；宣发机构 159 家，较 2021 年的 199 家减少了 40 家。从票房表现来看，2022 年爱奇艺、腾讯视频、优酷三大视频平台上新网络电影公开分账总规模为 17.2 亿，较 2021 年的 19.6 亿减少了 2.4 亿元，其中分账票房破千万影片 53 部，同比 2021 年的 60 部，减少了 7 部；单平台发行影片 22 部，多平台发行影片 31 部。爱奇艺上新网络电影 200 部，单平台分账破千万影片 23 部，其中 7 部为云影院首映模式影片，破千万影片累计分账 4.03 亿；腾讯视频上新网络电影 197 部，单平台分账破千万影片 9 部，破千万影片累计分账 1.59 亿；优酷上新网络电影 51 部，单平台分账破千万影片 8 部，破千万影片累计分账 1.33 亿。

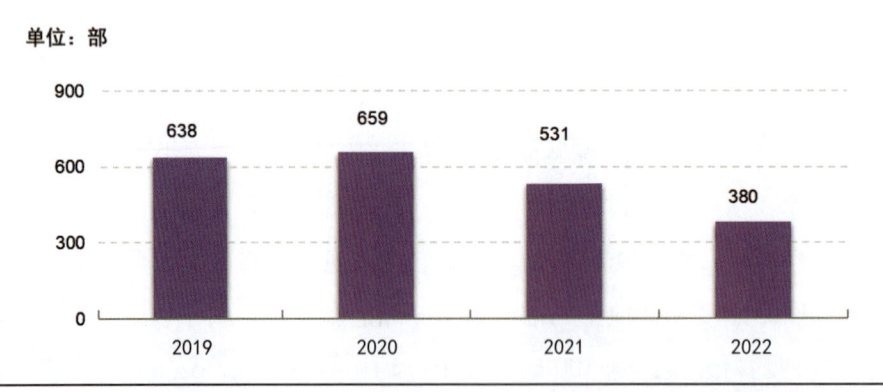

单位：部

年份	数量
2019	638
2020	659
2021	531
2022	380

数据来源：国家广播电视总局监管中心

图 4.16 网络电影上线数量

[①] 网播院线电影：获得"电影片公映许可证"，首先在电影院上映，随后在网络视听机构上线的作品。

深度观察3：2021—2022年网络电影发展趋势分析

2022年，网络电影继续沿着"减量提质"的轨道前行，受"降本增效"的行业大趋势影响，2022年全年上线数量和制作备案数量与2021年相比下降了三成左右，全年票房破千万影片数量53部，同比减少15部，年度票房冠军未突破5000万。虽然市场数据出现了一定下滑，但这并不意味着行业停滞不前，从豆瓣评分、部均有效播放量等指标来看，2022年网络电影的整体内容质量稳步提升。网络剧片发行许可管理制度的实施，标志着网络电影进入更加规范化、专业化的新阶段。在主管部门的政策引导下，各平台和制作公司在网络电影的创作、商业及营销模式等方面也进行了一系列创新探索，推动行业继续发展。

一、发展概况

1. "减量提质"进行时

根据国家广播电视总局监管中心的数据，2022年全年上线网络电影380部，较2021年的531部下降28.4%，其中上线龙标网络电影47部，较2021年的92部下降48.9%。[①] 主要是因为在政策和平台的引导下，网络电影仍然处在"减量提质"的调整过程中，近两年整个影视行业"降本增效"的大环境也使得进入网络电影的资本和公司有所减少。监管中心数据显示，2022年网络电影出品机构1305家，较2021年的1611家减少了306家；制作机构403家，较2021年的501家减少了98家；宣发机构159家，较2021年的199家减少40家。

从票房表现来看，2022年爱奇艺、腾讯视频、优酷三大视频平台上新网络电影公开分账总规模达17.2亿，较2021年的19.6亿减少了2.4亿元，其中分账票房破千万影片53部，同比2021年的68部，减少了15部，2022年网络电影年度票房冠军为《阴阳镇怪谈》，未能突破2020年由《鬼吹灯之湘西密藏》创造的5600多万的票房纪录，也不及2021年网络电影票房冠军《兴安岭猎人传说》的成绩。

在票房超千万影片中，票房区间在2000万—5000万的网络电影和2021年相比基本持平，但票房区间在1000万—2000万的影片数量仅有34部，同比2021年减少了13部，较2020年减少了26部。如何进一步提高优质影片的供给量，以突

[①]《重要发布丨一图看懂2022网络视听文艺主要数据》，微信公众号：广电时评，2023年1月18日。

破头部影片票房天花板,并增加票房在1000万—2000万的中腰部影片数量,是平台和片方未来需要共同努力的重点(见表4.3)。

表4.3 2020—2022年千万级票房网络电影数量分布

单位:部

年份	5000万以上	3000万—5000万	2000万—3000万	1000万—2000万
2020年	3	4	12	60
2021年	0	10	11	47
2022年	0	5	14	34

数据来源:云合数据,爱奇艺:《2022年网络电影年度报告》

2. 片均成本显著增长,成本600万以上网络电影超七成

从制片成本来看,2022年网络电影制片成本在1000万以上的影片数量占比为24%,同比下降了6%,但制片成本在600万—1000万的影片占比为50%,同比提升了18%,与2020年相比更提升了28%。与此同时,制片成本在300万以下的影片占比仅为4%,同比下降了10%,和2020年相比下降了36%。2022年,制片成本600万以上的网络电影占比达到了74%,较2021年、2020年分别增长了12%、40%,增长显著[1](见图4.17)。片均成本的稳步上升,有效提升着网络电影的整体制作水准,也吸引了更多的知名院线电影导演、演员和制作团队进军网络电影创作,并贡献出不少受观众喜爱的作品。

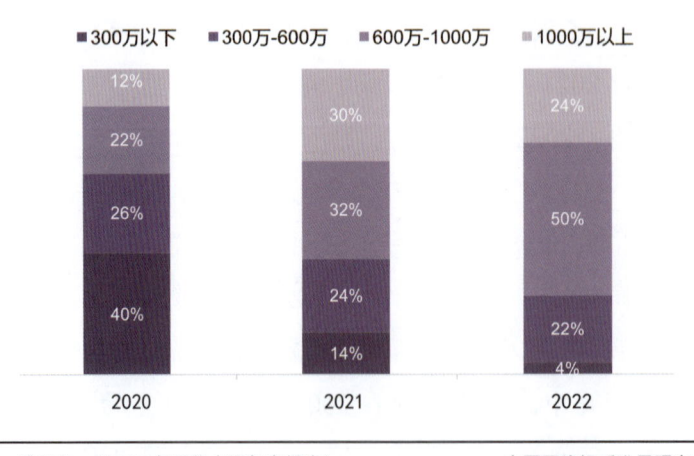

数据来源:云合数据,爱奇艺:《2022年网络电影年度报告》

图4.17 2020—2022年网络电影制作成本分布

---

[1] 云合数据,爱奇艺:《2022年网络电影年度报告》,微信公众号:爱奇艺网络电影,2023年1月18日。

3. 片均有效播放与评分增长，网络电影内容品质整体提升

2022年网络电影正片总有效播放累计达97亿，与2021年的112亿相比下降了15%，但这是在2022年网络电影整体上线数量同比下降近30%的情况下（见表4.4）。从部均播放来看，2022年网络电影部均有效播放为1582万，同比增长了16%；有效播放破千万的影片在新片中占比也达到了46%，同比增长了7%，这说明网络电影内容吸引力的增强。

表4.4 2019—2022年网络电影正片有效播放量

播放情况	2019年	2020年	2021年	2022年
网络电影正片有效播放	86亿	112亿	112亿	97亿
部均正片有效播放	613万	992万	1363万	1582万
正片有效播放破千万影片比例	19%	31%	39%	46%

数据来源：云合数据，爱奇艺：《2022年网络电影年度报告》

从反映网络电影口碑的豆瓣评分来看，2022年在爱腾优三大视频平台上线的网络电影无论是参与豆瓣评分的人数还是评分均值均同比提升显著，其中，2022年网络电影豆瓣评分均值为5.5分，同比2021年的4.9分提升了0.6分，提高12%。在票房超千万的头部影片中，2022年豆瓣评分6分以上的占比为4.8%，同比提升0.5个百分点，豆瓣评分在5—6分的占比为26.2%，同比提升了10.5个百分点，[①]这显示出网络电影整体内容质量的提升以及观众对网络电影认可度的提高。值得一提的是，讲述抗美援朝战斗英雄黄继光的影片《特级英雄黄继光》获得了豆瓣评分8.1的高分，创造了迄今为止网络电影的评分记录。

二、2022年行业整体趋势分析及作品案例分析

1. 网络电影行业愈加规范化、主流化

作为国内视听内容行业的新生力量，网络电影市场及内容管理近年来经历了逐步规范化的过程。各项行业规则在主管部门、行业协会的积极推动下日趋完善，网络电影在弘扬主旋律及正能量传递上也呈现出崭新面貌。

2021年10月，国家广播电视总局发布了《广播电视和网络视听"十四五"

[①] 优酷内容开放平台：《网络电影年度报告》，微信公众号：优酷网络院线，2023年1月11日。

发展规划》，其中对网络电影的内容制作及行业建设做出了前瞻性的政策布局。这些政策将引导网络电影未来更加健康、成熟地发展，为观众提供更为丰富、更为正能量的网络电影作品。

2022年，国家广播电视总局正式发布了《关于国产网络剧片发行许可服务管理有关事项的通知》，其中明确规定了对网络剧片实施发行许可管理制度的具体细则。这意味着网络电影在经历了最初的平台自审自播、先审后播的备案登记制后正式步入了行政许可管理制阶段，不仅有助于提升网络电影的观众认知度，还有利于培育健康、良性的网络电影行业生态，推动网络电影行业进一步规范化、标准化和专业化。

主管部门还推出了"弘扬社会主义核心价值观·共筑中国梦"主题优秀网络视听节目推选活动，2021年包括《浴血无名川》《扫黑英雄》《草原上的萨日朗》等在内的14部主旋律网络电影，2022年包括《我们的新生活》《逆流而上》《凡人英雄》等在内的8部主旋律作品被纳入展播活动。这些受表彰的作品对于引导网络电影创作坚持正确的政治方向和价值取向发挥了示范引领作用。

2. "跨类型融合"成趋势，主旋律和现实题材作品增长

经过多年发展，网络电影的主流类型已经形成相对稳定的局面，动作、惊悚、悬疑、喜剧、犯罪这几种类型仍为2022年网络电影的主要类型。但为了持续吸引观众，2022年各大平台及片方加大了对网络电影中成熟商业类型的垂直深挖和跨界融合。自2021年融合民俗元素的惊悚网络电影《兴安岭猎人传说》以4400多万的票房成绩大获成功之后，2022年，民俗惊悚类型网络电影明显增多，在网络电影年度票房前20中就有《阴阳镇怪谈》等6部该类型作品，且进一步融合了悬疑、动作、奇幻等其他类型元素，以增强内容吸引力。

主旋律和现实题材的网络电影也在近两年大放异彩，出现了不少有影响力的作品。如2021年年度票房排名第三的《浴血无名川》，以抗美援朝为故事背景，讲述志愿军三排临危受命解救深入敌后突击排的战斗故事。影片从小处着手、以真实动人。年度票房排名第四的《硬汉枪神》巧妙地将电竞游戏和动作元素相融合，与此同时，还将底层小人物成长以及父子情嵌套其中，引发观众共情。2022年，主旋律军事题材影片进一步增多，如《特级英雄黄继光》《亮剑：决战鬼哭谷》《勇士连》《狙击英雄》《冰雪狙击》《烽火地雷战》《绝地防线》等，这些影片更加

注重从英雄人物的日常生活细节入手,从小切口来塑造立体化的人物、传递爱国主义情怀。

2022年也出现了多部兼具社会价值与商业价值的现实题材影片,如喜剧电影《东北告别天团》《陈翔六点半之拳王妈妈》《伊兰爱情故事》《浩哥爱情故事》等,这些影片多通过聚焦小人物的生活百态来探讨包括"生死意义""幸福定义""中年危机"等在内的折射社会现实的话题,传递出积极、正向的价值观。

3. 网络电影IP长尾价值凸显,原创能力进一步增强

网络电影在发展早期阶段,IP是其主要内容来源,特别是无须高额版权费的公版IP,如《西游记》《白蛇传》、"狄仁杰"等IP被大量改编。为了抢占市场,一些网络电影选择"蹭IP"的方式。某些院线电影大火后,短期内就会有多部题材、内容乃至片名雷同的网络电影上线。但在政策监管和平台引导下,"蹭IP"的现象目前已基本得到了遏制,网络电影行业对IP的尊重意识明显增强,改编的来源也日益多元化。

一些网络电影原创IP在多年创作过程中逐渐积累起口碑及观众认知度,展现出IP的市场累积效应和长尾价值。2018年优酷上线的"怪兽"电影《大蛇》以5000多万票房斩获当年网络电影票房冠军后,2019年上线的《大蛇2》以及2022年上线的《大蛇3:龙蛇之战》均收获了3000多万的票房成绩,后者获得2022年网络电影年度票房第二的好成绩。

网络电影中原创IP的日渐成熟以及票房价值的凸显,也推动着片方及三大视频平台加大了对IP培育、开发的速度和力度。2022年8月优酷发布了"IP系列化内容奖励计划",对符合标准的IP前作,在新作上线时同步开启分账奖励,以鼓励网络电影优质IP内容的持续生产。《重启》前作重新开启分账后,获得奖励超过200万,两部系列电影累计票房突破4900万。由腾讯企鹅影视出品的东北喜剧电影《东北告别天团》在2022年取得2601万票房成绩后,时隔8个月便在2023年春节期间推出了第二部,上映9天取得破千万的票房成绩。

可以说,经历了早期的野蛮生长后,如今网络电影对IP的开发正逐渐规范化,同时原创力也在不断提升,网络电影正在朝着内容开发更加系列化、工业化的方向迈进。

4. 平台探索创新商业模式，拼播及单片付费成趋势

为了拓展网络电影的市场规模，各大平台加强了对商业模式的创新探索，主要体现在多平台拼播及对单片付费点播模式（PVOD）的尝试上。

2020年以来，包括腾讯视频、爱奇艺、优酷在内的视频平台纷纷推出网络电影新合作模式，从新规则中不难看出，尽管独播作品仍具有不可取代的地位，但视频平台对拼播模式也持越来越开放的态度。2022年全年拼播网络电影数量达到114部，同比增加了75部，占全年上线新片的29%；拼播电影的累计正片有效播放达35亿，同2021年的15.9亿相比上涨了120%。在53部票房过千万影片中，拼播网络电影达到了32部。在三大平台规则趋同且基本实现分账周期一致的前提下，可以预见未来将有更多网络电影选择以多平台拼播的形式上线。

为了打破网络电影的票房天花板，把网络电影市场的"蛋糕"做大，2021年以来各大视频平台加快了高级付费点播（PVOD）模式的尝试，以吸引更多用户为单部影片付费。2022年第二届网络电影春节档中，由王晶执导的《倚天屠龙记之九阳神功》《倚天屠龙记之圣火凤凰》以单点付费模式在爱奇艺、优酷、腾讯视频联合上线，最终两部影片分账票房总计超4500万，提振了市场对这一发行模式的信心。

在各大平台中，爱奇艺对PVOD模式的探索最为积极。2021年1月，爱奇艺在当时公布的分账体系中正式规定了S级网络电影可应用PVOD模式，之后其推出了一系列新的分账规则和扶持举措，鼓励片方提供达到院线级品质的网络电影内容在"云影院"进行PVOD首发。爱奇艺公布的数据显示，2022年共有13部影片以PVOD模式在云影院上线，其中共有7部影片票房超过千万，《盲战》取得了3937万票房，位列第一。单片付费点播模式对网络电影单片票房空间及整体市场规模的提升显露出可观的潜力。

5. 网络电影营销更加系统化、精细化，档期营销迎来新发展

2022年网络电影的营销方式并未发生大的变化，仍然以视频平台站内推荐以及站外多平台导流为主，其中短视频营销在网络电影中的作用日渐突出，2022年网络电影新片相关短视频话题的累计播放量达到1211亿，同比增长12%。爱奇艺还联合抖音推出"二创激励计划"——爱奇艺向抖音提供其内容资产中拥有信息网络传播权及转授权的长视频内容用于短视频创作，其中包括不少网络电影。

为进一步提高网络电影营销效果，各大视频平台加快了更为专业化、系统化的

网络电影营销体系的搭建，如2022年6月优酷宣布建立"网络电影专业营销公司认证库"，9月又推出了《优酷网络电影营销有效性指导手册》，为片方自主营销提供包括"搜索目标、营销预算、营销周期和渠道选择"在内的四个方向的指引[1]。第三方数据服务平台两比特科技也于2022年推出了"千乘营销天眼系统"，该系统可对网络电影营销动作实现分钟级监测，还可设置对标项目，全方位评估项目运营营销效果[2]。

此外，业内也加大了对网络电影"档期"的探索。继优酷、爱奇艺、腾讯视频2021年联合推出首届网络电影春节档后，此后的清明、"五一"、国庆等档期内，各大平台均推出了不少符合节假日气氛的重点影片。云合数据显示，2021年各个假期构成的档期天数共31天，全网网络电影累计正片有效播放12.9亿，占全年的12%。2022年第二届网络电影春节档三大视频平台也进行了更加精细化的运营，如腾讯视频在站内开设了春节档专题频道，以每天一部院线电影+网络电影的排播方式上线了多部影片并开启了平台云首发、主创直播访谈、新春VIP特惠等多种营销方式。快手也首度与三大视频平台合力，与《张三丰》《大蛇3：龙蛇之战》等11部影片进行官方宣发合作，积极参与到第二届网络电影春节档的营销中[3]。

视频平台对网络电影档期的探索不再局限于节假日，针对同一类型或特定时间点推出"主题观影"也成为其探索的着力点。除去网络电影春节档，2022年腾讯视频还打造了"线上五一档"、电影冒险季、"国漫神话宇宙"等网络电影主题展映活动及品牌。档期化和主题化排播对拓展网络电影的市场具有积极意义。

三、结语

总的来看，2022年是网络电影在冷静中成长的一年，虽然市场表现较为冷清，但网络电影在管理模式、商业模式、营销模式等多个维度上都实现了升级，网络电影的整体内容质量以及观众认可度也都有显著提升。2023年随着国内文娱市场的逐渐回暖，网络电影市场可能迎来新的增长。

面向未来，网络电影仍然需要进一步提升创作品质，打造出更多高水准、优质的头部内容，打破部分观众对网络电影的偏见，进一步拓展网络电影的用户群体。

---

[1] 本段数据系作者根据微信公众号"优酷网络院线"发布的相关营销内容整理。
[2] 两比特千乘平台首批功能模块正式上线，给影视产业再加一点科技感，2022年6月1日，https://www.shangyexinzhi.com/article/4892940.html。
[3]《网络电影春节档火爆背后，快手成增量战场》，微信公众号：网视互联，2022年2月12日。

尤其需要注重题材和类型的持续创新，针对更为细分化的用户需求，形成与院线电影互补的、更适合于互联网消费环境的网络电影类型体系。另外，需要加快构建更多元化的商业模式。目前，已经开始尝试的单片点播付费模式对网络电影未来发展意义重大，从依靠平台的补贴，到直接让消费者买单，能否实现这一大跨越，可能将决定网络电影市场未来的发展前景。

只有内容创作的精进和商业模式的升级齐头并进，才能保证网络电影市场规模的不断扩大，除此以外，引入和培养优秀人才、不断完善产业机制、紧跟用户需求持续创新都是未来较长时间内网络电影需要做的功课，而这些都需要集全行业之力。

彭侃 | 北京师范大学艺术与传媒学院师资博士后

四、2021—2022年国产网络动画片发展现状

2021年，全网共上线网络动画片[①]359部（见图4.18），总时长76100分钟，与2020年相比总部数下降9%，总时长增长15%。其中狭义网络动画片[②]188部、总时长38073分钟，与2020年相比总部数增长6%，总时长增长4%。其中，头部平台自制、参与出品的作品达116部，比2020年增加51部，占全年网络动画片上线总量的62%。此外，全年上线网播电视动画片[③]166部。359部网络动画片中，动态漫画171部，占比为47.6%。188部普通网络动画片中，需付费观看的有134部，占上线总数的71%，比2020年提高27个百分点。需付费观看的节目体量较大，其中单集时长在10分钟以上的作品共102部，占总数的76%。从播出平台来看，121部为独播作品，占总数的90%，独播作品仍是吸引平台用户付费的主要力量。

---

① 网络动画片：由节目制作机构或网民个人制作，主要在网络视听平台播出，按照网络原创视听节目管理要求履行相关手续的剧情类动画作品，此处均不包含少儿网络动画片。
② 狭义网络动画片：与广义网络动画片相比，不包括动态漫画。
③ 网播电视动画片：按照"国产电视动画片"立项备案，获得"国产电视动画片发行许可证"，且在网络视听机构上播出的剧情类作品。

2022 年，全网共上线网络动画片 487 部，较 2021 年增加 128 部，增长了 35.7%；其中狭义网络动画片 220 部，同比增加 32 部，增长率为 17.0%，动态漫画 267 部，同比增长 56.1%。狭义网络动画片中，43 部为原创动画片，177 部为改编动画片；3D 动画片 145 部，占比为 65.9%；独播动画片 195 部，占比为 88.6%；有 189 部需要付费观看，占比为 85.9%。此外，全年上线网播电视动画片 166 部，其中 3D 动画片 124 部，占比为 74.7%。《中国神话故事》《大禹治水》《23 号牛乃唐（第一季、第二季）》《可爱的中国》《在那遥远的地方》《下姜村的绿水青山梦》《梦娃（第三季）》等 20 部电视动画片入选"2022 年度优秀国产电视动画片集锦"。

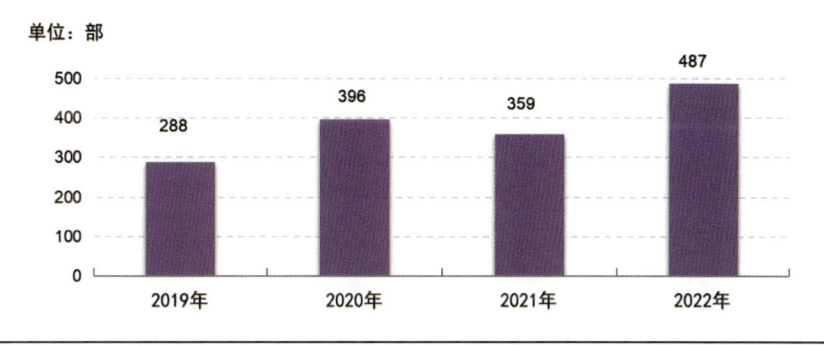

图 4.18 网络动画片上线数量

数据来源：国家广播电视总局监管中心

深度观察 4：2021—2022 年网络动画片发展趋势分析

一、发展概况

2022 年网络动画片总体规模持续增长，3D 动画片较上一年数量明显增长，占比超越 2D 动画片达到 66%，2D 动画片数量则逐年下降。改编动画片数量持续上升，占比达八成，而原创动画数量再次减少，仅占总数的 20%。平台独播动画逐年增多，动画片付费观看成为主要趋势。

2022年网络动画片持续稳步发展，与2020年、2021年网络动画片数据对比见图4.19。

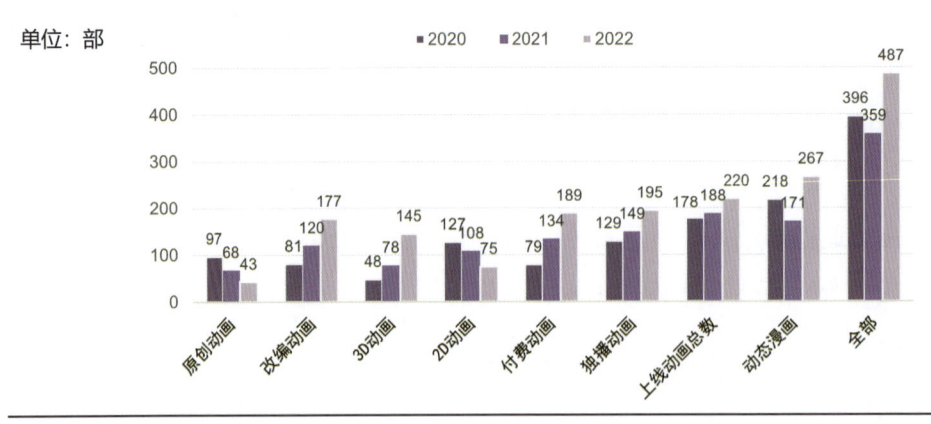

单位：部

	2020	2021	2022
原创动画	97	68	43
改编动画	81	120	177
3D动画	48	78	145
2D动画	127	108	75
付费动画	79	134	189
独播动画	129	149	195
上线动画总数	178	188	220
动态漫画	218	171	267
全部	396	359	487

数据来源：国家广播电视总局监管中心

图4.19 2020—2022年中国网络动画片数据对比

根据国家广播电视总局监管中心发布的《2021年部分关注度较高、影响力较大的网络动画片名单》，从制作类型来看，3D动画有12部，2D动画有8部（见图4.20）；从播出平台来看，腾讯视频和哔哩哔哩占比最高（见图4.21）；从题材类型来看，有18部都为古装玄幻类题材（见表4.5）。

表4.5 2021年网络动画片关注度TOP20

序号	片名	题材	播出平台	制作类型
1	伍六七之玄武国篇	搞笑、冒险	爱奇艺、腾讯视频、优酷、哔哩哔哩	2D
2	凡人修仙传·燕家堡之战	玄幻	哔哩哔哩	3D
3	万界奇缘 第一季	玄幻、冒险	爱奇艺	3D
4	狐妖小红娘 两生花篇	情感、玄幻	腾讯视频	2D
5	斗破苍穹 第四季	玄幻、热血	腾讯视频	3D
6	拾忆长安 明月几时有 第二季	古风、情感	芒果TV、哔哩哔哩	2D
7	两不疑	情感、搞笑	哔哩哔哩	2D
8	天宝伏妖录 第二季	玄幻	哔哩哔哩	3D
9	画江湖之不良人 第四季	奇幻、冒险	腾讯视频	3D
10	时光代理人	奇幻	哔哩哔哩	2D
11	眷思量之烟霞海客	玄幻、冒险	腾讯视频	3D
12	元龙 第二季	玄幻、热血	哔哩哔哩	3D
13	少年歌行 风花雪月篇	热血、古风	优酷、哔哩哔哩	3D
14	魔道祖师 完结篇	玄幻、古风	腾讯视频	2D

续表

序号	片名	题材	播出平台	制作类型
15	一人之下 第四季	玄幻、搞笑	腾讯视频	2D
16	邪王追妻3：神女归来	穿越、情感	爱奇艺	2D
17	斗罗大陆之小舞复活	玄幻、奇幻	腾讯视频	3D
18	新秦时明月之百步飞剑	奇幻、武侠	优酷	3D
19	冰火魔厨	魔幻	优酷	3D
20	风起洛阳之神机少年	奇幻、悬疑	爱奇艺	3D

数据来源：国家广播电视总局监管中心 中国网络视听发展研究报告（2023）

图 4.20 2021 年受关注网络动画片制作类型

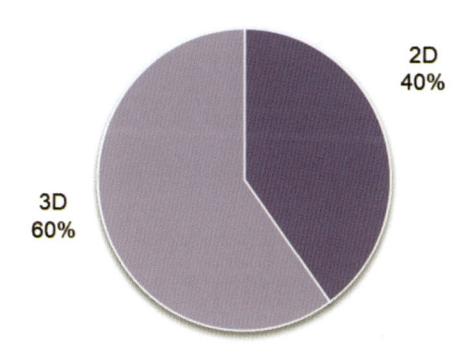

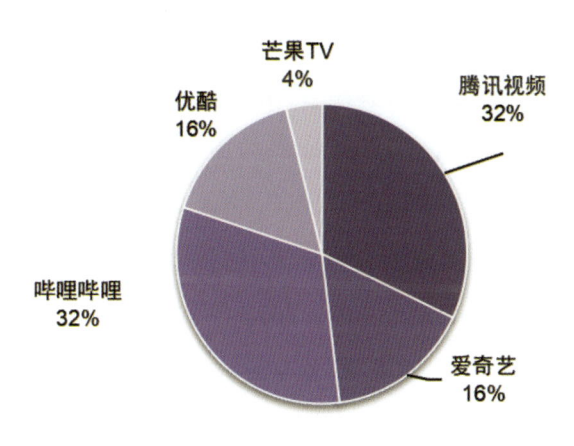

- 2D 40%
- 3D 60%

数据来源：国家广播电视总局监管中心 中国网络视听发展研究报告（2023）

图 4.21 2021 年受关注网络动画片播出平台

- 芒果TV 4%
- 腾讯视频 32%
- 爱奇艺 16%
- 哔哩哔哩 32%
- 优酷 16%

数据来源：国家广播电视总局监管中心 中国网络视听发展研究报告（2023）

二、内容分析

1. 题材多元化，加深不同类型融合

2021—2022年，为满足不同年龄层受众的不同需求，网络动画片的创作题材更加多元化，包括年轻受众喜爱的仙侠、历史、民俗、科幻、游戏等领域。其中，仙侠玄幻题材的动画占比较大，统计显示，2021年含玄幻元素的作品占比达27%，同比增长11个百分点；含奇幻元素的作品占23%，同比也增长11个百分点；2022年玄幻题材作品共67部，占比提升到30%。

2021—2022年网络动画片题材元素融合进一步加深，主要体现在科幻、武侠、情感等类型中。2021年科幻题材的作品共8部，部分作品在科幻的基础上加入"武侠""游戏"等元素，丰富的剧情设定使内容更加多元化，例如《红荒》加入"武侠镖局""赛博朋克"等元素，构建出独具风格的未来世界；2022年上映的《新围棋少年》在架空历史的叙事中巧妙融入朝堂斗争、少年武侠、体育竞技等多种元素，使内容剧情更加丰富。"动画+"模式为破圈提供了更多可能，动画作品在分众化赛道的深耕细作和多元融合，都能够为产业升级打下坚实的生态基础。

此外，相较于往年，国家广播电视总局监管中心提供的《2022年网络动画片、网播电视动画片等相关主要数据一览表》中，加入了少儿网络动画片类别，也增加了网播电视动画分类，网络平台的受众面日趋广泛；作品播出的多平台趋势明显，在获得"国产电视动画片发行许可证"后，选择在网络视听平台上播出的剧情类动画作品也数量不菲。

2. 国风作品占主导，传播优秀传统文化

2021—2022年，具有中国传统文化特色的国风动画作品不断涌现，国风动画已占据国产动画的半壁江山。伴随着"国潮"的兴起，动画从中国传统文化中汲取灵感，发挥自身优势，深耕传统题材，创新表达方式，深受年轻观众的喜爱。此外，国家也在积极鼓励国风动画作品的创作，2022年国家广播电视总局组织开展"中国经典民间故事动漫创作工程"征集评选活动，并于8月公布了2022年重点扶持的10部网络动画片，其题材全部为中国传统文化与历史故事。在主管部门和各地相关政策扶持和引导下，更多平台和制作公司纷纷加大力度进行传统文化IP的挖掘和培育，推动"国风"动画的新浪潮。

从近年来上映的多部优质国风动画中可以看出，中国传统文化在动画创作中起到了价值引领和美学指导作用。在形式上，将中国传统美学风格和动画审美相融合，展现诗意的古典美。2021年上映的手绘水墨风格动画短片《白月儿》，画面借鉴了中国绘画的皴、擦、点、染等笔法，在构图上也使用大量留白技巧，展现出水墨画的巧妙构图和意境之美；2022年1月上映的《中国古诗词动漫》第6集《咏梅》，通过改编民间传奇故事展现出王安石《咏梅》中"梅"的精神境界，美术上将水墨画的技法融入现代手绘场景中，描绘出如诗如画、意蕴深远的动画场景，重现了中国古典"梅"之魂、"梅"之蕴。

在内容上，将中国传统价值观注入动画天马行空的故事中，蕴含着一脉相承的中国价值观念。2021年上映的带有浓郁地域文化色彩的《伍六七之玄武国篇》让粤语地区观众倍感亲切，而主角伍六七身上所具备的"侠"之精神，也是中国古代忠、信、义文化基因的浓缩；同年上映的《枕刀歌》以武侠故事为框架，表达"侠之大者，为国为民"的家国情怀；2022年上映的《新围棋少年》，将围棋文化与经纬象数、阴阳易理、仁义礼信等中国传统哲学相融合，体现了对传统哲学精神的传承与弘扬……越来越多从不同方面展现中国故事的优质动画作品出现，为中国动画未来发展探索了更多的可能。

3. 主旋律作品增多，影响范围扩大

近几年，主旋律动画正不断地发展，在行政力量和市场的推动下，主旋律动画规模逐渐增长、品质不断加强、题材更加丰富。2021年，围绕"建党百年"主题，涌现出多部聚焦党史、积极弘扬主旋律的网络动画片作品，在史实的基础上，通过生动有趣的动画语言让动画内容更具亲和力，提升了此类动画的传播力和影响力。例如，《血与火：新中国是这样炼成的》以微动画的形式，讲述了从中国共产党成立到新中国成立28年间的代表性历史事件，让党史故事可亲、可敬、可信；《那年那兔那些事儿 党史课》在《那兔》系列IP的基础上，用丰富的剧情设计和妙趣横生的语言展现苦难辉煌的百年党史，重温建党百年风雨路，引领爱国主义价值观，传递浓厚爱国情怀；《写给家乡的三行诗》以真实事件为原型，关注社会转型大背景下小人物的奉献和奋斗，将个体层面的乡愁话题融入社会层面的乡村振兴建设浪潮，用感人的温情故事讲故乡发展，歌颂为建设祖国和传承文化而奋斗的青年群体，饶有趣味的表达方式在传递主旋律的同时兼具观赏性。2022年主旋律动画数量相对减少，但高标准的制作水平同样获得了极高的关注度，例如《血与心》以日籍解放军砂原惠为原型，讲述了一位日本青年来到中国生活，在革命的感召下自愿加入中国人民解放军，并参加了抗美援朝战争的故事，通过这位特殊人物的传奇经历歌颂了中国人民的淳朴善良以及中国人民解放军的民族大义；《中国古诗词动漫》中的《夜思》则讲述了中国外交官顾维钧先生在"九一八"事变后远赴东北调查事情真相的故事，通过对历史人物的刻画赞扬了爱国主义精神和不屈不挠的可贵品质，剧中主角的台词点燃了每个中国人的爱国心。

主旋律作品借助网络视听平台和短视频平台实现立体化传播，进一步提升了传播力、影响力，逐渐成为动画内容的重要分支，主旋律动画"类型化"日益形成。

三、行业分析

1. 头部视听平台主导IP开发

2021—2022年，头部视听平台持续助推IP开发，加大对动画、漫画等内容生产公司的投资力度。网络动画片IP开发已形成由头部平台主导、制作方以多种形式参与制作的主流模式。2021年上线的网络动画片中，由头部平台自制、参与出品的作品达116部，比2020年增加51部，占全年总量的62%。内容涵盖动画、漫画等多种形式，呈现多元化内容。2022年各大平台持续深化与企业的合作，共同打造种类繁多、涵盖全年龄段的动画产业链，腾讯举办动画节，发布"青春心""好奇心""侠义心"等九大版块的国产动画作品，哔哩哔哩召开国创动画作品发布会，公布了49部新作品，包括续作、改编、原创等多种类型。头部视听平台还在持续探索以工作室形式，聚集制作人员，孵化、打造重点作品。

2021年头部平台不断加强对动画生产创作者团队和个人的扶持力度，从内容创作到资金、技术等多方面进行资源扶持。腾讯视频推出"2021年中国青年动画导演扶持计划"、优酷推出"一千零一夜计划"、哔哩哔哩推出"小宇宙新星计划"等，除了对动画创作者、原创作品进行扶持外，也面向在校学生、独立动画导演、动画企业等群体征集优秀作品，提供各类支持。

2. IP改编作品数量增多，占比过半

2021—2022年的网络动画片IP改编作品占比持续增长，原创作品则逐年减少，

形成以改编为主、原创为辅的市场格局。2021年的网络动画片中，原创作品有68部，占总量的36%；IP改编作品有120部，占总量的64%。2022年IP改编作品数量持续上升，共有177部，约占总数的80%，而原创动画数量减少至43部，仅占总数约20%（见图4.22）。

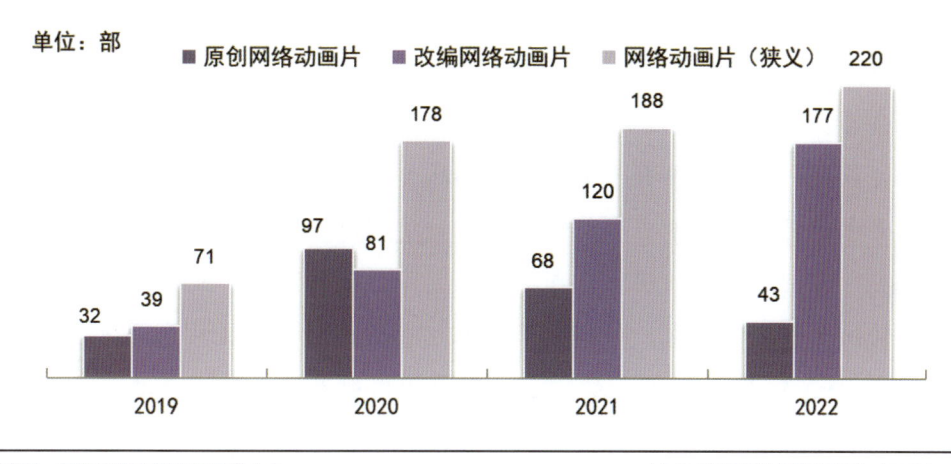

图 4.22 2019—2022 年网络动画片原创与改编类型数据对比

数据来源：国家广播电视总局监管中心　　　中国网络视听发展研究报告（2023）

在2021—2022年的IP改编网络动画片中，占比最大的动画是由小说、漫画改编的。IP改编动画片具有天然的优势，由于在小说、漫画等领域已积累了稳定的受众群体，IP改编动画的市场也更加具有可预见性，一定程度上降低了投资风险，所以IP改编一直是各大平台重要的动画片内容来源。2021年，《凡人修仙传 燕家堡之战》《元龙 第二季》等改编自小说的作品有67部，占比36%，同比提升10个百分点；《两不疑》《肥志百科 第二季》等改编自漫画的作品35部，占比19%，同比提升4个百分点；《没出息的阴阳师一家 第三季》等改编自游戏的作品17部，占比9%。2022年，腾讯申报的38部动画中，10部为网文改编，2部为漫画改编；哔哩哔哩申报的21部网络动画片中，5部为网文改编，3部改编自漫画，1部改编自游戏。

3. 付费观看网络动画片数量增多

2021年超过七成的网络动画片需要付费观看，全年共有134部付费观看网络动画片，占上线总数的71%，较2020年提高27个百分点；2022年付费观看的网络动画片数量持续增长，共有189部，占总数的86%，同比提高15个百分点。从题材来看，需付费观看的作品以奇幻、玄幻、搞笑题材为主；从体量来看，付费作品多为体量较大的独播作品；从播出平台来看，2022年独播作品有195部，占总数的89%，同比提高10个百分点，独播作品仍是吸引平台用户付费的主要力量。

动画片付费观看数量增多意味着行业资本注入的增加，代表了动画行业的产业链在不断升级与完善，激励着动漫公司和动画从业者创作开发更多优质的动画作品，为中国动画行业产能升级提供动能。

4. 引擎技术广泛使用，动画片产量提升

由于大多数网络动画片有着更新时间的压力，很多都是以周更的形式来播出，对产能的要求很高，而引擎技术能够满足这一类动画片对产量和品质的要求。使用引擎进行实时渲染，可以缩短生产周期、极大降低创作成本，能够很好地满足受众的期待和动画制作者的需求，所以引擎技术也在动画制作领域被广泛地应用。

2021年，随着3D动画产量的增长，一些使用引擎技术的国产动画涌现出来，比如《斗破苍穹三年之约》《完美世界》《凡人修仙传》等都用到了实时渲染，以及从2017年就开始用引擎做动画的玄机科技，在2021年推出了《天宝伏妖录》《武庚纪4》《吞噬星空》等作品。国内引擎技术的使用也在逐渐升级换代，2022年腾讯视频动漫年度会发布《遮天》概念预告，宣布为国内首部使用UE5技术制作的动画片。经过多年发展，引擎技术已逐渐完善成熟，引擎动画也成为未来3D动画的必然趋势。

四、总结展望

2021—2022年国产网络动画片产能持续稳定增长，优质作品不断涌现，国风动画形成热潮，头部平台大力开发IP，加大对动画人才和原创作品的培养和扶持力度，国产自研引擎成果初现……种种现象表明，中国动画行业已进入了一个高速发展时期，但同时也存在一些问题，如内容同质化、人才缺失等，需要从业者做足准备，迎难而上，同时也要增强创作责任意识，加强对观众的价值引领。未来机遇与挑战并存，从业者需要坚定信念，在国家政策的引导和支持下，实现文化价值和商业价值的统一，逐步形成动画作品百花齐放、包罗万象的态势，为国漫崛起奠定基石。

艾胜英｜中国传媒大学动画与数字艺术学院副教授

房怡晓｜2021级动画艺术学硕士研究生

五、2021—2022 年国产纪录片发展现状

2021年，全网共上线网络纪录片377部（见图4.23），节目数量保持大幅增长之势，同比增长45.6%。其中包含纪录短片131部，微纪录片184部，付费（会员权益）纪录片105部。此外，全年共上线网播电视纪录片[①]267部，同比增长67.9%，其中有28部需要付费观看。从纪录片题材来看，全年共上线21部献礼建党百年、弘扬伟大建党精神的网络纪录片；社会现实类作品依旧是网络纪录片产量的最大输出，全年118部的上线量同比增长超过五成；文化艺术题材网络纪录片共上线86部，相比2020年（54部）增幅近六成；自然地理题材网络纪录片共上线播出28部，在数量上实现了成倍增长；作为网络纪录片中大众接受度最高的垂直题材，美食类作品在2021年的产量再翻一番，达到48部。

2022年，全网共上线网络纪录片318部，同比下降15.6%。其中包含纪录短片122部，微纪录片139部，网络视听平台参与出品或制作的纪录片115部，付费（会员权益）纪录片120部。此外，全年共上线网播电视纪录片297部，同比增长11.2%，其中有22部需要付费观看。《领航》《我和我的新时代》《航拍中国（第四季）》《黄河安澜》《端牢中国饭碗》《中国（第二季）》等34部纪录片入选"2022年优秀国产纪录片集锦"。

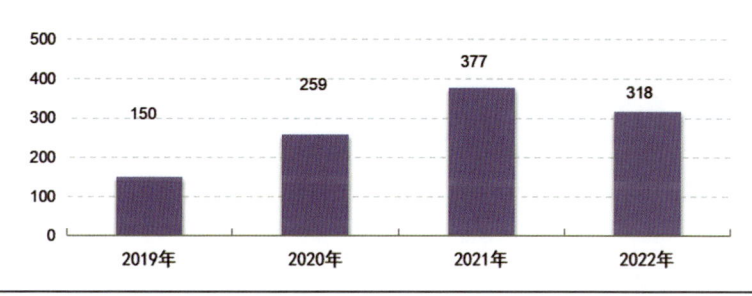

单位：部

年份	数量
2019年	150
2020年	259
2021年	377
2022年	318

数据来源：国家广播电视总局监管中心　　　　　　　　中国网络视听发展研究报告（2023）

图4.23　网络纪录片上线数量

---

① 网播电视纪录片：以首集首播计，电视台先于网络视听机构或与网络视听机构同时播出的纪录片。

深度观察5： 2021—2022年度网络纪录片发展趋势分析

网络纪录片，既包括网络视频平台参与出品或制作的纪录片，也包括网络平台独播、先网后台播出的纪录片。据国家广播电视总局近3年来发布的"全国广播电视行业统计公报"显示，2019—2021年，全国制作纪录片时间分别为8.45万小时、8.70万小时、8.87万小时，同比增长11.33%、2.96%、1.95%；全国播出纪录片时间分别为50.19万小时、62.10万小时、74.07万小时，同比增长12.36%、23.73%、19.28%。回望2013年，全国纪录片市场规模仅22.8亿，2017年上升到60.3亿，2018年达到64.5亿，分别同比增长15.5%、7%[1]。国产纪录片如此强劲的增幅，受益于近年来政策加强供给侧调节的扶持鼓励力度，传媒市场消化能力增强，纪录片制作业态发展稳健，网络纪录片全面崛起。

据国家广播电视总局监管中心数据，2022年网络纪录片全年上线数量318部（见图4.24），2021年网络纪录片全年上线数量377部，相比2020年网络纪录片全年上线259部，2019年网络纪录片全年上线150部[2]，网络纪录片数量稳定增长。另据中国视听大数据（CVB）统计显示，2022年，全国卫视频道共开设101档纪录片栏目，播出967部纪录片；2021年全国卫视频道共开设纪录片栏目124档，播出纪录片1034部。网播电视纪录片分别为297部，267部[3]。虽然网台在纪录片内容的合作形式上多种多样，但仅从播出量级看，以爱奇艺、优酷、腾讯、芒果TV、B站为首的五大视频平台，对纪录片的消化能力已经达到甚至超过全国卫视总量的一半。从政策到市场，从电视频道到网络平台，短短数年，网络纪录片获得了行业内外的更强关注度、更多话语权、更大发展空间。

---

[1] 国家广播电视总局.2021年全国广播电视行业统计公报.[EB/OL].http://www.nrta.gov.cn/art/2022/4/25/art_113_60195.html,2022-04-25.

[2] 国家广播电视总局监管中心.重要发布｜一图看懂2021网络视听文艺主要数据.[Z/OL].广电时评（2022-01-19）.https://mp.weixin.qq.com/s/7pVp2igEhnhne6—h9eJenw。

[3] 国家广播电视总局监管中心.重要发布｜一图看懂2021网络视听文艺主要数据.[Z/OL].广电时评（2022-01-19）.https://mp.weixin.qq.com/s/7pVp2igEhnhne6—h9eJenw。

2022年网络纪录片、网播电视纪录片等相关主要数据一览表

类型		项目	数量
网络纪录片		全年上线数量	318
	其中	纪录长片	57
		纪录短片	122
		微纪录片	139
		系列纪录片	166
		续集纪录片	47
		衍生纪录片	19
		网络视听平台参与出品或制作的纪录片	115
		网台合作纪录片	31
		中外合作纪录片	19
		独播纪录片	176
		付费（会员权益）纪录片	120
		仅在网络视听机构播出纪录片	291
		海外传播纪录片	13
网播电视纪录片		全年上线数量	297
	其中	纪录长片	86
		纪录短片	153
		微纪录片	58
		系列纪录片	194
		续集纪录片	31
		付费（会员权益）纪录片	22
		先台后网播出的纪录片	277
		网台同播纪录片	20
网播纪录电影		全年上线数量	5

数据来源：国家广播电视总局监管中心
统计周期：2022.1.1—2022.12.31

中国网络视听发展研究报告（2023） CNSA

图 4.24 2022 年网络纪录片、网播电视纪录片等相关主要数据一览表

2021—2022 年，是我国大事要事集中纪念的年份，党的二十大胜利召开、香港回归祖国 25 周年、2022 北京冬奥会、脱贫攻坚全面小康、建党百年壮丽航程、"十四五"规划全新开局，一系列重大纪念、重大事件、重大时间节点，赋予了中国传媒义不容辞的神圣使命，也造就了网络纪录片精品力作迭出的时代机遇。网络纪录片抓住机遇，迸发出蓬勃的创新活力，全面进入高质量发展的新阶段。

一、三品并峙：重大主题·现实关注·市场运作

2021—2022 年，网络纪录片既有契合重大主题的一系列宣传品引发关注热潮，刻画时代成就；也有聚焦现实生活的多样化作品彰显人间烟火，传递时代温度；还有作为产业 IP 持续深耕的"纪 N 代"产品凸显商业价值，主推平台运营。网络纪

录片的宣传品、作品、产品"三品并峙"成为年度突出的景观。

1. 紧扣主题主线，面对重要时间节点和重大历史事件，全景记录、特色记录、青春记录精品迭出

2021年，庆祝中国共产党成立100周年，也是决胜脱贫攻坚的总结回顾之年。百年大党壮丽航程的历史回顾与全面小康的时代气象交相辉映，疫情防控常态化的全民抗疫在国人集体记忆中继续留有深刻印记。2022年，是党的二十大胜利召开之年，又适逢香港回归祖国25周年、2022北京冬奥会等国内国际重大事件纷至沓来。面对重要时间节点和重大历史事件，网络纪录片释放出全景记录、特色记录、青春记录的创作潜能，精品佳作迭出。

为迎接党的二十大，《这十年》系列作为网络文艺的"命题作文"一骑绝尘。由优酷出品的系列纪录片《这十年·幸福中国》秉承"小人物、真英雄、正能量、大情怀"的创作理念，从科技、法治、社会、民生、体育、文化等多个角度，记录普通人的工作及生活面貌；芒果TV推出微纪录片《这十年》《这十年·向未来》，将镜头对准"中国梦"奋斗征程中的不同青年群体，讲述奋斗故事、凸显青春力量；快手纪实频道联合《人民日报》出品纪录片《十年如一日》，见证各行业工作者参与社会建设的奋斗和坚守。

为迎接香港回归祖国25周年，《香港，我们的故事》通过记录身处香港的多位平凡人的生活故事，呈现回归25周年后香港的新气象、新面貌。这些记录时代变革、讲述中国故事、建构国家形象的优质作品，将优酷纪录片创作推向了新的高度，成为"互联网主流纪实精品"的代表作。

北京冬奥会获全民瞩目。腾讯视频与创作者联合发起《冬奥创作家》活动，其中便包括中国冬奥微纪录片《冰雪四十年》。为展现新时代青少年勇敢拼搏的体育精神，腾讯视频联合新华社音视频部出品纪录片《冰雪Z世代》，在智利、瑞士、荷兰等多国拍摄，每集讲述一位Z世代的冰雪梦想。为迎接北京冬奥，优酷联合《中国青年报》推出纪录片《银花》，讲述了新疆阿勒泰禾木村热爱滑雪的"00后"图瓦族少女银花，梦想通过专业训练成为专业冬奥运动员的故事。抖音和北京欣欣向阳影视文化联合制作的《单板飞跃》，在抖音、西瓜视频、鲜时光TV等多个平台上线。快手制作首档自制奥运纪录片《二十》，讲述冰雪运动背后普通人的故事，节目内容获得《人民日报》发文点赞。

在建党百年方面，《百炼成钢：中国共产党的100年》以微纪录的形式，选取中国革命、建设、改革、复兴历程中的100个重要事件，用100个历史故事全景式地反映出百年大党的光辉历程和伟大成就。《党的女儿》聚焦百位优秀女性共产党员，以动人细节和细腻情感，彰显女性共产党员在革命岁月中发挥的重要而独特的作用。红色之路探险体验纪录片《勇敢者的征程》用现代户外探险的形式，重新演绎中国革命史上5段艰难历程中的5个故事。《青春正当时》聚焦各行各业为祖国建设奋斗的年轻党员群体，记录了他们立足岗位、青春奋斗的故事。

在脱贫攻坚方面，《柴米油盐之上》记录过去几十年来一个个追寻美好生活的普通中国人的故事，成为爆款；《劳生不悔》走进大山，真实讲述在云南省怒江傈僳族自治州贡山县、四川省凉山彝族自治州"悬崖村"、贵州省黔东南苗族侗族自治州黎平县盖宝村发生的3段扶贫故事；《中国减贫：史无前例的人类奇迹》以"愚公移山"类比减贫，有力展现中国人民齐心协力实现脱贫的顽强精神与重大成就。

在全民抗疫方面，《国医有方》生动全面地呈现了中医、中药在抗击疫情中的真实故事，《战疫启示录》《五个武汉人的2020》等作品，聚焦疫情防控常态化一线的工作与生活场景，真实记录不同地域、城市、行业与家庭真切质感的抗疫生活，留存中国式抗疫历程的勇敢探索与伟大实践。

2. 关注时代气象，瞩目现实题材广阔图景，社会纪实、职业纪实、生活纪实力作竞出

借由日常生活的网络平台，社会纪实、职业纪实、生活纪实逐渐成为有口皆碑的类型。如《守护解放西3》《但是还有书籍2》《小小少年》《奇妙的蛋生》《万分之六的人生》等"见微知著"般洞悉社会纪实，又如《亲爱的敌人》《是这样的，法官》《119请回答》《城市真英雄2021》《你好，儿科医生》等"管中窥豹"式揭秘职业纪实，再如《一次远行》《离不开你》《了不起的妈妈》《大象出没的地方》《六个团子》等"情逾骨肉"类生活纪实，从不同维度显示了网络纪录片编实织密现实生活图景的丰富性与关联性。值得关注的是，在厚重的历史文化资源与传奇人物故事地基上，网络历史纪录片凭借着技术赋能的话语实践创新，推出了《闪耀吧！中华文明》《又见三星堆》《穿越时空的古籍》《敦煌：生而传奇》《神都洛阳》

《新鲜博物馆之进击的大秦》等多部别开生面的力作，历史讲述更具网感与动感。

相比其他类型，2021—2022年度美食纪录片依然一枝独秀，独领风骚。作为观看门槛相对较低、观看体验更具人间烟火气息的品类，美食纪录片由"舌尖"系列引发第一波热潮，"风味""一串"系列引领第二波热潮，到2021—2022年出现了第三波热潮。据不完全统计，仅头部视频平台推出的美食纪录片就有二三十部之多，且其中不少都是头部项目，平台给予的宣发资源和支持力度，与热剧强综对比亦不逊色，可谓规模大、风头劲、效能足，形成了三大特征。

一是头部美食纪录IP强强竞争，同一时段比拼流量。2021年11月，《江湖菜馆2》（优酷）刚刚播完，《风味人间3》（腾讯视频）、《人生一串3》（B站）和《下饭魂·下饭江湖》（爱奇艺）三部美食纪录片"N代"产品就在12月相继推出，跨年播映。2022年，《下饭魂·下饭江湖2（夏日篇）》《风味人间4》《江湖菜馆3》又相继上线。在岁末年初阖家团圆寻求美食抚慰之际，各大平台纷纷推出了美食纪录头部系列IP，掀起了强劲的美食纪录片传播浪潮。

二是系列类型矩阵高调发力，深度契合用户迭代内需。在竞争白热化的局势下，头部视听平台既为知名IP保驾护航，也发力平台既有用户，进行垂类和迭代拓展。除《人生一串3》之外，B站还推出了主打重口味食材的《奇食记》、与UP主联合推出的《小城夜食记2》、满足全天候米粉情结的《我粉你》等拓展型产品。在《江湖菜馆》之外，优酷则推出了寻味各地年夜饭的《上菜了！新年》、甜品题材的《给我一点甜》、探访美丽小镇的《日出之食》等差异化产品。腾讯视频更是整合推出了"一日之食"品牌，包含《早餐中国》《向着宵夜的方向》《沸腾吧火锅》《开动吧！海鲜》等多部作品，与以《风味人间》《风味原产地》为首的"风味"系列形成有机互动与呼应。

三是多角度多手段差异化竞争，精分细分美食纪录类型。自"风味"系列与"人生一串"系列分别在"高端大片化"和"烟火接地气"双端下锚后，美食纪录片成功地确立了多重表达的象限，因此衍生出中华美食极具地域属性与文化元素的排列组合。以食材为题，撸串、嗦粉、火锅、面食、甜点、传统小吃等竞相抢眼；就时令而言，早餐、宵夜、正餐等依次亮相；以场景区分，乡间地头、市井街边、家庭烹饪、民族餐桌等人间美好；以地域分界，贵州、川湘、东南沿海等不一而足；以时长而论，传统长片、百集短片以及集数、时长都更短的短视频、VLOG 等样态多变。当美食与用户个体的下饭下酒或朋友们的高谈阔论相联结，与美食相关的丰富而细微的心理状态，一箪食、一瓢饮的口味也因众生复调的生活方式得以美好呈现。

当然，小切口、垂直化是美食纪录片践行的发展路径，但是密集产出也不免面临空间缩小、表达冗杂的风险。网络平台未来的发力重点，或许是在保持 S/S+ 级品牌系列的基础上，优胜劣汰、深挖存量。

3. 深化市场运作，加速商业价值开发，平台侧资本运作与制作侧资金回收更趋活跃

一是资本下场整体运营，正在成为促进网络纪录片发展的重要力量。在传统纪录片出品制作模式下，投资主体和制作、播出主体常常合一，如电视台、新媒体平台、民营制作机构、国际联合制作方等，形成了以播出为目标、以制作为纽带的出品模式，并不以长线盈利作为主要投资目的。党政机构和企业品牌方出于宣传推广、文化建设需要投资纪录片，也属此类。但是，近年来，随着网络纪录片商业价值的不断释放，第三方机构下场，越来越多地以资本方式参与到网络纪录片整体运营中。这一新力量，在 2021—2022 年网络纪录片产业格局中日益显现。

2021 年 7 月，爱奇艺纪录片中心与美霖文化合作发布了"青创计划"，该项目强调，"'青创计划'是纪录片行业中率先实现平台与资本联合的"。[①] 其目标是通过资本与平台的联合，加大对纪录片项目和创作者的扶持力度，通过年轻化的创作思维转型以及合作模式的创新，为纪录片创作者提供一个涵盖内容创作、生产、传播和人才培养等多环节的平台，加速互联网纪录片市场的发展。

此前，君联资本母公司君联嘉志投资入股纪录片制作公司云集将来传媒（上海）有限公司，持 20.69% 的股份。腾讯视频纪录片旗下"风味人间"系列的制作方稻来传媒，其占股达 80.2% 的大股东林芝利创，也有利通投资作为母公司的背景。不难看出，对网络纪录片而言，头部制片公司与头部平台均有采用资本"投石问路"的成功先例。有别于传统投资主体，也区别于单片投资方式，互联网纪录片资本运作模式基于某一领域以求长线盈利、行业溢价的资本眼光。

---

① 搜狐网. 美霖文化与爱奇艺联合启动纪录片"青创计划". [EB/OL]. http://www.nrta.gov.cn/art/2022/2/10/art_113_59521.html, 2022-05-15。

二是各平台纷纷更新分账计划，打造推动网络纪录片高质量发展的战略应用。近年来，随着分账模式在网络电影、短剧等领域的广泛运用，其对成本较低、出圈较难却拥有良好长尾效应内容的友善度，引起了纪录片行业的重视。就平台而言，作为腰部、尾部内容的纪录片，有利于深度留存用户，分账模式的采用能够以较低成本获取更多优质内容；对制片方来说，则多了一重获取资本、回收资金的方式，有利于可持续发展。以目前分账的情况观之，分账无疑已经成为存量市场下网络纪录片保持推进姿态的战略应用。

2020年12月，腾讯视频在广州国际纪录片节上高调发布了2021年纪录片的分账规则。在"分账收益＝会员有效播放次数×会员有效播放次数单价×分账比例"的公式中，会员有效播出次数的计数门槛进一步降到了3分钟，更加符合纪录片轻量化的趋势；取消平台定级，统一使用会员有效播放次数单价作为唯一单价，即会员有效播放次数单价为1元；独家合作分账比例为90%，非独家为50%，分账周期为上线之日12个月。显然，这是一种面向全行业相对平等、相对友好的分账模式。另据2023年2月腾讯视频发布的《腾讯视频创作平台分账合作2022年度总结》显示，2022年腾讯视频纪录片品类分账金额同比2021年提升了61.2%。

2020年爱奇艺纪录片的分账模式还较为笼统，采用"VIP会员有效付费点播数×每集单价×50%"的公式。2021年12月，爱奇艺纪录片付费分账合作模式更新，合作方总收入＝会员分账有效时长×分级单价+激励奖金。2022年，内容不再分级，采用会员基础分成和会员奖励分成两种形式，基础分成采用不同客户端的分端定价，最高的是车联网及VR虚拟现实端纪录片内容；会员奖励分成则意在鼓励纪录片拉新。相比腾讯视频的分账模式，爱奇艺的规则更倾向于鼓励头部内容、高科技内容和超优质内容。与此同时，作品在线的授权期内享受全周期分账，更注重长尾效应。

2021年，纪录片品类第一次进入"优酷内容开放平台年度报告"。早在2019年《古墓派》上线3个月制作方就获得了130万的分账收入，《优酷内容开放平台2021年度报告》显示，自2019年优酷发布纪录片分账规则，3年间入驻开放平台的合作片方数量持续上升，节目数量逐年上涨。《优酷内容开放平台2022年度报告》显示，2022年纪录片内容上新量较2021年同比提升60%。分账模式帮助许多小众且精品的纪录片获取更多收益，帮助片方减轻后期压力，获得与质量对等的流量收益。数据显示，2021年优酷纪录片分账票房较2020年上涨70%。2022年新上节目中，热度表现较好的节目包含美食、人物、社会、自然、历史、军事6种内容类型。对前期投入较大的纪录片，优酷支持以"投资＋分账"模式合作项目[①]。

二、美学演进：奇观风格·品类交融·用户分野

1. 影像风格：奇观化趣味推流，明星加盟与个体日常各擅其长

受到先进技术手段与新鲜表达语态的浸染，网络纪录片在追求客观纪录的日常化基础上，希望通过奇观化的影像风格表达彰显网络纪录片的审美活力。如《新鲜博物馆之进击的大秦》通过舞台剧、CG动画等方式还原历史故事，加之"博物大人"田静（秦始皇帝陵博物院副院长）和"新鲜达人"刘木子（演员）的加入，让严肃的历史有了颇具网感的调性与气质。《青年理工工作者生活研究所》将桌面电影的观念和手法融入作品创作中，并以颇具"网感"的话题取材和表达使人耳目一新，"论文纪录片""桌面纪录片"这些概念在国内浮出水面。B站纪录片《超时空鉴定》用现代法医学技术重验古代法医所追证的奇案，在演绎影像创造的古今交错情境中达到"对话"和互文效果。《国医有方》采用了不少"真实影像＋动态演示"的表达方式，借助中医相关医疗器械、古画、模拟视觉等手法让观众更为直观地了解中医治疗原理，带给观众清晰、直观的观影感受。爱奇艺的《下饭魂·下饭江湖》不仅运用虚拟偶像技术，爱奇艺自研虚拟偶像"美食侠小茉莉"片中亮相，走遍大街小巷介绍特色美食；而且采用赛博朋克元素进行创作，突出"未来感"城市的设计，旁白音也辅以另类的逗趣、动漫气质，造就了耳目一新的话语风格。还有《风起洛阳》系列纪录片《神都洛阳》在展示洛阳古老城市时，采用了三维动画、场景再现、实景拍摄等多种表达方式。颇为特别的是，B站《奇食记》搜寻遍布在中国大江南北的"奇葩"美食，它们怪异、可怕、难闻，为了配合刁钻古怪的"暗黑属性"，片头采用诡异的"小人"动画配合奇幻音乐，被称"霍格沃茨魔法学校配乐"；讲到见手青烹饪不熟会产生"小人跳舞"的幻觉时，使用倒置旋转镜头配以严肃诡异配乐，颇似悬疑惊悚片的惯常设计，也是突破传统纪录片叙事的大胆尝试。

[①] 优酷内容开放平台. 优酷内容开放平台2021年度报告重磅发布 | 行业观察.[Z/OL]. 娱乐产业（2022-01-24）. https://mp.weixin.qq.com/s/_D4Wov2KFoe4NSN1clpgaA。

此外，艺人嘉宾参与的大片化纪实影像，也是2021—2022年尤为值得注意的心态与取向。《闪耀吧！中华文明》用历史谜题做牵引，陈坤作为发起人深入三星堆、唐长安城、秦始皇帝陵、敦煌、南海Ⅰ号、殷墟六大文明现场；因拍摄了谷爱凌而备受关注的《我的时代和我2》，还邀请了郎朗、王一博等众多艺人加盟；《奇妙之城》轻谈城市中的素人生活，探寻过程采用了肖战、吴磊、周深、白宇等文艺嘉宾作为主视角线索带动；《勇敢者的征程》则有窦骁、钟汉良、张馨予等运动健将型艺人加盟，以户外探险的形式演绎革命故事。

面向视频消费碎片化、纪实内容泛化的趋势，众多网络纪录片作品或采用VLOG、个体拍摄等方式，或用极具烟火气的表达方式，以日益丰富的个人化、平民化叙事引发集体共鸣。如B站《来宵夜吧》全片没有画外音，所有解说由摊档老板完成，用户仿佛被招呼的"客人"；又如快手联合竹内亮拍摄的奥运纪实短片《平凡的，热爱着》，以及快手、抖音、B站大量的红人、UP主自制的纪实VLOG等，均是网络纪录片求新求变大潮的新浪花。

2. 品类交融：纪实真人秀创独立品类，剧情演绎成历史纪录片标配

在泛纪实或"纪实+"的影响下，真实内容的表达力与综艺手段、戏剧手段广泛结合，纪录片与纪实真人秀/综艺纪录片、剧情纪录片之间的界限变得模糊与弹性，尤其是纪实真人秀在2021—2022年佳作频出，成为纪录片中的一支独立品类。

最明显的当属职业纪实题材，《亲爱的敌人》《守护解放西3》《辛苦了，先吃饭》《是这样的，法官》《119请回答》《城市真英雄2021》《你好，儿科医生》等作品几乎均采用了上千小时的纪实拍摄，挖掘特殊职业中激动人心的时刻，以此形成极具真实感的内容。此类纪录片在2021—2022年广泛出圈，除了此类题材先天内置的矛盾看点，真人秀感的包装方式无疑是一大突出特色。如《辛苦了，先吃饭》邀请体育嘉宾与基建工作者共进晚餐，打造融合纪实、美食、真人秀多种元素的"美食治愈纪实秀"。又如《是这样的，法官》第3集展现了一场抚养费纠纷案，在男女方各执一词的过程中，配合高昂的情绪，片子故意调快节奏并搭配紧张的背景音乐；第8集还运用了配音、插图等元素，面对不讲道理的当事人，"压力山大"还以花字的形式出现在法官的肩上。再如优酷的《奇妙之城》在挖掘人与城市关系的过程中，采用了明星参与体验的方式，其模式亦可看作是任务削弱版的职业体验真人秀。

腾讯视频《中国这么美》采用"纪实+音乐"的形式，痛仰乐队、五条人乐队等音乐人天南海北，沉浸在中国的美景中，很难区分这是一档旅行音乐综艺，还是加入了音乐元素的纪录片；同样出自腾讯视频的《边走边唱》也采用了类似模式，大大拓展了综艺与纪录片的融合边界。

近年来，情景再现在纪录片中广泛应用，剧情的再解读、再演绎也被视为提供了第二重真实空间，这显然是历史纪录片开展历史叙事最为有效的方式。《这十年·幸福中国》运用装置艺术、多面屏技术、XR 等前沿科技，通过"纪实+舞台剧"的形式，引出多个时代人物故事。如首期节目《风吹稻花香》，就以北魏著名农学家贾思勰向现代人发出千年之问为引，以现实影像作答，展现中国农业发展图景。《闪耀吧！中华文明》邀请演员明星用悬疑探秘的方式追寻历史文化根脉、探究文明高光时刻。《敦煌：生而传奇》与《神都洛阳》均采用了真人扮演还原历史，不仅仅是简单"搬演"，而且是配有"编剧"下的职业古装剧演员重新创作与演绎；《新鲜博物馆之进击的大秦》《烈火，鲜血与旗帜》二者则采用了动漫演绎，并加入了舞台设定，前者负责诙谐，后者则负责仪式感，互相支撑推进剧情演绎；《王阳明》以"王阳明"和演员辛柏青不断在古代和现代之间跳进跳出的"间离"方式，讲述心学历史，非常明确地告知观众纪录与剧情的叙事时空边界。

3. 用户分野："Z 世代"区域与阶层分众化趋势明显

2021—2022 年，网络纪录片虽未诞生雅俗共赏的现象级爆款，但是依然保持着较高的数量增长。在奇观化趣味与日常化体验并行、综艺与剧情元素融合等背景下，用户端的精英与草根的分野并未消弭；鉴于平台差异化竞争，爆款内容的出产不足，以及纪实内容自身的延展性有限，用户/受众的分化现象越趋于明显。

如文化圈层特点鲜明的 B 站，主要用户是 1990—2009 年出生的"Z 世代"人群。据 QuestMobile 数据，截至 2021 年底，B 站近 82% 的用户是"Z 世代"用户，大多数是中学生和大学生，且大多都聚集在一、二线城市，高消费潜力，高付费意愿。B 站发布的统计数据显示，北上广的大学生和中学生，占 B 站用户的半壁江山。[1]

西瓜视频用户则处于另一极，西瓜纪录片用户分布数据显示，超过 24% 的用户

---

[1] 蓝狮问道.B 站用户画像分析，bilibili 用户群体特征分析.[EB/OL].https://zhuanlan.zhihu.com/p/513274967,2022-05-12。

来自三线城市，比来自一线城市的用户数量高出14%。此外，超过33%的用户年龄为30—40岁，普遍具备一定阅历积累，忧患意识也相对更强。这一定程度上打破了将纪录片受众定位于"年轻高知"的主流认知，预示着"小城中青年奋斗者"正成为纪录片的增量市场。①

相比之下，头部视频平台纪录片用户画像较为笼统，分层现象更少。2021年，腾讯视频主要历史纪录片播放量达1.3亿次，25岁以下的年轻观众占比接近三成。另据2020年12月腾讯视频披露的纪录片用户画像，"90后"—"95后"年龄层之间用户占比26%，"95后"占比40%，男性用户依然是主体，本科学历占比超过一半；且由于用户基数大，几乎可以覆盖各个年龄层和不同职业的人群。②

由此可见，头部平台尚未在纪录片传播中实现较为精准的受众用户分层，而以垂直、圈层路线为主平台则会基于自身特色谋求差异化，更关注吸引分流用户。这进一步导致了网络纪录片传播的分向与用户受众的分化。

三、平台进化：精细运营·版权规划·国际合制

1. 特色布局内容，精细运营平台差异

2021—2022年，爱奇艺、优酷、腾讯、B站等头部平台借鉴平台自制剧对垂类用户予以精细运营的策略，对纪录片展开了剧场化、矩阵化运营。优酷2022年重点布局了传承、酷活、万象三大内容赛道，2021年推出科幻探险、历史传奇、悬疑剧场、美食青春、人生之问、我心归处等六大IP矩阵；爱奇艺则设立了人间、热爱、理想三大剧场；B站在2021年11月的纪录片专场发布会上，公布了2022年"烟火""万象""人间"三个系列；腾讯视频拥有稻来、黑曜石和尤里卡三大工作室，在"风味"系列之外打造了"人间真实"和"一日之食"IP矩阵，2023年将着重推出"至味人间""智识生活"两大纪录片赛道；芒果TV与《中国》的制作方北京伯璟达成战略合作，成立以开发泛纪实内容为主的工作室"芒果伯璟"，推出新的泛纪实产品矩阵。

各个IP矩阵、剧场实则是对纪录片主题、内容与风格的集群呈现。基于用户

---

① 林沛.上线超2000部纪录片的西瓜视频，正打造纪录片的增量市场.[Z/OL].广电独家（2022-02-13）. https://mp.weixin.qq.com/s/4-bJ8otHHXn70arpBbk6dQ.

② 陆娜.腾讯视频：纪录片分账再定义.[Z/OL].三声（2020-12-16）.https://baijiahao.baidu.com/s?id=1686223691460794919&wfr=spider&for=pc.

差异，以及业已积累的内容优势，各平台逐渐形成了更具根基性的平台差异——优酷现实人文、腾讯风味美食、B站特色产业、芒果主流价值、爱奇艺一题多品，分别凝练出风格鲜明的布局特色。《奇妙之城》《奇妙的蛋生》以及2019年颇受好评的《他乡的童年》，赋予了优酷纪录片以社会质感与人文特色。对美食进行大IP的运营、大制作的包装，令《风味人间》成为拉动整个腾讯视频纪录片的"S+级"头部产品。以年轻网感、消费力强为特色的B站，美食纪录片正扮演着延长产业链条的先锋角色，而于2022年推出的《但是还有书籍2》再次引发热潮，该片第一季曾使不少冷门书籍脱销并加印。芒果TV以《党的女儿》《青春正当时》等纪实影像为特色，作出了主旋律年轻化的努力。结合《风起洛阳》《广州十三行》和《两京十五日》等三部头部剧集内容，爱奇艺已经推出了《神都洛阳》，并即将推出《85·一十三》《两京大明传》等相关主题纪录片，采用"一题多品"策略，带动剧集播出以及相关文旅产业。

综合来看，头部平台纪录片在整体矩阵化布局之下不断探索特色化延展，各平台对纪录片所采用的不同做法，有的具有风向标的引领价值，有的融入平台整体方略，有的联动平台已有内容。各有千秋和参差多态的运营策略，促成了网络纪录片竞相发展、力争上游的繁荣景象，为国产纪录片的大市场注入了网络平台的新鲜活力。

2. 长尾效应引发重视，版权规划培育平台自制

受到疫情对网络自制纪录片的持续影响，版权纪录片的长尾效应开始引发业界关注。2021—2022年不少视频平台都将版权纪录片布局纳入规划，将其作为平台用户黏性的有效补充、用户行为的持续沉淀。

2021年底，西瓜视频发布数据称，其纪录片频道已涵盖5000余小时，近2000部纪录片内容。在平台自制纪录片目前总量依然相对较少的形势下，西瓜视频着眼于版权库的建设可谓用意深远。纪录片看重长期的积累和用户培养，更需要生产链条内制播机构基于长期合作产生的价值认同与合作默契。

截至2021年9月，B站已经累计上线了3000多部纪录片，出品106部纪录片，绝大部分都为版权纪录片。"对比二季度的2.37亿月活，纪录片受众占比接近50%。"①作为最早布局自制纪录片的平台，B站仍然付出了较大的版权成本培育用户观看习惯。2022年5月1日，B站向全国用户免费开放3442部版权纪录片，并宣布把每年五月第一周定为B站的纪录片开放周。

2022年1月，基于与BBC的长线合作，腾讯视频也释放出了包括《地球脉动2》《蓝色星球2》《王朝》在内的十部"顶级大片"的版权片库，囊括了宇宙星际、自然景观、野生动物、伟人故事等不同维度的内容，一方面体现了平台对于用户在岁末年初集中观赏大片的心理需求；另一方面也凸显了平台在版权纪录片方面的丰富储备。这也正是视频平台深耕版权的一个缩影。

3. 合拍合制多方聚力，网络提升对外传播话语权

2021年8月，中宣部联合国家广播电视总局发布《关于实施中国纪录片对外传播推优扶持项目的通知》，不仅明确了推优项目"解读新时代中国发展，诠释中国价值，传播中华文化"的重要使命，而且指出纪录片对外传播平台应涵盖国际性主流媒体平台、国外主流媒体的网络平台，更加关注网络纪录片讲述中国故事的独特功能。

与之相呼应，多部意在国际传播的网络自制纪录片在视频平台推出：优酷与Netflix联合出品体育竞技纪录片《竞技星球》，在全球190个国家和地区同步推出，讲述了世界各地多项体育运动的起源和演变，展现人类自古至今对体育运动的热爱及竞技精神。由央视、B站和英国BBC Studios自然历史部、美国PBS、ZDF德国电视台、法国电视台等机构联合出品的《绿色星球》在台网同步播出，是一部沉浸式呈现植物景观的4K纪录片。《最美中国：四季如歌》由五洲传播中心、优酷、逆光映像与英国子午线影视制作公司共同摄制，在春节期间登陆BBC Earth Asia频道和优酷平台。《智慧中国：前沿科学》由五洲传播中心与哔哩哔哩、美国探索频道共同制作，邀请澳洲科学家、发明家乔丹·阮博士担任主持人，解读中国科技强国建设最新成就。英国知名纪录片导演柯文思执导的《柴米油盐之上》由中国报道杂志社解读中国工作室联合腾讯视频、福建省广播影视集团、深圳市委宣传部共

---

① 老九.B站开纪录片发布会，年轻人是多么热爱文化？| 2021平台观察[EB/OL].烹小鲜.https://baijiahao.baidu.com/s?id=1716907498540294500&wfr=spider&for=pc，2021-11-20.

同出品，成为年度解读中国脱贫攻坚小康纪实的现象级作品。《敦煌：生而传奇》由腾讯视频、五洲传播中心、新加坡IFA联合出品，总导演是曾荣获艾美奖的爱尔兰籍导演、制作人及编剧鲁安·麦根。2021年11月9日在腾讯视频，2021年11月28日在探索频道国际电视网播出。《勇敢者的征程》由腾讯视频、五洲传播中心、探索频道联合制作，探索频道探险节目主持人、新西兰探险家乔西·詹姆斯带领5位探险者身临5个中国历史上的伟大征程，重现长征的意义。

以上作品，现实题材与历史题材并重，或与国家队联合，借力出海；或将西方视角作为主要解读视角，采用中外联合出品、联合制作，以求以共同出品制作实现国际主流传播，展示了网络纪录片讲好中国故事的独特性与创新性。

2022年2月10日，国家广播电视总局印发《关于推动新时代纪录片高质量发展的意见》，网络视听平台作为"做强行业主体"的重要性再次得以凸显："扩大纪录片在网络视听平台上线份额，加大优质纪录片首页首屏推荐力度，设置专区，增加供给。"在《国家广播电视总局办公厅关于公布2021年度优秀网络视听作品推选活动评审结果的通知》中，网络纪录片也以37部之多，在所有网络视听作品类型中位列第一。以上来自制度层面的顶层设计与推优扶持，既有力显示了近年来网络纪录片不断融入主流、提升质量、创新发展的丰硕成果，也充分确认了网络纪录片所具备的独特思想价值、文化价值、艺术价值、经济价值、社会价值。

回望过去的两年，在文娱综合治理进程中不断清朗的网络生态中，受益于各类政策的有效引导与推动，网络平台的资本赋能与技术赋能的不断助力，网络纪录片快速进入高质量发展的新阶段，为网络视听节目提升品质、引领潮流贡献了重要力量！

杨乘虎 | 北京师范大学艺术与传媒学院教授、博导
林沛 | 北京师范大学艺术与传媒学院博士生

优酷

《这十年·幸福中国》——以"技术+艺术"的融合驱动力拓展文艺创作边界

迎接党的二十大网络纪录片《这十年·幸福中国》以"人民的幸福感"为切入点，用"技术+艺术"的创新叙事手法，展开一场跨越时空的古今对话，从历史深处展现当下中国的幸福故事，生动诠释"幸福是奋斗出来的"这一主题思想。

该片充分发挥"技术+艺术"的融合创新力，打造沉浸式剧情和纪实故事相融合的叙事手法，不断拓展艺术的创作边界，强化用户的视听体验。

节目每期邀请一位优秀演员在沉浸式剧情中演绎古代先贤，通过AI/XR技术营造跨时空的对话氛围，发出"幸福之问"。同时，用3—5个当今社会的时代人物纪实故事作答，为本期的"幸福之问"写下新时代的鲜活注解。

片中风吹稻花香、怀中一寸心、华夏俱丰食等主题所蕴含的传统文化符号，通过科技感、人文性和跨次元的新颖表达方式跃然而出。这一场场突破想象力的"穿越"之旅，在形式上拓展了艺术的创作边界，在情感上更生动地表达了中国优秀传统文化中独有的浪漫情怀，向观众展现古今中国不变的文化传承与精神追求，也让现实与历史对话，更好突出当下中国的新发展、新变化。

芒果TV

《与丝路打交道的人》——讲述丝路文化工作者的奋斗故事

《与丝路打交道的人》作为国家广播电视总局"网络视听节目精品创作传播工程"项目，是芒果TV制作的一档以"传承历史文脉，讲好中国故事"为核心命题的人物纪实纪录片。节目聚焦扎根丝绸之路中国段沿线地区的新时代文化工作者，通过他们的所见、所行，向世界展现了中国在考古发掘、文物保护、文化传播等领域取得的重大成果，彰显了国家和民族的文化自信，传播了中国声音。节目以文物发掘、保护和研究的脉络为线索，采用青春化的语态和电影级的视效来解锁与全球年轻人的对话密码；融入动画、解说、考古现场影像等元素，别具一格地讲述丝路文化工作者的奋斗故事，诠释了中华文化瑰宝的独特风采，提升了中国丝路文化的影响力，彰显了发展中国特色的社会主义文化事业的坚定信心。

节目在芒果TV主站、湖南卫视频道、美国天下卫视播出，并通过芒果TV国际APP覆盖全球，总播放量破亿。热搜次数超44次，得到国家文物局、新华社、《光明日报》等600余家单位、机构、媒体的支持，多名专家学者肯定，新华社海外社交平台推荐，并深受海内外观众好评。

凭借突出的内容品质和出色的传播成效，《与丝路打交道的人》荣获了国家广播电视总局2022年第二季度优秀国产纪录片、2022年第二季度优秀网络视听作品、湖南省第十五届精神文明建设"五个一工程"奖、湖南省第七届网络原创视听节目大赛一等奖。

哔哩哔哩

《但是还有书籍》第二季——捕捉和书有关的那些精彩故事

《但是还有书籍》第二季以书为题材，力图在阅读多样化、碎片化的当下，记录这个时代形形色色的爱书之人，捕捉和书有关的那些精彩故事。希望以新鲜有趣的视角和故事，点燃观众对书的热爱，为人们提供一份在快时代里的阅读指南。

阅读是一座随身携带的避难所，让我们在这个世界以外，还拥有无数个平行世界。该片记录这个时代形形色色的读书人、做书人、爱书人，捕捉当下珍贵的阅读风景，寻找快时代的阅读指南，向编舟者致敬，为爱书人点赞。片中的主人公，都是一群有赤子之心的人，他们为了自己热爱的事业，不被潮流裹挟，以迟缓而审慎的态度，或编舟渡人，或者在喧嚣和浮躁中坚守自己的精神角落。这个片子要展示的，正是他们身上以及他们作品中那种缓慢的、非功利的力量，希望观众能从中得到一些力量和慰藉，去抗衡或者弥补现代人所遗失的一些东西，也希望这个片子成为一枚小小的火石，点燃更多人对书的兴趣。

六、2021—2022 年短视频／微短剧发展现状

随着用户规模的增长，短视频已逐渐成为全民性、基础性应用。近年来，作为网民获取信息的关键渠道，短视频在传播主流声音、引导舆情舆论等方面发挥了重要作用。主流媒体将短视频作为有力抓手，发挥自身内容优势，加强网络舆论主阵地建设，构建起了全媒体传播格局。短视频还与其他行业融合，不断扩展短视频平台的业务边界。"短视频+"使其与各行各业建立起深度链接，成为提供泛娱乐内容、新闻资讯、直播电商、生活服务、在线教育、健康科普等各类信息的主要窗口。短视频还尝试拥抱汽车、农业、房地产等实体产业，深度嵌入社会生产生活。

凭借"短、快、爽"的优势，网络微短剧这一新兴视听形态在 2020 年迅速发展，成为网络视听重要的组成部分。据快手平台统计，2022 年，快手短剧日活用户已达 2.6 亿人，星芒短剧全年总播放量超 500 亿次，2023 年 2 月的付费用户数比 2022 年 4 月增长 480%[1]。抖音平台的微短剧日去重用户数在 1 亿以上，年均新增 1000 部微短剧，日均播放量持续攀升[2]。各大长短视频平台纷纷入局并不断加码，相继推出分账扶持计划。各大制作公司、MCN 机构也积极加入这一新赛道，微短剧制作日趋规范化，内容形式更为优质化、多样化，佳作不断涌现。再加上主管部门出台系列规范和鼓励政策，和微短剧商业投资回报高，近两年来微短剧行业方兴未艾。

▎深度观察6：2021—2022 年 "短势力" 新趋势

一、2021—2022 年短视频相关类型节目发展现状及趋势解析

1. 平台与媒体齐发力，短视频成为舆论宣传主阵地

短视频平台与媒体双向赋能，通过相互支持与协作实现了共赢目标。主流媒体

---

[1] 数据来源：快手。
[2] 数据来源：国家广电智库。

扎根社交媒体土壤，打通权威信息发布渠道，短视频成为快速触达、精准匹配海量用户的重要方式，有效提升了主流媒体的传播力和影响力。同时，主流媒体扩充了短视频平台信息的服务功能、提升了短视频内容质量，让正能量融入短视频传播，为平台的用户增长和用户留存作出贡献。

近年来，在主管部门指导下，各短视频平台重点加强对主题主线宣传的建设以及对主流价值内容的推荐展示。在国家广播电视总局"短视频首屏首推"工程的统一规划部署下，各短视频平台在党的二十大、冬奥会、"两会"、疫情防控等重大事件和宣传节点营造了领袖宣传的良好舆论氛围。2022年初，围绕习近平总书记春节活动相关短视频和习近平总书记在北京冬奥会出席的相关短视频，抖音、快手、微博等重点短视频平台通过首页首屏轮播大图、焦点图、热搜置顶、热榜置顶等方式，共推送短视频45条，总播放量近7亿次，其中《习近平向全国人民致以新春祝福》《习近平宣布北京冬奥会开幕》两条短视频登上快手总榜第一名，抖音热榜第一名[1]。北京市广播电视局携手河北省广电局开展的"携手迎冬奥 同心过大年"短视频活动播放量超3.8亿次；京津冀三地"免费看"活动专区浏览量达4.76亿次[2]。

2022年"两会"期间，新浪微博就两会相关内容进行全面宣推，联动《人民日报》、央视新闻、新华社等主流媒体账号，以直播、视频发布、大V连麦、图文播报等方式，对"两会"进行实时播报，积极传播"两会"声音，放大代表委员声量。"两会"预热期间，习近平总书记相关话题阅读总量超4.66亿次，视频播放总量达2700万次[3]。2022年10月期间，地方各级广播电视和网络视听机构积极落实"短视频首屏首推"工程，做好党的二十大宣传系列工作，抓好党的二十大精神学习宣传贯彻和阐释解读这条主线。湖南广电新媒体平台风芒客户端以播报+AI技术推出短视频系列《小漾来学二十大》，上线不到24小时点击量超10万[4]。北京市广播电视局

---

[1] 国家广播电视总局网络视听节目管理司，国家广播电视总局发展研究中心.中国视听新媒体发展报告(2022)[M].北京：中国广播影视出版社，2022:39。

[2] 王一涵.聚主线促融合，走好全国网络视听"第一方阵"，光明网 [EB/OL].[2023-01-28].https://politics.gmw.cn/2023-01/28/content_36325709.htm。

[3] 数据来源：新浪微博。

[4] 湖南广电全媒体聚焦党的二十大 精心开展宣传报道，国家广播电视总总局官网 [EB/OL].[2022-10-19].http://www.nrta.gov.cn/art/2022/10/19/art_3865_62436.html。

在首页首屏设置"新时代的答卷""喜迎二十大 奋进新征程""奋进新征程 建功新时代"等专栏专区，北京共青团制作推出"中国这十年 北京青年说"人物纪实、《北京青年"数"说二十大报告》等短视频，播放量超过 1300 万次[①]。主流媒体与短视频平台整合优势资源，在各大重要节点将主旋律内容推送至首页首屏，与其他媒介形成合力，实现主流话语广泛而深入的传播，扩大优质内容触达范围，为弘扬社会正能量服务。

主流媒体持续发力短视频账号建设，进一步完善新媒体宣传矩阵，粉丝规模与影响力呈稳步提升之势。CTR 监测数据显示，截至 2021 年底，省级以上广电机构在短视频平台（抖音、快手、央视频）共有 470 余个粉丝量超百万的头肩部账号，较 2020 年同期增长 92%[②]。2022 年 12 月底，主流媒体在抖音、快手平台拥有 668 个百万级及以上粉丝量的账号，较年初增长 6.9%，其中百万级抖音账号占比超过四成，快手平台超三成。2022 年，主流媒体在抖音共产生了 2915 条点赞超过百万的作品，其中 22 条点赞量达千万级别；在快手产生了 3671 条播放量超千万的作品，10 条作品播放量过亿。微信视频号已成为重要的短视频平台，主流媒体的视频号建设也有抢眼表现。截至 2022 年底，主流媒体已开设并运维 740 个活跃视频号，发布超百万条视频作品[③]。

2. 短视频成为底层应用，"视听+"助力多领域数字化转型

伴随用户规模的扩张和平台业务的拓展，短视频在各年龄层、职业、地域用户群体中下沉，并与电商、教育、健康、文旅等多领域深度结合。在"视听+"的思路下，短视频拓宽边界、深度延展，其娱乐休闲、信息传播、生活服务等多元功能得到凸显，开始在社会生活和产业结构中发挥联结赋能作用。

2020 年以来，短视频平台通过与科研机构、科普专业人士合作，大力扶持知识传播，鼓励泛知识内容产出。广度上，平台知识内容已涵盖生活、教育、人文、财经、军事等众多领域；深度上，平台通过推出视频合集、直播公开课等形式，促进知识体系化传播，提升知识学习深度。据统计，2022 年 1 月至 10 月，抖音知识

[①] 刘世昕，胡春艳，樊江涛，胡志中，石佳. 以党的二十大精神为指引，凝聚青年奋进力量. 中国青年网 [EB/OL]. [2022-12-14]. http://news.youth.cn/gn/202212/t20221214_14194384.htm.

[②] CTR 媒体融合研究院. 2021 年主流媒体网络传播力榜单及解读｜德外独家. 微信公众号德外 5 号 [EB/OL]. [2022-01-05]. https://mp.weixin.qq.com/s/2DnmHXZnz3GAQFNW5c179w.

[③] CTR 媒体融合研究院. 盘点 2022：主流媒体年度网络传播力榜单及解读｜德外独家. 微信公众号德外 5 号 [EB/OL]. [2022-12-30]. https://mp.weixin.qq.com/s/o4E2tDS4a5tXnqX-xB3eyw.

内容兴趣用户超过 2.5 亿人，相较 2021 年年初增长 44.1%；抖音上的知识视频和图文内容被分享了 126 亿次；抖音用户搜索了超过 160 亿个知识相关问题，相当于每个用户主动搜索了 27 个知识点。2022 年，高校在抖音平台开展了 21103 场直播，共有 9500 万用户观看了高校直播公开课，400 位教授在该平台分享知识[①]。抖音拉动更多人才跻身优质内容供给，吸引用户主动接触跨领域新知。快手为"60 后"到"00 后"的用户提供了涵盖农业、运动、美食、教育、美妆、生活等领域的相关知识，并提出满足日常知识需求的"插件式学习"，用户搜索"怎么办"的次数超过 4.6 亿[②]。

作为多样性和创新性的内容形态，短视频凭借其灵活的传播场景、海量用户基础和极高的用户黏性，展现出了强大的商业潜能。其不仅为优质内容创作提供了快速变现的通道，还成为助力乡村振兴的新动力。随着农村互联网基础设施的完善、智能终端的普及，简单易用的短视频成为农民生产的"新农具"。短视频通过展示自然风光、民俗风情等带动乡村旅游业发展，通过特色农产品电商直播直接变现，推动地方经济发展，打开了数字乡村建设的新通道。短视频平台还为乡村创业者提供专业培训、流量扶持等服务性帮扶，促进三农类内容的可持续发展。快手平台作为互联网下沉乡村的典型代表，创造了 5.6 亿个农产品订单，同时使超 2000 万用户获得了收入。抖音也为助农和扶贫开辟了广阔的空间。美兰德数据显示，2021 年度三农头部主播蜀中桃子姐、乡愁和牛爱芳的小春花粉丝量均在 2000 万左右，其中蜀中桃子姐带货 157.4 万件，总带货金额高达 3600 万元，乡愁和牛爱芳的小春花带货均超 10 万件，总带货金额分别为 1200 万元和 300 万元[③]。

此外，短视频还为体育运动领域带来数字化发展新空间，不仅改变了大型体育赛事的传播方式，更点燃了全民健身的热潮。2022 年卡塔尔世界杯，抖音平台对各轮赛事进行了全程直播，共吸引了 106 亿人观看比赛，互动量超 13 亿次，抖音达人发布的世界杯相关内容累计获得超过 933 亿的播放。抖音生活服务还发起"心动观赛季""吃货世界杯的打开方式"等营销活动，丰富消费场景，提升用户消费意愿[④]。在快手平台，其站内外北京冬奥会相关视频总播放量达 1544.8 亿次[⑤]，站内

[①] 巨量算数.2022 抖音知识年度报告 [R/OL].[2022-12-29]。
[②] 快手大数据研究院.2022 快手年度数据报告 [R/OL].[2023-01-17]。
[③] 美兰德传播咨询视频网络传播监测与研究数据库.三农类账号带货成果数据 [EB/OL]。
[④] 巨量引擎城市研究院.抖音生活服务世界杯营销白皮书 [R/OL].[2022-12-30]。
[⑤] 快手大数据研究院.2022 快手体育内容生态报告 [R/OL].[2022-11-17]。

冬奥点播间播放量超79亿，相关运动员快手账号总涨粉数超过3800万[①]。2022年初健身直播风靡全网，据统计，快手平台2022年"居家健身"相关视频发布量同比增长262%[②]，抖音平台用户共记录了325万次云健身[③]。

二、2021—2022年网络微短剧发展现状及趋势

1. 微短剧的诞生与发展

2020年8月，国家广播电视总局在"重点网络影视剧信息备案系统"增设网络微短剧快速登记备案模块，将微短剧纳入影视剧集范畴，并规定单集时长不超过10分钟。同年12月8日，国家广播电视总局办公厅下发《关于网络影视剧中微短剧内容审核有关问题的通知》，明确微短剧内容审核要与网络影视剧同一标准、同一尺度，并对剧集类型、备案方式、审核标准等进行了规范。

而在行业实践中，各平台对微短剧在形式上的判定还未形成基本共识。优酷、腾讯视频等长视频平台延续传统影视剧思维，倾向于准入单集时长在5—15分钟、横屏形式的剧集；而抖音、快手等短视频平台则大多将单集时长设定为1—5分钟，且以竖屏形式为主。艺恩数据将微短剧定义为依托网络平台播出，区别于短视频和普通长剧内容，时长在10分钟以内、有剧情推进的剧集形式，又称"火锅剧""泡面番"等[④]。

早在2013年，优酷就推出了每集时长在10分钟左右、具有相对独立的情节结构的网络短剧《万万没想到》。该剧迅速吸引观众眼球，一度成为现象级作品，但并未发展成独立的内容类型。伴随移动互联网的普及，抖音、快手等短视频平台强势崛起，短视频内容消费时长大幅增长。2018年11月，爱奇艺推出竖屏短剧《生活对我下手了》，将短视频与长视频结合。一个月后，爱奇艺推出"竖屏控剧场"，主打4—10分钟的竖屏内容。尽管彼时竖屏短剧未能获得进一步发展，但针对手机端用户布局的时长短、有剧情的内容形态已经开始成为创造网络视听行业内容增量的新方向。

伴随短视频形态的出现和普及，微短剧在短视频内容的基础上吸收影视剧集特

[①] 快手2022复盘：22个账号涨粉超千万，10个账号全年带货GMV破20亿. 微信公众号新榜 [EB/OL]. [2023-01-18]. https://mp.weixin.qq.com/s/TFCsTdaARsGUnDSz1T_Qng.

[②] 快手大数据研究院. 2022快手体育内容生态报告 [R/OL]. [2022-11-17].

[③] 巨量算数. 2022抖音数据报告 [R/OL]. [2023-01-10].

[④] 艺恩数据. 2021视频内容趋势洞察-微短剧篇 [R/OL]. [2021-10-20].

性，逐渐发展成为一种特定的节目类型。2019年，部分长视频平台相继公布了对微短剧布局的相关举措，为该类型的进一步发展打下基础。2020年，随着国家广播电视总局进一步加强对微短剧的监管，微短剧市场逐步规范化，凭借惊人的发展速度成为影视行业的新赛道。据统计，在2020年—2022年9月上新的播放排名前50的微短剧，有18部在豆瓣开分，开分率达36%。其中豆瓣6分以上的作品占比约67%，评分人数多在千人级，在小范围内口碑有保障[1]。微短剧行业进入了规模化、多元化、规范化的新阶段，成为影视文娱行业的下一片蓝海。

2. 加速发展期：规模化、多元化、规范化

2021年起，微短剧备案量呈逐月上升趋势，尤其进入2022年后，备案量大幅提升。2022年1月至9月，微短剧备案量达2792部，共64192集，约为2021年全年的2倍[2]。尽管进入2022年第三季度，微短剧备案量呈下降趋势，但数量基本稳定在每月300余部[3]。2021年重点网络微短剧[4]上线量达58部，其中竖屏剧6部，横屏剧52部，到2022年上线量上升至172部，其中竖屏剧10部，横屏剧162部[5]。为进一步规范微短剧生产，2022年12月，国家广播电视总局发布《关于国产网络剧片发行许可服务管理有关事项的通知》，明确指出网络微短剧需依法获得发行许可证。

以快手、抖音为代表的短视频平台是微短剧发展的主要阵地之一。截至2022年7月29日，快手已累计推出近1.2万部微短剧，抖音在2022年1月—10月共上线329部精品短剧，其中播放量破亿的达55部。长视频平台的微短剧上线数量也显著提升，由2020年的103部2014集增长至2022年的442部6488集，增长势头强劲。2021年、2022年，优酷微短剧上线数量分别达224部与172部，部数权重过半。腾讯视频与芒果TV也不甘示弱，上线微短剧数量的涨幅逐年上升[6]。

微短剧单集体量小，适合在移动互联网环境下进行碎片化传播。然而，伴随行业发展，单集时长在3分钟以下的剧集逐年下降，单集时长在3—10分钟的微短剧

---

[1] 烹小鲜.2020—2022年微短剧发展观察报告[R/OL].[2022-11-11]。
[2] 北京电视艺术家协会.短剧产业现状、问题与发展趋势研究报告[R].[2022-11-20]。
[3] 烹小鲜.2020—2022年微短剧发展观察报告[R/OL].[2022-11-11]。
[4] 重点网络微短剧指符合以下条件之一的剧集：（1）播出平台招商主推；（2）首页首屏播放；（3）优先提供会员观看；（4）投资超过100万元。
[5] 数据来源：国家广播电视总局监管中心。
[6] 烹小鲜.2020—2022年微短剧发展观察报告[R/OL].[2022-11-11]。

逐年增多，在2022年成为主流。同时，随着微短剧的不断发展，21—30集及31—100集的微短剧数量逐年上升，低于20集的微短剧则呈递减趋势[1]。2020年1月至2022年9月，12—30集的微短剧占总上新数量的81.5%[2]。虽然微短剧总体篇幅不长，但是单集时长增加、总集数变长或成为微短剧未来发展的一大趋势。这也是微短剧走向专业化、精品化的直接体现。

2020—2022年上线的微短剧中，爱情题材依旧具有较大优势，占比达35.4%；古装、剧情与都市处于第二梯队，占比分别为14.02%、12.48%与11.44%；喜剧、奇幻、悬疑、家庭、穿越与青春校园等题材分布较平均，构成了第三梯队，更有科幻、涉案、医疗等现实题材在微短剧市场出现[3]。各大视频平台也在积极尝试细分短剧题材，助力微短剧的多元化发展。比如，快手细分了青春励志、国韵古风、家庭共情、时代旋律、都市职场等五大方向；腾讯视频则推出了解压轻喜、国风新韵、热血成长、奇幻悬疑、创新互动等类型。值得一提的是，微短剧成为传播主流声音的渠道。如国家反诈中心在快手推出系列反诈短剧《我有一个梦想》《幽灵》《守护者》等，科普反诈知识；央视新闻在国家安全教育日推出微短剧《爸爸的秘密》，展现国安警察的伟大。这些探索都得到了网友的积极反响，为微短剧题材提供了更多可能性。

与传统剧集相比，微短剧投资规模较小，成本回收快。现阶段，微短剧开发了多元变现模式，包括平台分账、广告植入、电商带货、平台采买等。2022年年初在腾讯视频上线的短剧《拜托了！别宠我》，目前分账票房已经突破3300万元，创造了新的行业纪录[4]。在广告植入方面，微短剧主要采取品牌定制剧场或内容的形式，如2021年春节期间王老吉联合快手小剧场打造"吉祥剧场"。微短剧延续电商带货这一商业变现模式，不仅包括边播边带货，还探索了通过内容孵化、艺人培养，利用粉丝效应为直播带货赋能。比如，微短剧《这个男主有点冷》的女主角"一只璐"在快手平台凭借该剧增长500万粉丝后，其带货直播单场GMV转化率提高了超过60倍。据快手公开数据显示，该平台的短剧创作者中有电商收入人数增长35%，百万粉作者短视频带货GMV同比增加143%。

---

[1] 艺恩数据.2021视频内容趋势洞察-微短剧篇[R/OL].[2021-10-20]。
[2] 烹小鲜.2020—2022年微短剧发展观察报告[R/OL].[2022-11-11]。
[3] 烹小鲜.2020—2022年微短剧发展观察报告[R/OL].[2022-11-11]。
[4] 王雪宁.快速成长的微短剧赛道，玩出了哪些新花样？[EB/OL].[2022-07-29]. http://www.cmmrmedia.com/Content/2022/07-28/1009024701.html。

3. 2021—2022 年微短剧年度代表作品简介

近年来，微短剧市场彰显出鲜活的生命力，其中《大妈的世界》《中国节气——谷雨／春分奇遇记》《北庄青春》《大海热线》等作品脱颖而出。

微短剧《大海热线》从百姓日常生活中经常遇到的网络安全问题出发，以日常化的情节重现网络诈骗和信息泄露的风险场景，传播实用的科普知识，帮助人们建立网络安全意识，受到广大网友的欢迎。

《大妈的世界》全季 20 集，单集 5 分钟，自开播以来持续占据各大行业榜单，豆瓣评分高达 8.5 分，抖音话题播放量破 1.9 亿次，微博相关话题总阅读量更是超过 3.3 亿次，收获了《中国日报》、新华网等主流媒体的一致好评。这部短剧聚焦"新老人"群体，以幽默诙谐的叙事方式讲述了两位退休大妈丰富而新奇的老年生活，呈现当代大妈时髦潮流的老年日常。不同于传统影视剧，这部短剧以极具中国市井文化特色的大妈形象为主角，直击现实社会的痛点、热点、爽点，故事情节有脑洞、有讽刺、有风趣，以高密度快节奏的叙事方式收获了许多年轻人的喜爱。

《北庄青春》讲述了一个热血感人的家庭故事，这个家庭的三代人从奋勇抗日、保家卫国，到建设家园、脱贫攻坚，再到乡村振兴、欣欣向荣。一个家庭映射出一个村落，一个村落映射出一个国家。河北省平山县西柏坡镇北庄村是歌曲《团结就是力量》的诞生地，是我国不断发展前进的见证地。这部短剧回顾了北庄土地上的一段精神旅程，将北庄的精神内涵在新媒体平台传播开来，鼓舞新时代青年担当民族复兴的使命。

河南广播电视台"中国节气"系列节目围绕观众不太熟悉的节气文化展开创作。第一期《春分奇遇记》采用平实且直白的叙事方式，讲述了一个以孩子为主线的充满梦想和希望的故事。节目中穿插了春分大地美景，加之具有电影质感的画面效果，给观众带来良好的审美体验。第二期《谷雨奇遇记》取景于河南信阳茶山，故事借鉴自《桃花源记》，女主角取名于苏轼笔下的《叶嘉传》。这部短剧在一场浪漫诗意的主角奇遇中融入谷雨时节的采茶习俗，呈现了谷雨之后大地万物生长、欣欣向荣的美好场景。"雨落情长，美好发生。"主人公用心去寻找答案，感知美好生活，揭示出节气所蕴含的深刻哲思。

《拜托了！别宠我》在腾讯视频的总播放量已突破10亿，获得站内热搜榜、电视剧榜TOP1，并登顶云合2022年全网微短剧有效播放霸屏榜[①]，是最具代表性的爆款短剧之一。该剧的剧情设定极具脑洞。前三季讲述女主人公作为网络作家误入自己创作的古代小说世界，围绕"女主必须在冷宫待满一百天才能重回现实"这条强主线展开叙述，打造了一个鲜明生动的人物形象，第四季则续写了男女主的现代生活，以熟悉的面孔打造新的CP关系，带来了新的观剧体验。这部微短剧在一年的时间内连续推出四季，实现了内容IP化运营，以可持续的方式成功维持了剧集热度；同时，该剧沉淀了大量剧粉，积累形成品牌价值，为后续衍生作品及周边产品开发提供了更大的空间。

《柳叶熙·地支迷阵》是创壹科技推出的抖音独播短剧，单集时长4分钟左右，开播3集其播放量已突破1.8亿次，全剧总点赞量接近1400万次[②]。该剧以虚拟人柳叶熙为主角，借助镜子、妆笔等传统文化等元素打造独特的虚拟IP形象。结合元宇宙、轻科幻等高概念元素，以及民俗、捉妖等国风元素，融合传统与现代，其画面虚实交错，特效生动逼真，给观众带来全新的视觉体验。

4.未来展望：深耕内容，差异化竞争

2021—2022年微短剧市场成绩耀眼，已成为影视领域的"新战场"，未来将迎来更为激烈的内容竞争。目前，微短剧仍缺乏稳定的精品输出和具有广泛社会影响的现象级力作，用户也尚未养成对微短剧的付费习惯。微短剧要真正赢得更大市场，仍需不断提升内容品质，创新多元变现路径，改进和完善商业模式以保证可持续的良性发展。

2023年是微短剧进入快车道之后面临转型的关键一年，是行业深耕精品内容、开展差异化竞争的新阶段。各大视频平台和专业制作机构将协力产出更多优质内容作品，提升行业整体水准。主管部门继续密切关注行业发展动态，动态调整监管手段，并通过推优工作，进一步鼓励创作生产高质量短剧。各平台也将继续通过现金和流量扶持手段，打造自有短剧厂牌，如快手的"星芒短剧"、腾讯视频的"十分剧场"、芒果TV的"大芒短剧"等，形成不同风格、不同类型的微短剧作品满足广大用户的个性化需求，实现短剧市场的多元化共存。同时，短剧的商业变现模式

---

① 数据来源：云合数据。
② 数据来源：云合数据。

或将得到进一步升级，促进内容与商业融合，推动内在业态循环，使得创作者获得"好变现"，投资者获得"高回报"，从而激活微短剧市场，共同打造微短剧行业新生态。

王晓培 | 北京交通大学语言与传播学院讲师，中国人民大学—南加州大学联合培养博士

北京交通大学短视频研究课题组 |

腾讯视频

《大妈的世界》——中国大妈在数字化社会"弄潮"的爆笑故事

《大妈的世界》讲述的是生活在樱桃社区的一对老闺蜜的晚年生活，以每集一个故事的形式来展现：与刻板印象中的大妈不同，面对保健品公司的推销员，大妈们发明出了"共享小李"的办法，机智地得到了免费劳动力；大妈们"嗑"起了"真人CP"，在现实中"追剧"；为了知道当下最时髦的服装流行色是什么，防止手机窃听来判断用户喜好，大妈们把手机晾了一夜，结果阴差阳错集体以"奥特曼"服装造型登场。在一系列反映现实的幽默情节中，智慧、热爱生活的大妈形象鲜活了起来。在这部剧中，讽刺与幽默有机结合，剧情贴近生活，剧集时长短，每集最后还有一句箴言带出价值观，获得广大网友观众的一致好评。

该剧围绕大妈这一值得被关怀却鲜为关注的群体进行创作，以"Sketch"短剧打破"刻板印象"，为用户带来了全新的观剧体验。选择以现实生活中的热议话题为抓手，让喜剧的内容扎实落地。鸡娃式教育、盲盒经济、追剧黑话等流行话题与"中国大妈"形象相碰撞，创造出独特的喜剧效果。主创人员在情绪的打造上，不用太多铺陈，直接以大画幅聚焦人物的神态、眼神、肢体动作等情绪，进行直白的情感传递，给予观众切身感受，引导观众跟上叙事节奏，后期制作也运用这样的方式，让观众短暂却深度地沉浸剧情中，不破坏剧情假定性，也能使趣味性加倍。

七、2021—2022年网络音频节目发展现状及趋势

目前，在互联网内容市场中，音频仍是由"国家队"主流媒体提供大部分内容的领域。非广播电台制作的海量互联网音频以及音频直播化的趋势，将对广播节目市场造成挑战，且新广播节目已经呈现增长乏力的状态。音频内容的受众已经完成由"听众"向"用户"的转变。新技术的应用将成为互联网音频市场发展的关键要素，只要有文本，即便没有人，也能实现音频内容的生产，甚至是检索、管理。车机是市场普遍认为重要，但尚未形成音频内容生态的终端。未来"万物发声"将成为现实，不管是车机还是智能设备，不管是哪种终端，都是特定场景下，音频内容新的传播渠道，是音频一个又一个新的增长点，对用户来说可以随时随地满足不同的内容需求，交互方式也会随着使用习惯出现新的变化。

▍深度观察7：2021—2022年网络音频节目发展现状及趋势

一、网络音频市场概况

截至2022年12月，网络音频市场用户规模已达7.50亿[1]，移动音乐、内容音频月活用户量较年初均上涨20%左右，移动互联网用户渗透率已达到25%和22%[2]。移动音频市场仍处于发展阶段，音频的伴随、发声属性，有其独特的应用场景。

目前，国内移动电台、有声阅读等内容类网络音频APP有百余个，其提供的内容形态可以分成两类：一类是广播电台网络音频节目，一类是非广播电台节目的各种音频内容。近年，像喜马拉雅、蜻蜓FM、荔枝等音频聚合类产品有了较大规模的稳定用户群，而传统广播电台积极融合转型，电台自有移动音频APP蓬勃发展，出现了阿基米德、云听、听听等一批主流广播电台的新媒体产品。

---

[1] 数据来源：中国互联网络信息中心，数据包含网络音乐、网络音频用户。
[2] 数据来源：易观千帆。

二、广播电台网络音频节目内容

2022年,网络音频用户收听广播直播内容的用户比例达42.7%,而听广播的用户中通过APP应用收听的人数占比达到了38%[①],且广播电台内容总量占整个音频内容的大半,可见广播电台的内容是网络音频的重要组成部分。

广播电台的内容目前主要在广播自有APP及综合音频聚合平台上呈现,各平台都能提供节目直播和一定时间范围的节目回听。各平台现有广播节目有1.3万多档,直播的广播频率从几百到上千不等,每天更新的广播节目内容从7000小时到2万多小时。除了云听、阿基米德FM外,多数广播电台自有音频客户端,主要立足于本地市场的广播节目资源,通过服务、互动深挖内容价值。

广播电台网络音频节目内容仍反映目前传统广播制作的内容类型倾向,音乐类、新闻类及汽车类、生活类占有较大比例,其中音乐类内容占比达到28%以上(见图4.25),占比最大的平台音乐类内容占比接近45%。从近年不同类型节目数量的变化来看,音乐、生活、新闻多年稳居广播节目播出占比的前三,与此同时生活、文化类节目比例有所提升(见图4.26)。2022年新增节目中,音乐类节目占比最高,达28%;汽车、情感、财经类节目占比有所下降。

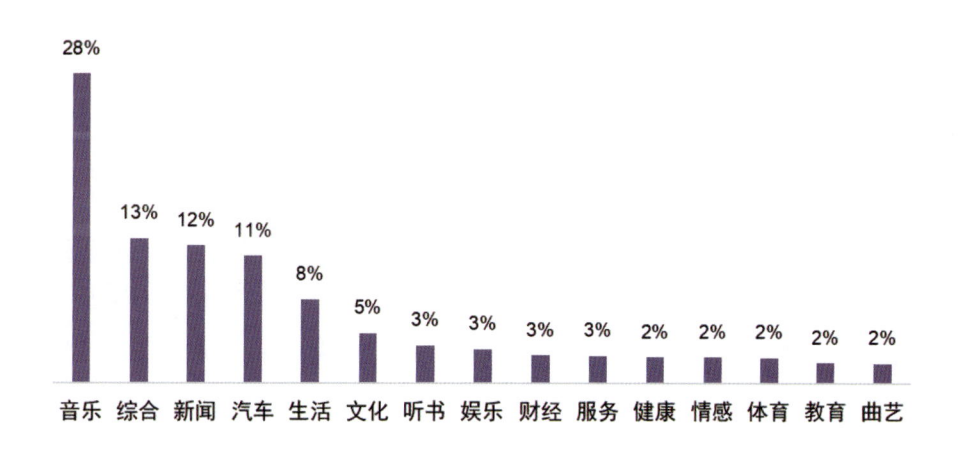

数据来源:头部网络音频平台调研获得

图4.25 不同广播节目类型内容量占比

音乐 28%、综合 13%、新闻 12%、汽车 11%、生活 8%、文化 5%、听书 3%、娱乐 3%、财经 3%、服务 3%、健康 2%、情感 2%、体育 2%、教育 2%、曲艺 2%

---

① 数据来源:CSM,2023年2月13日发布于微信公众号"收视中国":《2022数观声态——广播/音频收听盘点》。

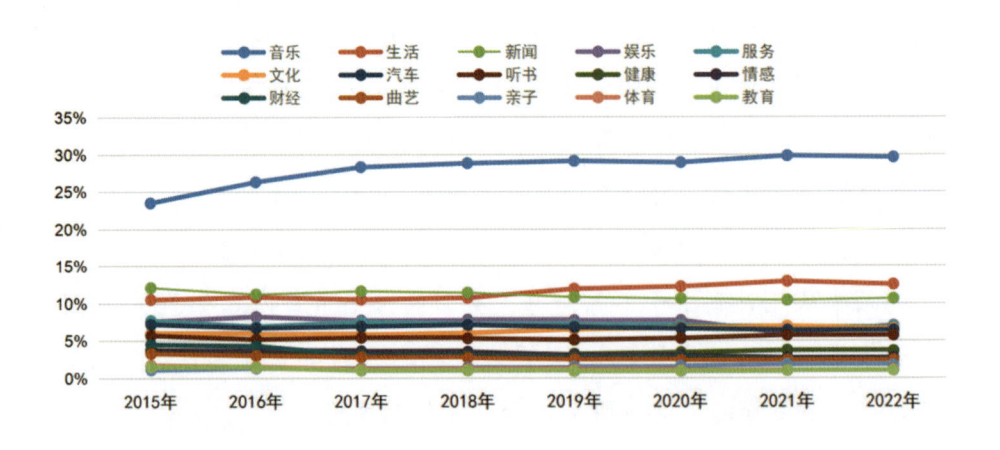

数据来源：头部网络音频平台调研获得

图 4.26 2015—2022 年不同广播节目类型数量占比变化

新增节目中，联播／合作／购买节目占比达 25%，这也使各频率之间重复内容增加。广播节目内容越发倾向于制作素材比较容易获取、生产成本不算太高且没有版权限制的内容。目前，各音频平台也受版权限制，广播节目内容主要以与各地电台合作的方式获取，如果各地广播节目制作量下降，也将直接影响音频平台的广播节目内容的增量。

广播节目内容的人均收听时长达到约 50 分钟，其中财经类节目人均收听时长最长，达 85 分钟，音乐、新闻、情感类节目人均收听时长达到 60 分钟以上，而文化、亲子、教育类节目的收听时长偏低（见图 4.27）。在收听总时长方面，新闻类广播节目用户收听总时长最高，贡献了 27% 的收听份额，音乐类节目则贡献了 25% 的份额，财经类节目贡献了 11% 的收听份额（见图 4.28）。用户收听总时长受收听人数和人均收听时长影响。根据推算，音乐、新闻、财经类节目收听人数规模较大，而汽车、体育、曲艺、生活服务节目则有特定的受众人群。有专业制作水准的广播节目在内容、编排和传播方面应该利用互联网先进技术更好地满足用户需要。

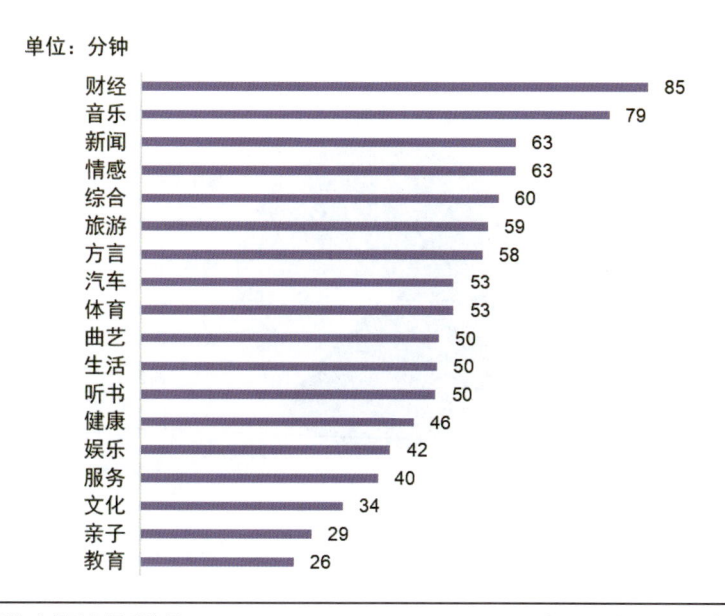

单位：分钟

类型	分钟
财经	85
音乐	79
新闻	63
情感	63
综合	60
旅游	59
方言	58
汽车	53
体育	53
曲艺	50
生活	50
听书	50
健康	46
娱乐	42
服务	40
文化	34
亲子	29
教育	26

数据来源：头部网络音频平台调研获得

图 4.27 不同广播节目内容类型人均收听时长

可见，除了音乐外，新闻、财经类节目也有较大的市场需求，而汽车、体育、曲艺、生活服务节目也有特定的需求。结合前面的市场供应量数据，音乐、生活、汽车类节目生产量远超消费量，新闻和财经类节目消费量远超生产量，在网络环境下，有专业制作水准的广播节目在内容、编排和传播方面应该利用互联网先进技术更好地满足用户需要。

2022 年，用户收听互联网广播节目音频仍以地方性需求为主，省市级频率占据九成多市场份额，其中省级频率占 63% 的份额，市（县）级占 31% 的份额，中央级频率占 6% 的份额。方言类的节目用户人均收听时长达到 58 分钟，即便是通过网络收听广播节目，用户对本地属性的亲近感、伴随感仍是重要需求点。目前通过互联网收听的广播频率中，最受欢迎的音乐类频率包括江苏经典流行音乐、上海 LoveRadio、北京音乐广播；新闻类频率包括中国之声、江苏新闻广播、河北新闻广播、上海新闻广播、浙江之声；交通类频率包括北京交通广播；财经类频率包括上海第一财经广播、经济之声。

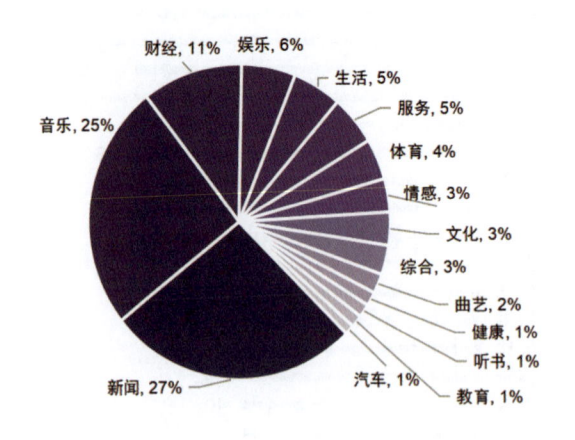

数据来源：头部网络音频平台调研获得

注：数据计算统计采取四舍五入方式，保留至个位数。

图 4.28 不同广播节目内容类型用户收听占比

2021—2022年，从全天来看，通过网络收听广播内容的高峰出现在6:00—8:00，9:00—22:00都在10%的收听率[①]上下徘徊，这是一个比较长也比较稳定的时间段，之后有所下降，直到24:00仍有5%左右的收听率。与传统广播收听方式不同，网络用户周末收听高峰出现在6:00—7:00，这与周末7:00—8:00移动收听减少有关（见图4.29）。从全天各类型节目的收听情况分析，新闻节目高峰突出，对早中晚高峰时段收听率的拉升起决定作用；音乐节目撑起非黄金时段收听，全天收听率相对新闻较为平稳；财经节目高峰在开盘、收盘时段；服务节目上午和午后收听较多；音乐、娱乐节目傍晚收听较多；情感、体育、听书节目丰富了晚间收听内容；文化节目占据夜间收听市场（见图4.30）。

与2021年同期相比，2022年6:00—8:00以及18:00—22:00收听率有所提升，周末的提升更显著。一方面是因为2022年在线收听量增长，另一方面则可能是由用户早晚高峰获取资讯的需求增长所致。

---

① 此处收听率指收听人数占全天互联网内容类日活用户数的比例。

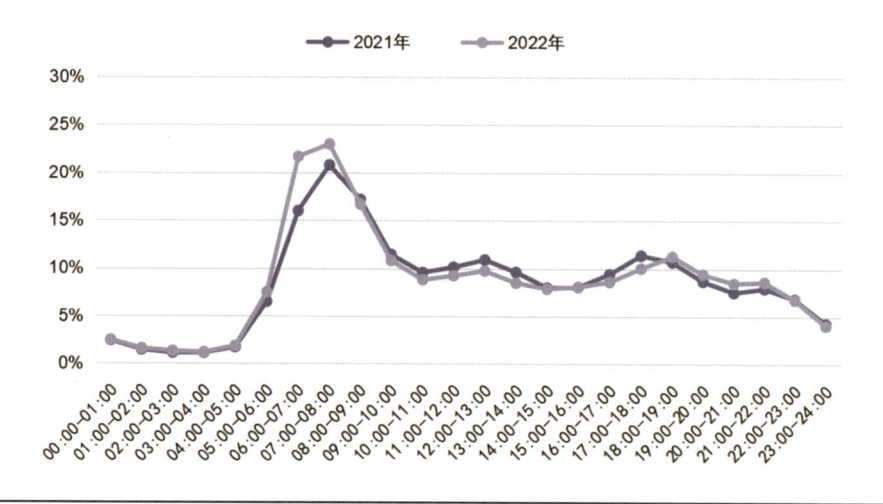

数据来源：头部网络音频平台调研获得　　　　　　　　　　　　中国网络视听发展研究报告（2023）

图 4.29　2021 年和 2022 年全天收听曲线对比

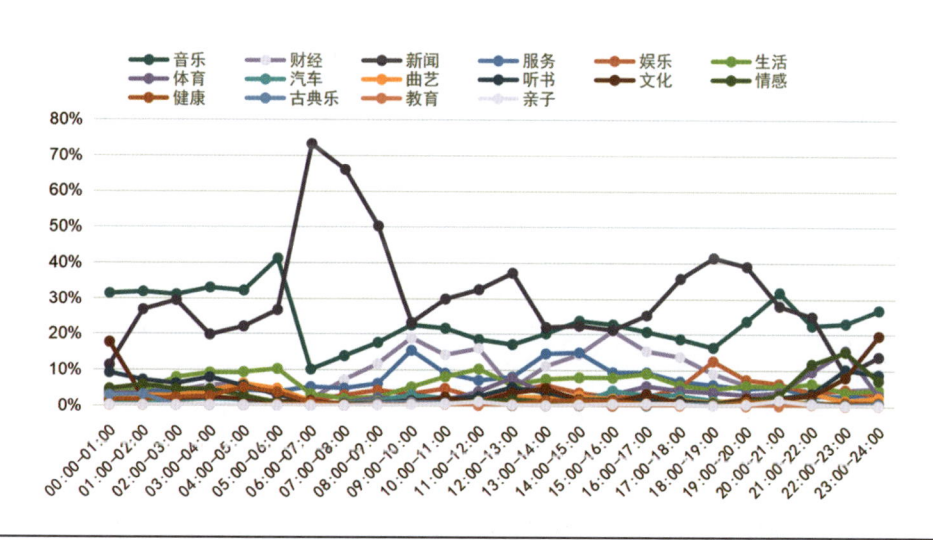

数据来源：头部网络音频平台调研获得　　　　　　　　　　　　中国网络视听发展研究报告（2023）

图 4.30　2022 年在线广播各类节目全天收听曲线

三、非广播网络音频节目内容

2022年，非广播的网络音频内容，即非广播电台制作的节目而是由专业用户、专家和一般用户生产的音频内容，这类内容在头部综合性聚合音频APP上的收听用户量已达80%，非广播的音频内容已经成为网络音频内容的重要增量，并且成为收听网络音频用户的重要内容需求。

目前，主要的网络音频平台非广播音频内容存量达到300万—600万小时，每天以几千到上万小时的数量增加，各平台增量的差异主要由入驻平台的创作者数量差异所致。非广播网络音频的人均收听时长达60分钟。

非广播网络音频节目内容具有互联网原生属性，有更多细分类别或标签，满足网络用户的长尾需求，脱口秀、声音恋人、二次元、星座、助眠都体现了互联网特色；另外各音频平台对热门内容也都十分关注。与广播音频内容不同，听书类内容是非广播音频市场最大的类别，内容时长约占50%（见图4.31）。2022年新增的各类内容账号中，听书类的账号增长势头最猛，高于2021年的新增量（见图4.32）。不过，从内容时长占比超过用户收听占比这一点，能看出目前听书类内容的市场供给大于需求。相声小品类内容的收听占比远超出内容时长占比（见图4.31），2022年的新增账号数虽超过2021年（见图4.32），但仍有较大市场潜力。亲子、广播剧也仍有一定市场潜力。非广播网络音频节目内容与广播音频节目内容不同，即新闻、资讯类的内容提供量都不高，这对广播作为媒体来说，存在新闻资讯类内容制作的优势，与互联网多元内容类型形成相互补充。

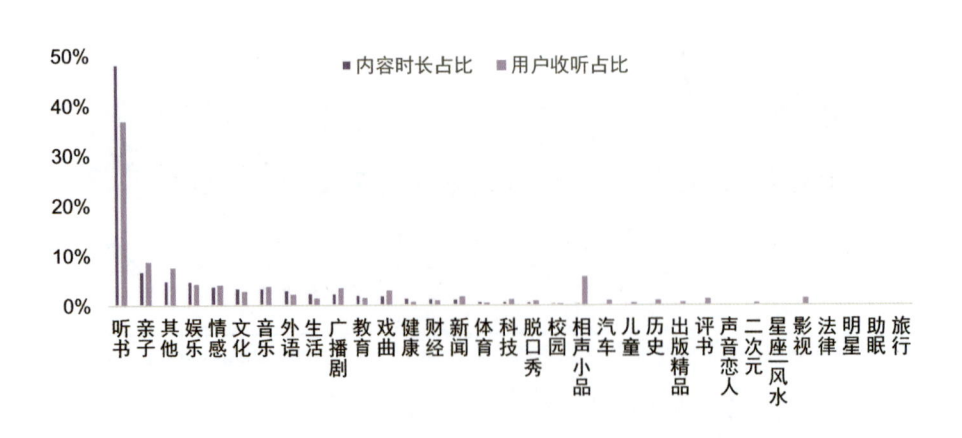

数据来源：头部网络音频平台调研获得

图4.31 非广播网络音频不同内容类型时长占比和用户收听占比

单位：个

图 4.32 非广播互联网音频不同内容类型新增账号数

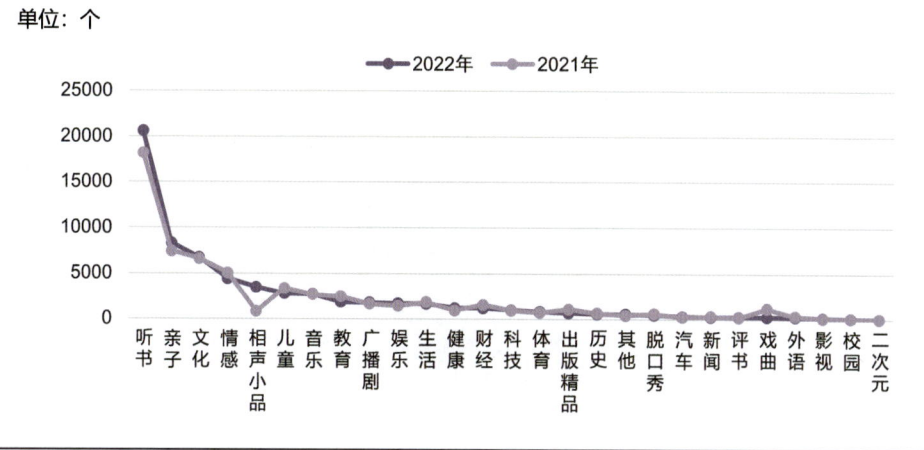

数据来源：头部网络音频平台调研获得　　　　中国网络视听发展研究报告（2023）

近年来，语音直播在非广播网络音频节目中不断崛起，语音直播最活跃的平台每天有将近 7 万小时的直播节目量产生。直播内容的主要类型包括聊天、声音陪伴、催眠，其他类型还包括唱歌、小说阅读、广播剧演绎、二次元、国风等声音演绎、脱口秀、话题探讨等。此外，还有更具网络音频直播特色的多人在线聊天室、在线剧本杀游戏、在线朗读配音等具有社交属性的直播形式。各网络音频平台共有约 50 万的直播主播，2022 年语音直播主播有约 15 万的增长，每天有 10 万小时左右的语音直播，但目前用户收听语音直播的占比有限，在更侧重语音直播的平台，用户收听直播占比达 30%—50%，但在综合性音频平台，语音直播收听仅占不到 10%。目前语音直播的内容质量仍参差不齐，而相比视频，用户点入直播间后没有瞬间的感官冲击，很难以较快速度被吸引，继而留下。

各平台获取非广播音频内容的方式与平台背景有关。以专业媒体机构为背景的音频平台，目前有 85% 左右的非广播音频内容为自制或专业机构制作，由于用户参与制作内容少，这类平台内容不算海量，但内容质量较高；偏向直播的音频平台内容几乎大部分来自 UGC（用户制作内容），内容量大，用户参与感强，类型更趋多元化，受年轻用户青睐；综合音频平台更倾向专业用户生产内容、专家生产内容和用户生产内容模式相结合（见图 4.33），这样既满足了用户的参与感，为平台带来规模化的内容，也保证了内容的品质，而自制、购买和 AI 生产已成为内容来源的基本保障，其中 AI 生产已有成为节目生产重要方式的趋势。

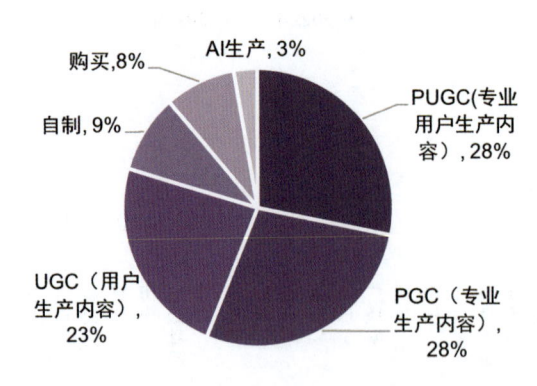

数据来源：头部网络音频平台调研获得　　　　　　　　中国网络视听发展研究报告（2023）
注：数据计算统计采取四舍五入方式，保留至个位数。

图 4.33 综合音频平台非广播音频内容获取方式

大多数的平台与提供内容的主播通过各种合作形式紧密联系在一起，最常见的合作形式包括平台给主播提供资源推广和推荐、与主播进行广告分成和用户打赏分成，或平台给主播激励奖励。优质主播会被签约为平台主播，或者主播与平台在优质内容上进行版权合作，共同开发。

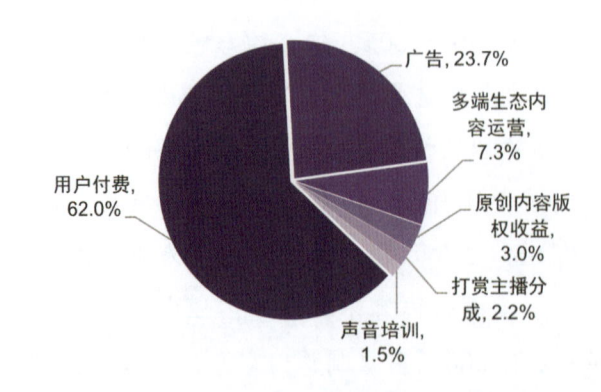

数据来源：头部网络音频平台调研获得　　　　　　　　中国网络视听发展研究报告（2023）
注：数据计算统计采取四舍五入方式，保留至小数点后1位。

图 4.34 互联网音频平台收益方式分布

目前，非广播网络音频节目内容使收益从传统媒体单一的广告收益转变为更多样化的营收模式成为可能，用户付费也逐渐成为最主要的营收方式。此外，多端生态内容运营、原创内容的版权收益，作为对平台资源的开发而获得的增值收益，越来越受到重视（见图4.34）。

四、网络音频技术创新

网络音频的发展离不开在技术、研发上的投入，各在线音频平台技术人员的平均占比达到50%。每年在技术和研发方面投入的资金占支出的43%，甚至达到几亿元，主要为人员成本以及服务器、带宽成本。

基于音频和文本领域的人工智能技术的快速发展，使目前音频领域出现了很多基于AI能力的应用，包括语音识别、音频内容理解、语音合成、音频智能编辑优化、音频生成等，以及基于上述基本能力，进一步结合业务和其他领域技术形成的音频拆条、虚拟人、智能机器人、智能电台等复杂业务。

同时基于WebRTC等低时延直播技术的发展，涌现出大批音频直播、语聊、在线教育等业务形态，使得用户的交流从线下逐渐向线上转移，更高效更便捷，进一步降低了沟通成本。

1. 语音识别

语音识别的主要目的是将语音转变为文本。该项技术经过近20年的发展，随着深度学习的应用，其准确率和识别效率已经进入实用化阶段。目前语音识别可以很好地处理普通话以及粤语、天津话等部分方言，甚至在有低噪干扰或者背景音乐的情况下，都能得到较好的识别结果。

语音识别是音频内容理解的重要环节，通过语音识别技术，可以将非结构化的音频中的语音信息提取为结构化的文本信息，降低对内容理解的难度；同时高质量的转写文本可以直接提供给内容二次生产或者终端消费用户进行消费。

2. 音频内容理解

音频内容理解的目的是将非结构化的音频转变为结构化的数据，能够让机器理解音频，从而辅助人类更好地加工、使用音频。

相较于文本、图片，人类即使借助于加速等方式，也需要更长的时间才能听完一段音频，理解其内容，为了解决这个问题，现在可以借助AI能力来进一步加速这个过程。

音频内容理解主要从音频本身以及音频中的语音信息切入，综合利用音频切割、分类、语音转写、NLP/NLU、知识图谱等各种AI技术，对音频的类别、段落、主题、分类甚至出现的人物信息和数量、关键事件等进行提取和生成。

音频内容理解能力目前被广泛应用在内容安全、内容生产、内容运营等方面。该领域的技术仍处于高速发展阶段，应用的场景也越来越多，如自动拆条被应用在传统媒体的融媒体转型方面，能极大提高内容生产效率。

3. 语音合成

与语音识别相反，语音合成是一种将文本转变为语音的技术，是人机语音交互中的重要环节。随着神经网络和深度学习的快速发展，语音合成从基于波形拼接方案发展到了端到端的语音合成模型。目前语音合成技术可以基于更少的语料，更低的成本得到接近人类自然音的效果。

该项技术目前被广泛应用在内容生产和人机交互场景。内容生产者可以利用语音合成技术和音视频编辑技术，高效地生成具备较高质量的音视频内容，降低了内容制作的门槛；在不同场景中，基于语音合成、语音识别、NLP等技术，出现了智能音箱、智能座舱等产品。

4. 音频生成

2022年，随着图片和文字领域AIGC的爆发，音频领域也有了新的进展。基于文本，AI可以生成对应风格或者流派的数分钟至数十分钟的音频，能够达到相当的可听程度，且没有版权等方面的问题；也可以生成如笑声、掌声、鼓声、喇叭声等常见的音效，结合NLP/NLU等技术，可以降低内容生产难度，提高音频内容丰富度。音频生成目前主要集中在音乐和音效两个方面。

5. 音频智能编辑优化

相对于传统的降噪方案，AI降噪能够更有效地抑制非稳态噪声，更好地保留人声，结合增益技术，被广泛应用在直播、语聊、会议等场景；AI消回能够区分人声和扬声器声音，能够更好消除回声而不会抑制人声，在多人对话场景中能更好地发挥作用。

人声分离和背景音分离、声音转换、空间音效等技术也越来越成熟，给音频编辑和二次加工带来更大的空间。

五、网络音频产业拓展

1. 车联网的应用

截至2022年10月，中国新能源汽车产销量都达到了近年来的最大值，分别为548.5万辆和528.0万辆[1]，汽车的数字生产力渐趋智能化，而车载音频也得益于汽车市场的蓬勃发展。2022年，使用"车载广播"和"手机APP"已经成为用户最主要的收听途径，经常使用车载端收听的用户中，青年用户比例较高，低龄和高龄用户占比较低[2]。可见，车载场景已成为优质用户的聚集地，存在巨大的消费潜力，是未来可长期拓展的方向。目前，几乎所有网络音频平台都在布局车机端，车机终端是目前最广泛的音频物联网应用，互联网音频平台通过与车厂或第三方车机厂商合作，在车机终端提供基于APP的应用功能和音频内容。

车机的合作方式中，API接口以及应用开发几乎各占一半，一般根据车载场景和所在地域，为用户提供广播节目、热点新闻、财经、有声图书、评书相声、音乐、人文社科、科技、女性、历史、曲艺、亲子少儿等精品内容。

目前，几乎所有主流车企都会有自己的车机平台。每家车企都有自己的标准，甚至同一车企的不同车型也会有不同的标准。除了车企自有的平台，还有腾讯、阿里、华为等互联网大厂品牌会搭建第三方的应用平台，可以提供相对统一一些的接入方案，但是仍存在适配问题。这就导致接入不同车机的沟通和研发成本较高，而目前车机端的音频市场还看不到比较清晰成熟的盈利模式。

2. 物联网连接技术

物联网连接音频主要通过语音交互技术，在智能硬件产品的使用中，用户通过语音直接进行功能操作或节目选取。基于可反馈问题的资源范围，智能设备的AI主播可以回复用户关于天气、交通路况、生活常识等内容。

除车机外，网络音频内容平台主要合作的终端为智能音箱，覆盖国内主流音箱品牌，包括天猫精灵、小爱、小度、华为HAG以及自主研发智能音箱，为用户提供特定场景下的定制化内容服务或内容接口，实现一号两端账号打通，产品主要功能除了语音交互操作，还有音频节目选取、收听、订阅等，内容以有声小说、少儿、评书相声为主。

---

[1] 数据来源：艾媒咨询《2022—2023年中国车载音频行业发展年度研究报告》。
[2] 数据来源：CSM媒介研究31城市组基础研究（2021—2022）。

穿戴端也是音频内容平台重要的合作终端，覆盖包括儿童手表和成人穿戴两大品类，儿童手表合作品牌包括华为、米兔、小寻、小天才等，儿童手表产品将"听""学""玩"结合起来，为孩子们提供更健康、更丰富、更趣味的内容体验。成人穿戴合作品牌包括华为、小米、OPPO、VIVO等主流厂商，成人穿戴的内容类型包括有声小说、评书相声、商业财经等。

阿基米德传媒 |

5 泛网络视听领域投融资状况

一、2012—2022 年泛网络视听领域投融资整体发展趋势

1. 泛网络视听领域投融资事件数量

据 IT 桔子的公开数据整理发现，2012 年 1 月至 2022 年 12 月，泛网络视听领域共发生投融资事件 5113 起，投融资金额共计 7104 亿元。[①]从事件数量看，2016 年，泛网络视听领域投融资事件达 1218 起，为近 10 年最多。从投融资金额看，2018 年是短视频崛起之年，也是泛网络视听领域投资大年。这一年，抖音集团（原字节跳动）完成 Pre—IPO 轮融资，共募集 40 亿美元；快手、斗鱼、喜马拉雅均完成 E 轮融资，分别募集资金 10 亿美元、40 亿人民币和 4.6 亿美元；哔哩哔哩在美国 IPO 上市，共募集资金 4.83 亿美元。在行业大额投融资事件的带动下，2018 年全年泛网络视听领域投融资金额高达 1571 亿元，远高于其他年份。2021 年，泛网络视听领域市场热度进一步回升，投融资金额高达 1194 亿元，仅次于 2018 年。2021 年 2 月 5 日，快手正式登陆港交所，上市首日高开 193.9% 报 338 港元，全天收涨 160.9% 报 300 港元，成交 373.47 亿港元；3 月 29 日，哔哩哔哩于中国香港联合交易所主板重新上市，募集资金近 200 亿港元。2022 年泛网络视听行业的投融资热度近乎为历史最低（见图 5.1）。

[①] 对未公布具体金额的投融资事件，根据同轮次、同大类投融资金额、企业估值、历史数据等予以赋值，并进行测试调整，从而最终确定。

图 5.1 2012—2022 年泛网络视听行业投融资事件数量、金额分布

2021—2022 年，泛网络视听领域 5113 起投融资事件中，媒体及阅读领域资本热度最高，共有投融资事件 1059 起，占比为 20.7%；其次是影视领域，共发生投融资事件 825 起，占比 16.1%；视频/直播领域共发生投融资事件 813 起，占比为 15.9%，排在第三位（见图 5.2）。从投融资事件的金额来看，视频/直播领域最受资本市场青睐，投融资金额占比为 36.6%，排在首位；其次是媒体及阅读领域，投融资金额占比为 19.8%；影视领域投融资金额占比为 15.4%，排在第三位（见图 5.3）。

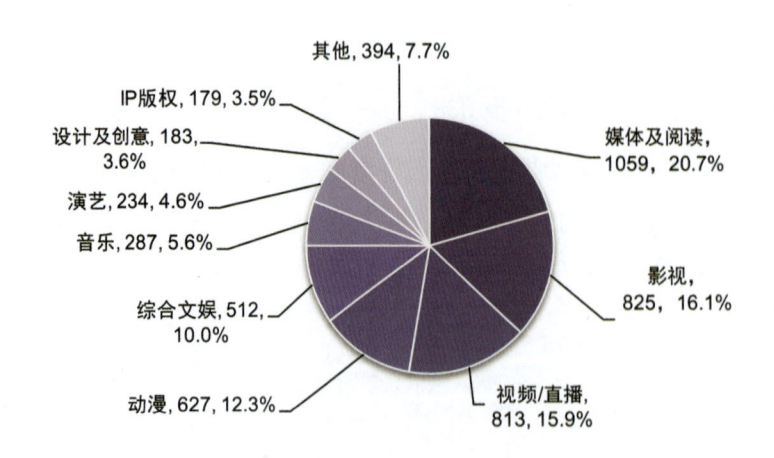

图 5.2 2012—2022 年泛网络视听细分领域投融资事件及占比

第五章 泛网络视听领域投融资状况

数据来源：CNNIC 根据 IT 桔子公开数据整理

中国网络视听发展研究报告（2023）

图 5.3　2012—2022 年泛网络视听细分领域投融资金额占比

从近 10 年网络视听领域投融资事件的轮次分布来看，早期融资（种子轮、天使轮、A 轮）事件占 70.0%，中期融资（B 轮、C 轮）事件占 10.4%，后期融资（D 轮、E 轮、F 轮，Pre—IPO、IPO 上市、IPO 上市后）事件占 3.9%，战略投资占 7.2%，其他（新三板等）占 7.6%，有利于创业企业、中小企业的发展（见图 5.4）。

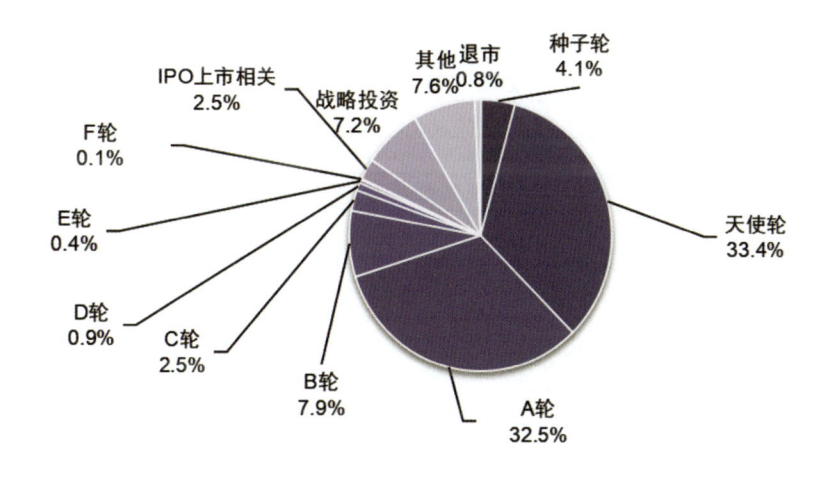

数据来源：CNNIC 根据 IT 桔子公开数据整理

中国网络视听发展研究报告（2023）

图 5.4　2012—2022 年泛网络视听细分领域投融资事件轮次占比

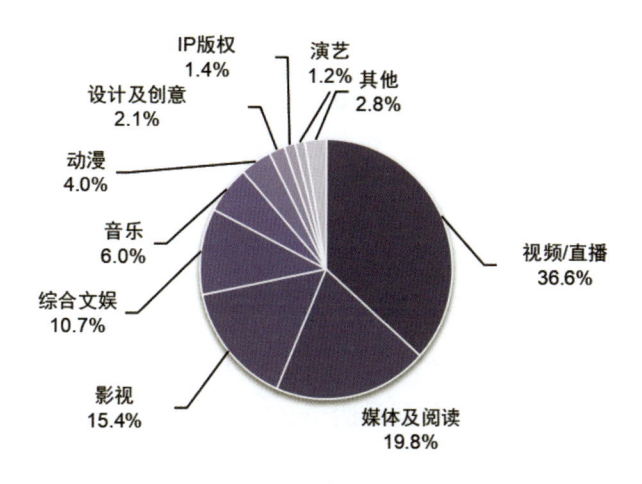

2012年1月至2022年12月，5113起泛网络视听领域投融资事件中，有1599起事件未披露金额，1793起仅披露大概金额，仅有1721起事件披露了具体金额。其中，有45起融资事件的金额在20亿人民币及以上，视频/直播领域大额投融资事件占18起，占比为40.0%。17起事件融资金额在60亿人民币以上，主要是IPO相关融资，其中视频/直播领域占9起，占比为52.9%。

视频/直播领域，尤其是短视频领域最受资本市场青睐，短视频头部平台抖音集团（原字节跳动）、快手等获多轮大额投资。2021年2月5日，快手上市，融资413亿港元，市值超1.23万亿港元，位居港股第9位，接近百度的2倍，超过京东，成为中国第五大互联网公司，仅次于腾讯、阿里、美团和拼多多。哔哩哔哩、爱奇艺上市分别融资201.5亿港元、22.5亿美元，分别排在第五、第七位（见表5.1）。

表5.1 2012—2022年泛网络视听领域重大投资案例TOP20

时间	单位名称	类别	融资轮次	融资金额
2021年2月5日	快手	视频/直播	IPO上市	413亿港元
2018年10月20日	字节跳动	视频/直播	Pre-IPO	40亿美元
2019年12月3日	快手	视频/直播	F轮	30亿美元
2020年6月11日	网易	媒体及阅读	IPO上市	209亿港元
2021年3月29日	哔哩哔哩	视频/直播	IPO上市	201.5亿港元
2021年1月26日	快手	视频/直播	基石轮	24.5亿美元
2018年3月29日	爱奇艺	视频/直播	IPO上市	22.5亿美元
2017年2月21日	爱奇艺	视频/直播	战略投资	15.3亿美元
2018年7月3日	华人文化集团CMC	影视	A轮	100亿人民币
2018年12月12日	腾讯音乐娱乐集团	音乐	IPO上市	10.66亿美元
2018年1月25日	快手	视频/直播	E轮	10亿美元
2016年12月30日	字节跳动	视频/直播	D轮	10亿美元
2014年4月9日	华数传媒	综合文娱	IPO上市后	65.36亿人民币
2020年11月17日	芒果超媒	综合文娱	IPO上市后	62亿人民币
2017年1月13日	乐视网	综合文娱	IPO上市后	60.4亿人民币
2020年8月11日	虎牙直播	视频/直播	IPO上市后	8.1亿美元
2019年7月17日	斗鱼	视频/直播	IPO上市	7.75亿美元
2019年9月6日	网易云音乐	音乐	B+轮	7亿美元
2020年12月11日	泡泡玛特	设计及创意	IPO上市	50.3亿港元
2016年8月9日	中国电影	影视	IPO上市	41.7亿人民币

数据来源：CNNIC根据IT桔子公开数据整理

二、2021 年泛网络视听行业投融资概况

1. 投融资事件细分领域分布

2021 年泛网络视听领域的 212 起投融资事件中，视频／直播、媒体及阅读、IP 版权等三个领域事件占比均在 18% 左右，排在前三位；其中 IP 版权领域融资金额相对较小，金额占比排在第七位，其他两个领域的金额占比亦排在前二位；视频／直播、媒体及阅读领域的投融资金额占整体的 85% 以上，其中视频／直播领域融资金额占比为 60.8%，较排在第二的媒体及阅读（24.5%）高 36.3 个百分点（见图 5.5）。

数据来源：CNNIC 根据 IT 桔子公开数据整理

中国网络视听发展研究报告（2023）

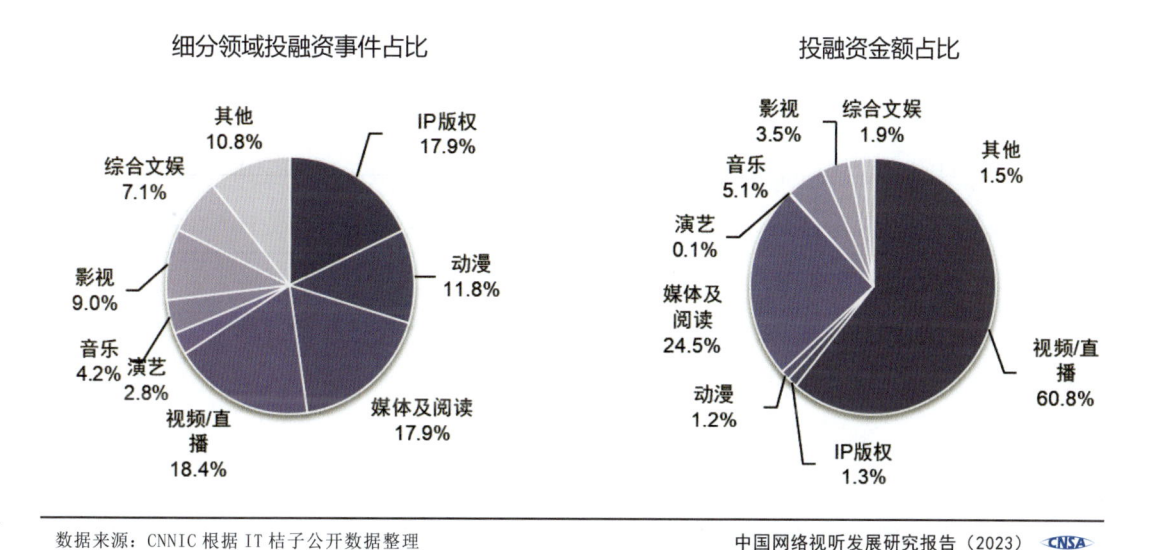

图 5.5 2021 年泛网络视听细分领域投融资金额占比

2. 投融资事件轮次分布

从投融资的轮次来看，2021 年资本市场对网络视听领域的投资主要集中在早期融资和战略投资，中后期融资相对较少。212 起融资事件中，战略投资占 39.2%，天使轮、A 轮分别占 18.4% 和 22.6%，B 轮占 13%。2021 年，泛网络视听领域，有包括快手、哔哩哔哩、知乎等在内的 12 起 IPO 上市事件，占整体的 5.7%。2021 年投融资事件轮次分布见图 5.6。

图 5.6 2021 年投融资事件轮次分布

3. 重大投融资案例

2021 年，泛网络视听领域融资金额前 10 的事件中，媒体阅读类占 4 起，视频／直播类 3 起，音乐类 2 起，影视类 1 起。2021 年 1 月 26 日，快手正式向港交所递交公司上市发行方案，计划于 2 月 5 日于香港联交所主板开售；申购情况火热，多名基石投资者已同意按发售价认购可供认购的发售股份数目，总额约 24.5 亿美元，包括 Capital Group、淡马锡旗下的 Aranda Investments 等。2 月 5 日，快手顺利上市，IPO 融资金额达 413 亿港元。2018 年 3 月，哔哩哔哩登陆美国纳斯达克，并于 2021 年 3 月在港交所二次上市，上市当天融资金额达 201.5 亿港元。2021 年 11 月 17 日，网易云音乐通过港交所上市聆讯；23 日，获得 3.5 亿美元的基石投资，其中网易公司认购 2 亿美元股份、索尼音乐娱乐认购 1 亿美元股份、Orbis 认购 5000 万美元股份；12 月 2 日，在香港联交所主板挂牌上市，融资金额为 32.8 亿港元，投后估值达 425.9 亿港元（见表 5.2）。

表 5.2 2021 年泛网络视听领域重大投资案例 TOP10

时间	单位名称	类别	融资轮次	融资金额
2021 年 2 月 5 日	快手	视频／直播	IPO 上市	413 亿港元
2021 年 3 月 29 日	哔哩哔哩	视频／直播	IPO 上市	201.5 亿港元
2021 年 1 月 26 日	快手	视频／直播	基石轮	24.5 亿美元
2021 年 12 月 2 日	网易云音乐	音乐	IPO 上市	32.8 亿港元
2021 年 11 月 23 日	网易云音乐	音乐	基石轮	3.5 亿美元
2021 年 7 月 23 日	浙版传媒	媒体及阅读	IPO 上市	22.07 亿人民币
2021 年 3 月 19 日	知乎	媒体及阅读	基石轮	2.5 亿美元
2021 年 2 月 20 日	掌阅科技	媒体及阅读	IPO 上市后	10.61 亿人民币
2021 年 12 月 24 日	内蒙新华	媒体及阅读	IPO 上市	9.13 亿人民币
2021 年 1 月 15 日	稻草熊影业	影视	IPO 上市	10.21 亿港元

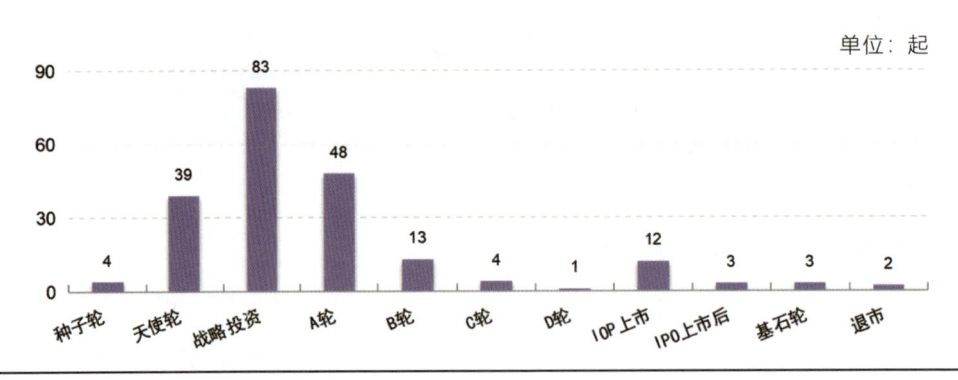

数据来源：CNNIC 根据 IT 桔子公开数据整理

三、2022 年泛网络视听行业投融资概况

1. 投融资事件细分领域分布

2022 年，泛网络视听领域投资热度近乎为近 10 年最低，共有投融资事件 95 起，融资金额约为 117 亿元，仅高于 2013 年。视频/直播、影视、综合文娱等 3 个领域事件占比排在前三位；融资金额主要集中在视频/直播领域，占整体的 51.3%，比排在第二位的媒体及阅读（16.2%）领域高 35.1 个百分点（见图 5.7）。

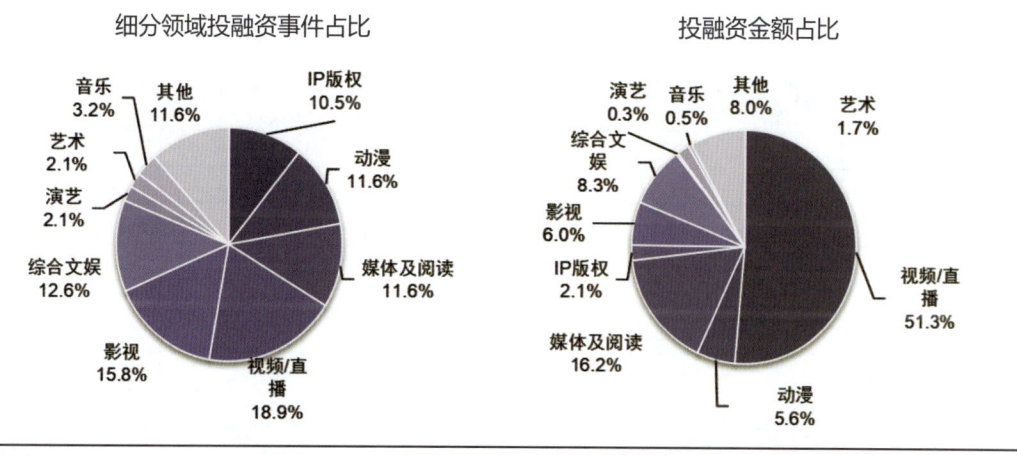

数据来源：CNNIC 根据 IT 桔子公开数据整理　　　　　中国网络视听发展研究报告（2023）

图 5.7 2022 年泛网络视听细分领域投融资金额占比

2. 投融资事件轮次分布

从投融资的轮次来看，2022 年资本市场对网络视听领域的投资主要集中在早期融资和战略投资，中后期融资相对较少。95 起融资事件中，战略投资占 30.5%，天使轮、A 轮分别占 25.3% 和 16.8%，B 轮占 8.4%。2022 年投融资事件轮次分布见图 5.8。

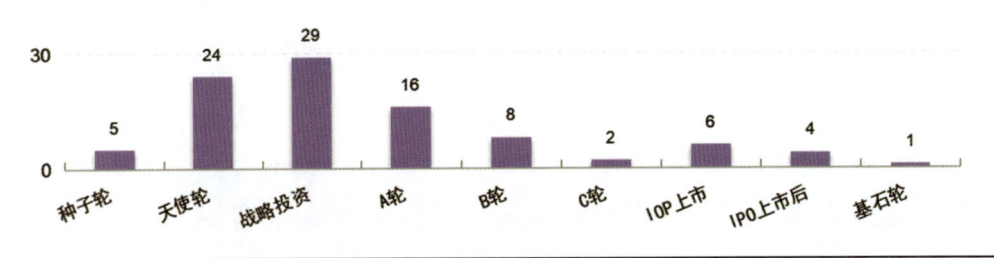

数据来源：CNNIC 根据 IT 桔子公开数据整理

图 5.8 2022 年投融资事件轮次分布

3. 重大投融资案例

2022 年，泛网络视听领域融资金额前 10 的事件中，媒体阅读类占 3 起，视频/直播、综合文娱各 2 起，影视、动漫、设计及创意类各 1 起。2022 年 3 月，爱奇艺获得来自百度、Oasis Management 等机构的融资，金额为 2.85 亿美元；8 月，爱奇艺与太盟投资集团（PAG）签订协议，PAG 将认购总额为 5 亿美元、爱奇艺将发行的可转换票据，该交易已于 2023 年 1 月完成（见表 5.3）。

表 5.3 2022 年泛网络视听领域重大投资案例 TOP10

时间	单位名称	类别	融资轮次	融资金额
2022 年 8 月 3 日	爱奇艺	视频/直播	IPO 上市后	5 亿美元
2022 年 3 月 6 日	爱奇艺	视频/直播	IPO 上市后	2.85 亿美元
2022 年 4 月 22 日	知乎	媒体及阅读	IPO 上市	7.92 亿港元
2022 年 8 月 31 日	汉仪股份	设计及创意	IPO 上市	6.42 亿人民币
2022 年 10 月 19 日	卓创资讯	媒体及阅读	IPO 上市	4.45 亿人民币
2022 年 8 月 10 日	柠萌影业	影视	IPO 上市	4.7 亿港元
2022 年 8 月 8 日	澎湃新闻	媒体及阅读	B 轮	4 亿人民币
2022 年 12 月 29 日	星空华文—灿星文化	综合文娱	IPO 上市	3.9 亿港元
2022 年 8 月 24 日	乐华娱乐	综合文娱	基石轮	2.76 亿人民币
2022 年 2 月 25 日	艺画开天	动漫	B 轮	数亿人民币

数据来源：CNNIC 根据 IT 桔子公开数据整理

■ 深度观察 8：网络视听行业投融资案例分析及趋势判断

一、案例分析

1. 综合视频

网络视听综合视频行业在经过多年发展后，市场格局基本稳定，5 家头部平台作为该领域主要玩家，在内容、业务层面专注于差异化发展，这种差异化也在各平台的投融资动作上有所反映，尽管资本给了几家平台巨大的投入，但各平台在投融资领域的成长路径却不尽相同：爱优腾背靠BAT三家"大树"，芒果TV则有国企支持，哔哩哔哩专注做年轻人聚集的社区，自诞生以来便得到资本青睐。

（1）爱奇艺：2017年至今共完成近80起投资，主要集中在影视领域

在股权结构上，爱奇艺对外投资近80家公司，主要集中在影视领域；此外，爱奇艺也一直和业内优秀人才绑定合作（见表5.4）。

表5.4 爱奇艺投资一览（不完全统计）

公司	投资行为	业务	投资目标
天津奇致资产管理	股权投资	资产管理	随刻
德漾娱乐	股权投资	艺人孵化	郭岱鑫、路宏、杨舒亦
海南超级向上	股权投资	艺人经纪	/
实岳文化	股权投资	演出经纪	《中国有嘻哈》操盘手车澈
果然天空	股权投资	唱片娱乐	/
奇鸽互娱	股权投资	计算机网络科技	
格芮馥餐饮	股权投资	餐饮管理	
刺猬兄弟	股权投资	经纪公司	杨和苏KeyNG、黄旭、福克斯等
黑镜数码	股权投资	影视公司	
爱豆青春	股权投资	艺人经纪	《爱豆青春·超级爱豆》
华策爱奇艺	股权投资	影视制作	/
归艺影视	股权投资	影视制作	刘天池
中文奇迹	股权投资	科技行业	/
暖树光年	股权投资	电影发行	
盛夏影业	股权投资	影视制作	
新爱体育	股权投资	体育赛事	西甲，网球，高尔夫等赛事直播
东阳浩瀚	股权投资	影视公司	华谊兄弟收购
米和花影业	股权投资	网络电影	《射雕英雄传之降龙十八掌》
爱希影视	股权投资	影视制作	/
万年影业	股权投资	影视公司	《隐秘的角落》

续表

公司	投资行为	业务	投资目标
麦抖文化	股权投资	演出及经纪服务提供商	/
时代漫王	股权投资	漫画创作	《空谈名人传》
聚好看科技	股权投资	家庭互联网 AI	/
灵河文化	股权投资	/	《老九门》

数据来源：公开资料《每日经济新闻》整理　　　　　　　　中国网络视听发展研究报告（2023）

作为站上资本市场的视频平台之一，上市也为爱奇艺争取到了不少融资机会。2022年后爱奇艺又新增三次融资（见表5.5）。

表 5.5　2018—2022 年爱奇艺融资情况（不完全统计）

平台	时间	方式	投资机构
爱奇艺	2018 年 3 月	22.5 亿美元募资	/
爱奇艺体育	2018 年 8 月	8.5 亿元 A 轮融资	曜为资本等
爱奇艺	2018 年 11 月	7.5 亿美元的五年期可转债	/
爱奇艺	2019 年 3 月	12 亿美元可转债券发行	/
爱奇艺智能	2019 年	亿级人民币 A 轮融资	毅达资本领投，贝信资本跟投
爱奇艺	2020 年 12 月	8 亿美元 2026 年到期的可转债	/
爱奇艺智能	2021 年 1 月	B 轮数亿元人民币融资	屹唐长厚基金、清新资本联合投资
爱奇艺	2022 年 3 月	2.85 亿美元融资	百度等
爱奇艺	2022 年 8 月	5 亿美元	PAG 太盟投资集团
爱奇艺智能	2023 年 1 月	4 亿美元	真知资本、青岛经济技术开发区金融投资集团有限公司

数据来源：公开资料《每日经济新闻》整理　　　　　　　　中国网络视听发展研究报告（2023）

（2）腾讯视频：股权穿透9家优质影视公司，柠萌影视已上市

专家认为，不同于爱奇艺与优酷分别独立在资本市场"转了一圈"，腾讯视频基本在腾讯集团的大树下持续"吸氧"。背靠腾讯，有着雄厚资金的腾讯视频与行业内诸多优秀制作公司保有密切的合作关系，且未有融资行为。从股权投资上，据启信宝及招股书数据，耀客传媒、悦凯影视、柠萌影业都有腾讯视频方直接或者间接持股，其中柠萌影视在2022年登陆港股市场。在与内容公司的合作上，腾讯视频相比另外两家，更青睐大制作、大IP项目，投资则更多偏向成立近10年的影视机构（见表5.6）。

表 5.6 腾讯视频投资情况（不完全统计）

公司	投资行为	业务	投资目标
耀客传媒	孙忠怀兼任董事	影视公司	《穿越火线》《安家》等
悦凯影视	耀客传媒持股 5%	艺人经纪公司	杨洋、宋茜等艺人；《我的漂亮朋友》《国子监来了个女弟子》等剧
七印象	腾讯创业持股 12.7%，腾讯科技持股 9.1%	影视公司	《鬼吹灯》系列
灵河文化	孙忠怀担任董事	影视公司	《三体》等
周天娱乐	孙忠怀任法定代表人和董事长	艺人经纪公司	火箭少女 101
柠萌影视	腾讯产业投资基金持股 26.73%	影视公司	《三十而已》《南方有乔木》《扶摇》《全职高手》等
五元文化	柠萌影视持股 1.9%	/	《古董局中局》等
新丽传媒	腾讯科技持股 40%	影视公司	《青簪行》等
工夫影业	腾讯科技持股 15%	影视公司	/

数据来源：公开资料《每日经济新闻》整理

（3）优酷：投资数十家内容公司，更偏爱导演与制作人

近两年，优酷更加偏好通过与导演、制片人共同设立新公司来实现项目合作和资源捆绑，而且在设立时，大部分导演和制作人为大股东。在内容上，TVB、慈文传媒、完美与优酷合作颇深。行业认为，爱优腾在下游资本的布局，重要原因是对内容有强需求。内容是各家竞争的核心，不管过去还是未来，都少不了继续加大对内容的布局（见表 5.7）。

表 5.7 2017—2023 年 5 月优酷投资情况（不完全统计）

公司	投资行为	业务	投资目标
仨仁文化	优酷持股 10%	影视公司	《长安十二时辰》等
单立人文化	优酷持股 25%	综艺公司	原创喜剧大赛
磨铁文化	优酷持股 24%	内容公司	IP《明朝那些事儿》等
银河酷娱	优酷持股 20%	艺人经纪公司	赵露思等
湖南知了青年	优酷持股 16%	综艺公司	《了不起的匠人》等
光芒影业	优酷持股 15%	影视公司	《天坑鹰猎》《强风吹拂》等
好酷影视	优酷持股 8%	影视公司	《大明风华》等
灵河文化	阿里投资 9.3%	影视公司	《品格》等
目瑟文化	优酷投资 20%	综艺公司	/
优制娱乐	优酷持股 51%	综艺公司	《这就是铁架》等
兴格文化	优酷持股 1.5%	影视公司	《九州天空城》《上海女子图鉴》等

数据来源：启信宝、公开资料等《每日经济新闻》整理

(4)芒果超媒：不拼影视投资，联动艺人经纪、电商等产业链上下游环节，打造芒果娱乐生态

芒果超媒背靠湖南广播电视台，国有属性带来牌照、资源、政策优势，芒果TV成为芒果超媒的核心资产，与湖南卫视形成"一体两翼"全媒体平台布局。芒果TV凭借着湖南台超20年的内容自制历史和沉淀下来的经验积累，有着自建内容体系的核心竞争力，无论综艺还是影视剧，芒果超媒的自制都有着独家性和创新性。

也正因为芒果超媒拥有内容自制的核心资源力量，平台的投资方向并非对影视公司进行股权投资，而是整合打通芒果娱乐、芒果影视、芒果互娱、天娱传媒、快乐购等上下游产业链各环节，打造以视听内容为核心的生态，为芒果大会员提供更多元化的衍生服务（见表5.8、表5.9）。

表5.8 2018—2021年芒果超媒融资情况（不完全统计）

平台	时间	方式	投资机构
芒果超媒	2018年6月	集配资金20亿元	中国人寿、中移资本
芒果超媒	2019年5月	募资19.83亿元	/
芒果超媒	2020年11月	62亿人民币战略融资	阿里巴巴
芒果超媒	2021年8月11日	45亿元定增	中移资本、中欧基金、兴证全球基金

数据来源：公开资料《每日经济新闻》整理

表5.9 芒果传媒投资情况

公司	投资行为	业务	投资目标
湖南快乐阳光互动	股权投资	OTT业务	芒果TV
上海天娱传媒	股权投资	艺人经纪	《超级女声》《快乐男声》
快乐购	股权投资	电商平台	快乐886消费电
湖南芒果盈通	股权投资	资本管理	"唱吧"运营主体

数据来源：公开资料《每日经济新闻》整理

(5)哔哩哔哩：重点发力游戏领域，加速文娱传媒生态布局

作为年轻人聚集的社区，哔哩哔哩自诞生以来便得到资本的较多青睐，获得IDG资本、启明创投、华兴资本等知名投资机构的投资。2018年之后，成功登陆资本市场的哔哩哔哩吸引了阿里巴巴、索尼等资本巨头，融资金额不断扩大。启信宝数据显示，2019—2022年，哔哩哔哩共获4轮融资。其中，在2020年4月获得索尼的4亿美元融资。2021年，哔哩哔哩在港交所上市，又募得超200亿港元的融资（见表5.10）。

表 5.10 哔哩哔哩 2019—2022 年融资情况

年份	融资轮次	融资金额	投资方
2019 年 2 月	战略投资	未披露	阿里巴巴
2020 年 2 月	战略投资	未披露	腾讯
2020 年 4 月	战略投资	4 亿美元	索尼
2021 年 3 月	IPO（港交所）	超 200 亿港元	不详
2022 年	/	/	/

数据来源：企查查《每日经济新闻》整理

随着登陆资本市场，哔哩哔哩加速扩张脚步。2019—2021 年，哔哩哔哩投资事件数量从 8 起快速增长至 56 起，投资金额也从 4.88 亿元一路增长至近 170 亿元（见表 5.11）。截至 2022 年 6 月，哔哩哔哩已陆续增持或投资了近 10 家游戏公司，大有赶超腾讯之势（见表 5.12）。

表 5.11 哔哩哔哩 2019—2022 年投资情况

年份	投资数量（起）	投资金额
2019 年	8	4.88 亿元
2020 年	25	23.37 亿元
2021 年	56	169.97 亿元
2022 年	15	9.61 亿元

数据来源：桔子 IT《每日经济新闻》整理

表 5.12 哔哩哔哩投资阶段情况

投资阶段	数量（起）
天使轮	23
A 轮	24
B 轮	9
C 轮	2
D 轮	/
战略投资	63

数据来源：桔子 IT《每日经济新闻》整理，截至 2022 年 12 月 31 日

哔哩哔哩在投资上的表现在一定程度上和内容布局相辅相成，具体来看，哔哩哔哩的投资偏好主要聚焦在游戏和文娱传媒领域。尤其是游戏领域，截至目前，哔哩哔哩投资游戏公司总数接近 30 家。游戏始终是哔哩哔哩的长期核心战略方向。

在投资轮次上，截至2022年12月，哔哩哔哩超50%的投资为战略投资，其次为初创期投资，天使轮和A轮投资达47起。相比成长期，哔哩哔哩偏好成熟期投资和早期投资（见图5.9）。

哔哩哔哩的商业逻辑还有诸多待挖掘、待变现的地方。"哔哩哔哩作为一家独立的上市主体，如何把财务数据做得更漂亮，是投资人更关心的地方。"

总体而言，行业专家张毅认为："客观来讲，这几家的竞争已到了一定阶段，从资本市场获得新资金的难度应该也越来越大了。资本盈利的发展特别看重，所以在这个阶段下，企业唯有想办法赚到钱，资本才会有好的输出和好的信心。接下来这几家视频平台，都将想方设法做利润、发展商业模式的亮点。"

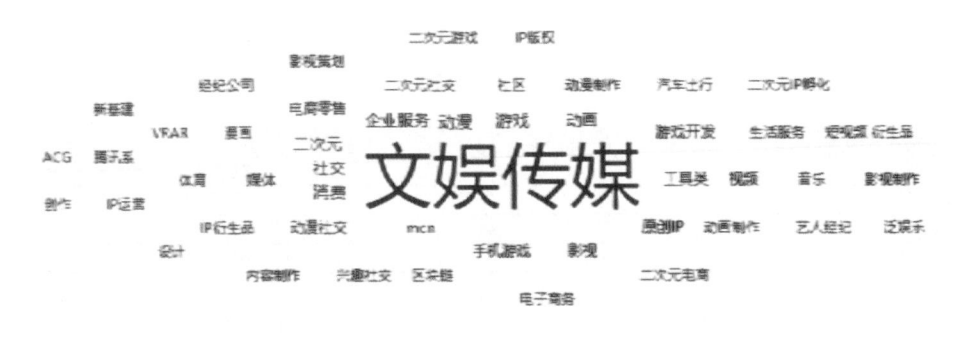

图5.9 哔哩哔哩投资领域（启信宝截图）

2. 短视频

2019—2022年，短视频业态经历了从崛起到爆发，再到如今格局渐定的狂飙4年。作为如今行业的头部平台，快手、抖音备受资本青睐。在投资领域，两家平台加速布局短视频生态上下游产业链。公开数据显示，4年间，快手累计完成超20起投资，抖音在投资事件数量上相对较少，主要是因为抖音较少以独立身份对外投资，更多的是通过母公司字节跳动（现"抖音集团"）进行集中投资布局。

（1）快手投资：紧紧围绕短视频业态，通过投资不断拓展新场景

据每经记者不完全统计，在过去4年间，快手在投资上的力度呈明显起伏趋势，其中2019—2020年是快手对外投资高歌猛进的两年，其中2020年对外投资高达13起，投资金额近20亿元。而在2021年和2022年，快手的对外投资速度和规模均明显放缓（见表5.13）。作为头部平台，快手的商业模式仍然以短视频为主。因此，

快手的投资布局紧紧围绕短视频业态,但其也在积极布局多元生态,例如电商直播。据 IT 桔子的数据,快手在 2022 年的唯一一笔对外投资即向直播电商运营商易心优选进行战略投资。此外,其在文娱传媒、游戏、企业服务等领域也均有布局。

从投资轮次来看,快手主要集中在战略投资和并购轮,这显示了其投资的两大倾向:一是挖掘潜力股,二是将成熟绩优股纳入麾下(见表 5.14)。从投资标的所属行业来看,快手的投资主要集中在租赁和商业服务业、科学研究和技术服务业。

表 5.13 2019—2022 年快手投资情况

投资情况	2019 年	2020 年	2021 年	2022 年
投资数量(起)	7	13	3	1
投资金额(亿元)	6.56	19.09	13.8	1

数据来源:IT 桔子《每日经济新闻》整理

表 5.14 2019—2022 年快手投资偏好

类型	2019 年	2020 年	2021 年	2022 年
天使轮	/	1	/	/
战略投资	1	4	2	1
A 轮	2	1	/	/
B 轮	/	2	/	/
D 轮	/	1	/	/
F 轮	1	/	/	/
并购	2	3	/	/
基石轮	1	/	/	/
E 轮	/	1	/	/
Pre-IPO	/	/	1	/

数据来源:启信宝、IT 桔子《每日经济新闻》整理

(2)抖音投资:作为独立投资主体,投资活跃度难比快手

作为另一家头部平台,抖音的平台体量当前大于快手,但投资数量远不如快手(见表 5.15、表 5.16)。究其原因,或许是因为抖音较少以独立身份进行对外投资,而抖音母公司字节跳动(现"抖音集团")的投资步伐就活跃得多。据 IT 桔子数据,2019 年至 2022 年,字节跳动(现"抖音集团")对外投资数量分别是 9 起、9 起、15 起、21 起,且其中 38 起为并购。

不过,随着字节跳动在短视频生态变现迭代和向外拓展的迅猛发展,近年来字节跳动(现"抖音集团")在游戏、本地生活、To B 业务、电商、互联网出海等领

域有更多的尝试和突破，目前文娱内容、企业服务、游戏、硬件、元宇宙等领域均为字节重点布局领域。

表5.15 2019—2022年抖音投资情况

投资情况	2019年	2020年	2021年	2022年
投资数量（起）	1	1	/	1
投资金额（亿元）	未透露	0.01	/	/

数据来源：启信宝、企查查、IT桔子　　　　　　　中国网络视听发展研究报告（2023）CNSA

表5.16 2019—2022年抖音投资偏好

类型	2019年	2020年	2021年	2022年
并购	1	/	/	1
全资控股	/	1	/	/

数据来源：企信宝、企查查、IT桔子　　　　　　　中国网络视听发展研究报告（2023）CNSA

(3) 二者投资差异化：抖音延展短视频新场景，快手探索流量变现新业态

不同的平台定位和发展侧重点，导致了快手和抖音不同的投资发展路径。背靠字节跳动（现"抖音集团"）的抖音坐拥短视频赛道头部流量端口，运用资本在众多现金牛赛道积极布局，不断丰富完善生态，进一步向短视频生态之外拓展新场景；而快手作为最早登陆资本市场的以短视频为主营业务的机构，积极探索流量变现新业态，进一步聚焦电商生态、短剧、游戏等泛娱乐领域布局。

两个平台在对外投资上的区别，经研究，快手在上下游的布局做了很多动作，主要还是着急于变现。而抖音不太一样，因为抖音本身的用户量足够大，抖音更多依靠产品线的布局，利用他本身强大的用户资源，搭建平台让别人提供内容。

值得注意的是，在抖音和快手已大致确立了当下的短视频赛道两极格局后，很多融资已经无所谓去投资短视频平台本身了，很少有人会敢去说要投下一个抖音、快手。投资人更多关注的是抖音、快手巨大的生态内容下所蕴含的新的投资机会，如精准内容分发系统技术公司、短视频短剧生产商以及直播电商等。

(4) 二者融资差异化：快手为"快跑"上市融资加速，资本苦等抖音拆分独立上市

同投资相似，快手不论是融资数量还是融资金额方面均大幅领先。尤其是

2019年的F轮融资和2021年的基石轮融资，融资金额均超百亿人民币，这或许与快手快跑上市有关（见表5.17、表5.18）。相比之下，市场和资本在苦苦等待抖音上市。稳坐短视频流量头部地位的抖音，一直以来都被资本市场认为具有巨大的变现潜力。公开资料显示，2012年至今，抖音背后的字节跳动（现"抖音集团"）至少完成过9轮融资，包括红杉资本、海纳、老虎环球基金、软银、DST等知名机构，累计融资数百亿美元。市场也一度给予字节跳动（现"抖音集团"）高估值。据胡润全球独角兽榜，2022年全球独角兽前10榜单中，抖音以1.34万亿元人民币估值力压SpaceX和蚂蚁集团，位列全球第一。

当下，广告、直播和电商成为带动两家平台增长的3个发力点。在竞争越发激烈的情况下，快手在资本市场助力下加速奔跑，而抖音随着上市时间的拉长，投资人的耐性也会变得越来越少，留给抖音的时间也越来越少。2022以来，字节跳动旗下多个公司陆续更换为与"抖音"相关的名字——"字节跳动有限公司"更名为"抖音有限公司"，"北京字节跳动科技有限公司"更名为"北京抖音信息服务有限公司"。目前，抖音虽暂无上市明确动向，但在巨大流量的刺激下，融资动作或将伴随其启动上市而来。

表5.17 2019—2022年快手融资情况

投资情况	2019年	2020年	2021年	2022年
融资数量（起）	2	/	2	1
融资金额（亿元）	214	/	517	/

数据来源：启信宝、企查查、IT桔子

表5.18 2019—2022年快手融资轮次

类型	2019年	2020年	2021年	2022年
E+轮	1	/	/	/
F轮	1	/	/	/
基石轮	/	/	1	/
IPO	/	/	1	/
战略投资	/	/	/	1

数据来源：企信宝、企查查、IT桔子

3. 网络直播

"千播大战"后，资本趋于冷静，相较于2017年、2018年，直播行业整体投融资有所回落。资本进一步集中在头部平台，直播平台数量大幅减少，市场头部效应凸显，格局相对稳定。经过10多年的发展，直播行业已经进入较为成熟的平稳发展新阶段，呈现出新的竞争格局，各平台也需要寻找新的增长点。

（1）头部直播平台融资特点

1）市场融资热度大势已过，直播行业趋于稳定

映宇宙、斗鱼、虎牙三家平台的融资轮次主要集中于2015—2018年，并均于2018年、2019年成功上市（见表5.19）。2015—2018年正是国内直播市场的高速发展时期，随着直播平台的涌现和资本的疯狂，直播赛道迎来"千播大战"。"千播大战"后，直播行业的头部格局稳定，映客资本开始恢复理性。游戏直播领域，虎牙、斗鱼稳坐头部位置；娱乐直播中，头部平台欢聚、映宇宙则寻求转型。

从轮次上来看，映宇宙与斗鱼都在直播市场发展初期经历了天使轮到上市较为完整的融资过程，而入局稍晚的虎牙则是在2017年首次Pre-A轮融资后两年内迅速上市，这也说明了当时直播市场的爆发式增长让一众入局者都受到了资本的青睐。近年来直播平台融资新动作极少，一方面与公司已经成功上市有关；另一方面也意味着直播市场已经进入了较为成熟、平稳的发展阶段（见表5.20）。

表5.19 2014—2022年直播平台融资轮次分布

时间	映宇宙[①]	斗鱼	虎牙
2014年	/	天使轮、A轮	/
2015年	种子轮、天使轮、A轮	B轮	/
2016年	A+轮、Pre-B轮、B轮	C轮	/
2017年	/	D轮	Pre-A轮、A轮
2018年	基石轮、IPO上市	E轮	B轮、IPO上市、IPO上市后
2019年	/	IPO上市	/
2020年	/	战略合并	股权转让、战略合并
2021年	/	/	/
2022年	/	/	/

数据来源：IT桔子，《每日经济新闻》整理
注：不含已终止、未披露的融资情况。

[①] 2022年6月15日，映客互娱集团正式更名为映宇宙（英文名称Inkeverse）。

表 5.20 截至 2022 年 12 月头部直播平台最近一次融资

名称	融资时间	融资轮次	融资金额
映客	2018 年 7 月	IPO 上市	15 亿港元
斗鱼	2019 年 7 月	IPO	7.75 亿美元
虎牙	2020 年 8 月	上市后融资	8.1 亿美元

数据来源：IT 桔子、启信宝 《每日经济新闻》整理　　　　中国网络视听发展研究报告（2023）

近 4 年间，欢聚、映宇宙都没有新的融资动作。斗鱼在 2019 年完成 IPO 上市，虎牙则在 2020 年 4 月和 2020 年 8 月两次获得腾讯投资，融资轮次分别为并购和 IPO 上市后，两次融资金额总计约 10.73 亿美元（见表 5.21）。

数据显示，自成立以来，映宇宙共融资 6 轮，斗鱼、虎牙融资 8 轮。2020 年 10 月虎牙和斗鱼曾宣布合并，不过这一合并最终被叫停。值得注意的是，4 家头部直播企业中 3 家都有腾讯的布局。此外，在直播平台背后的投资方中，也不乏知名投资机构以及上市公司的身影（见表 5.22）。

从目前的行业格局来看，背靠腾讯的虎牙和斗鱼牢牢占据着游戏直播赛道的第一梯队，市场合计份额超过了 70%。腾讯加大力度投资斗鱼、虎牙、映客，根源在于它本身未能做出足够有影响力的直播平台。

表 5.21 2019—2022 年头部直播平台融资情况

直播平台	时间	融资轮次	融资金额	投资方
斗鱼	2019 年 7 月 17 日	IPO 上市	7.75 亿美元	公共股东
虎牙	2020 年 4 月 3 日	并购	2.63 亿美元	腾讯投资
	2020 年 8 月 11 日	IPO 上市后	8.1 亿美元	腾讯投资

数据来源：IT 桔子，《每日经济新闻》整理　　　　中国网络视听发展研究报告（2023）
注：不含已终止、未披露的融资情况。

表 5.22 头部直播平台融资情况

直播平台	融资次数	投资方
映宇宙	6	哔哩哔哩、腾讯投资、昆仑万维、分众传媒等
斗鱼	8	腾讯投资、红杉资本中国、南山资本等
虎牙	8	腾讯投资、欢聚集团、高领投资等

数据来源：IT 桔子，《每日经济新闻》整理　　　　中国网络视听发展研究报告（2023）
注：不含已终止、未披露的融资情况。

在行业专家看来，这三家平台都做得不错，对腾讯来讲，有用户也有资金，所以对外全面投资布局直播市场。腾讯一直希望打破游戏直播单纯线上的模式，形成线上直播、线下比赛的体育竞技产业链条，且随着电竞入亚的东风，电子竞技方向、带有体育属性的游戏直播将会获得更大的发展机遇和市场空间。

（2）头部直播平台投资特点

1）欢聚、映宇宙投资活跃度高于斗鱼虎牙

数据显示，2019年至2022年年底，4家头部直播公司共发生38起投资，其中欢聚集团13起、映宇宙13起、斗鱼4起、虎牙8起，欢聚与映宇宙在过去3年间的投资活跃度明显高于斗鱼与虎牙（见表5.23）。

相比虎牙斗鱼两家游戏直播平台，以娱乐直播起家的欢聚和映宇宙，近年来，在直播之外不断尝试转型，寻求新的突破口。欢聚将目光聚焦在海外市场，另辟蹊径将重心先放在东南亚的直播市场，推出了bigolive直播产品，并通过投资，构成"直播社交+短视频内容"产品形态。而此前高调入局元宇宙的映宇宙则认为，直播已经处于非常成熟的阶段，很难再产生高速增长，映客的增长来自社交、相亲、海外市场，而元宇宙是比现在的互联网市场大不止10倍的市场。

表5.23 2019—2022年头部直播平台投资一览

直播平台	2019 年	2020 年	2021 年	2022 年	总计
欢聚	4	4	4	1	13
映宇宙	2	6	5	/	13
斗鱼	1	/	1	2	4
虎牙	2	5	1	/	8

数据来源：IT桔子（截至2022年12月31日）《每日经济新闻》整理（单位：起）

2）开拓新的赛道 更偏好成熟企业

近4年来，欢聚集团在A、B、C轮等创业公司的商业模式已得到初步验证的阶段出手投资，而其他三家头部直播平台则更偏爱战略投资或并购，这意味着公司更倾向于选择已经发展成熟的企业进行投资，以此来巩固公司原有主营业务或者开拓新的赛道（见表5.24）。

表5.24 2019—2022年欢聚集团投资情况

时间	公司名	行业	轮次	金额
2022年1月	久尺网络	办公OA	天使轮	2.5亿人民币
2021年8月	推文科技	媒体及阅读	B轮	数千万人民币
2021年8月	PANAVOGUE 睿云时尚	跨境电商	A轮	数千万人民币
2021年6月	WOOK	跨境电商	C轮	数亿人民币
2021年4月	博雷顿	汽车制造	C轮	4亿人民币
2020年12月	声希科技	教育信息化	Pre-A轮	1000万人民币
2020年9月	睿芯微电子	集成电路	A轮	未透露
2020年8月	Shopline	电商 解决方案	A轮	2000万美元
2020年6月	蜜橙生活—同程生活	社区电商	C轮	2亿美元
2019年7月	沙盒网络	游戏开发商	B轮	1亿人民币
2019年3月	9377游戏	游戏开发商	战略投资	未透露
2019年3月	创思信息	游戏媒体及社区	战略投资	未透露
2019年3月	BIGO LIVE	视频/直播	并购	14.5亿美元

数据来源：IT桔子，《每日经济新闻》整理

中国网络视听发展研究报告（2023）

4. 网络音频

近年来，音频市场十分热闹，行业三巨头喜马拉雅、蜻蜓FM、荔枝FM稳步向前，网易云音乐上线"声之剧场"、字节跳动（现"抖音集团"）推出"番茄畅听"、腾讯合并酷我畅听和懒人听书、快手上线皮艇APP等，互联网科技巨头相继涌入。

（1）喜马拉雅：已进行多轮境内外融资，投资阵容豪华

随着音频市场成为一片蓝海，多家互为竞品的企业"默契"投资于同一家公司。截至2022年12月31日，喜马拉雅已进行多轮境内外融资，腾讯、阅文、百度、小米、好未来、索尼音乐为战略投资者。可以看出，在喜马拉雅的投资方中，有些互为竞品。面对音频行业这片蓝海，即便是竞品公司，也希望通过投资头部平台来占据行业一席之地。

（2）蜻蜓FM：每年前进一小步，产业资本更愿参与

近3年来，蜻蜓FM先后获得小米、微木资本、中文在线等多家投资方的认可。基本做到一年一融资，保证每年前进一小步（见表5.25）。

从蜻蜓FM近年完成的几轮融资的资方背景来看，领投方均为产业资本，小米、中文在线都是蜻蜓FM合作多年、有着深度共识的合作伙伴。小米的物联网产品体系、

移动端产品体系都非常完善、富有竞争力，蜻蜓FM的内容在小米用户中广受好评。小米在蜻蜓FM早些年的融资中就有参与，领投蜻蜓FM后，小米手机中的收音机APP陆续升级为蜻蜓FM小米版。中文在线作为头部在线中文版权库，也是蜻蜓FM内容供给的重要来源，多年来源源不断地为蜻蜓FM提供了众多优秀的中文IP。二者在资本层面的合作，是全面深化合作的一部分，这一轮融资后，双方扩大了合作版权内容库，也会一起探索TTS等技术的优化和应用。

表 5.25 截至 2022 年 12 月 31 日蜻蜓 FM 的投融资情况

时间	投资方
2020 年 4 月	小米战略投资
2021 年 5 月	微木资本
2021 年 11 月	中文在线领投，小米、瑞壹资本、普维资本跟投

数据来源：公开资料《每日经济新闻》整理

总体来说，作为产业链环节上的头部企业，小米、中文在线看好音频行业的前景，也认可蜻蜓FM在产业链上的价值，多年的合作建立了彼此的深度了解和信任，资本层面的合作也就水到渠成。

专家认为，无论是蜻蜓FM还是喜马拉雅，他们共同的特征就是上游投资商结构比较复杂，当然大家在音频投资主体的期望也不太一样。有的希望它做成内容，有的希望它成为广告平台，有的希望它成为社交平台等。不过这个市场要做好真不容易，也不确定什么时候盈利，任何一家都不敢去赌这个市场，所以各家、各巨头联合起来投资成为整个音频市场的不二选择。

二、未来趋势判断

2021 年是中国网络视听产业投融资领域转攻为守的分水岭。

经济大环境承压，曾经为了扩大市场占有率可以不计亏损烧钱的长视频投资方不再是这样的想法，投资方更加理性，对支出也更加审慎。

而当长视频的付费会员达到亿人级别，也给予了平台做细分领域好内容的底气。比如 2022 年、2023 年的《人世间》《狂飙》和《三体》，推开了严肃文学、扫黑题材、中国科幻的影视化大门。

回顾 2021 年、2022 年网络视听行业的投融资趋势，可以看出以下 3 点。[①]

[①] 部分观点来自天风证券研究所副所长兼传媒互联网首席分析师文浩。

1. IP投融资变化，产业资本更看重协同效应

此前，网络视听行业的投融资一大热点在于IP收购，经过几年来的发展，业外资本对大文娱行业的态度更加理性。

对已经形成稳定格局的大平台，融资方向主要来源于产业投资人，而非财务投资人。而这些大平台对外投资则主要服务于整体生态体系，参股上游内容公司，抢占独家内容；参股下游技术公司，如特效公司、舞台制作等，目的都是为了与公司本身形成协同效应。

2. 从兴趣逻辑到产业逻辑，在圈层中寻找投资机会

哔哩哔哩、虎牙、快手等网络视听平台，都是依托小众文化圈层用户发展起来，成为具有广泛影响力的大平台，这些平台都是从兴趣逻辑发端，实现在产业逻辑上的布局。因此，是否有核心用户、是否具备圈层黏性，是投资人对网络视听行业关注的重点。

3. 探索AI、VR、元宇宙，web3.0改写行业投资未来

接下来的网生内容一定会和技术更紧密地结合。以PC为代表的传统互联网时代早已过渡到以手机和平板为代表的移动互联网时代。第三代互联网将是虚实高度结合的网络生态，AI、VR、区块链等技术一旦出现杀手级的应用，就将极大程度地驱动网络视听行业商业模式、内容体验、服务形态以及投融资趋势的改变。

数字资产是未来地球上最大的资产。技术上的迭代并不遥远。短则2—3年，长则3—5年，可能会出现颠覆性的技术产品。因此，围绕网络视听行业的技术革新，也是当下及未来资本关注的重点。

《每日经济新闻》新文化团队 |

附录一：2012—2022年网络视听大事记

2012年

一、网络视听政策

3月29日，《关于下一代互联网"十二五"发展建设的意见》发布。国家发展和改革委员会、工业和信息化部等部委联合发布《关于下一代互联网"十二五"发展建设的意见》，公布了"十二五""十三五"发展目标。

6月11日，《关于IPTV集成播控平台建设有关问题的通知》发布。国家广播电影电视总局发布《关于IPTV集成播控平台建设有关问题的通知》，要求IPTV集成播控总平台和分平台、全国性IPTV内容服务平台和省级内容服务平台、IPTV传输服务企业，在取得相应许可证后，方可对接并开展业务。

7月9日，《关于进一步加强网络剧、微电影等网络视听节目管理的通知》发布。国家广播电影电视总局和国家互联网信息办公室联合发布《关于进一步加强网络剧、微电影等网络视听节目管理的通知》，明确规定互联网视听节目服务单位按照"谁办网、谁负责"的原则，对网络剧、微电影等网络视听节目一律实行先审后播。

二、网络视听行业

3月12日，优酷网与土豆网合并。优酷网和土豆网以100%换股的方式合并组建"优酷土豆"。两家网站联合覆盖中国近80%的互联网视频用户。

3月27日，百视通入股风行。百视通新媒体股份有限公司拟出资现金3000万美元以受让股权及增资的方式获得风行网络有限公司以及北京风行在线技术有限公司，占35%的股权。

4月24日，视频内容合作组织成立。搜狐视频、腾讯视频、爱奇艺联合宣布共同组建"视频内容合作组织"（VCC），实现资源互通、平台合作，在版权和播出领域展开深度合作。

5月17日，中国网络视听节目服务协会理事会2012年第一次会议在广东深圳召开。会议通过了《关于抵制色情暴力等有害视听节目的倡议书》和《关于制定〈中国网络视听节目服务自律公约〉的决议》。当天,中国网络视听节目服务协会向业界发出《倡议书》,呼吁网络视听节目服务单位自觉传播优秀文化,抵制有害节目,加强行业自律,营造健康文明的网络环境。

6月15日,视频行业首次"团购"电视剧版权。优酷、土豆、腾讯、爱奇艺、聚力等5家民营视听节目网站联手购入国产电视剧《囧人的幸福生活》,是视频行业首次电视剧版权的"团购"。

11月21日,欢聚时代在美国纳斯达克上市。成立于2005年的欢聚时代(YY.inc)在美国纳斯达克上市。欢聚集团于2009年推出了YY直播。

2013年

一、网络视听政策

1月4日,《关于促进主流媒体发展网络广播电视台的意见》发布。国家广播电影电视总局发布《关于促进主流媒体发展网络广播电视台的意见》提出,坚持台台并重、融合发展、规模运营的发展原则。

1月30日,新修改的《信息网络传播权保护条例》发布。《信息网络传播权保护条例》共27条,强调了通过信息网络向公众提供内容的版权权益,并修订了罚款金额。

3月22日,国家新闻出版广电总局成立。新闻出版总署和国家广播电影电视总局合并成立国家新闻出版广电总局,统筹规划新闻出版广播电影电视事业产业发展,监督管理新闻出版广播影视机构和业务以及出版物、广播影视节目的内容和质量,负责著作权管理等。

二、网络视听行业

3月19日,中国下一代广播电视网技术应用实验室成立。由广播电视规划院和思科系统公司组建的"中国下一代广播电视网(NGB)技术应用实验室"成立,为NGB和三网融合相关标准制定和业务应用提供技术研究和验证实验的平台。

5月7日，百度收购PPS视频业务。百度宣布以3.7亿美元收购PPS视频业务，并将PPS视频业务与爱奇艺进行合并。

10月13日，腾讯视频开通微信支付功能。用户在其"好莱坞影院"播放页面通过"扫一扫"功能便可直接使用微信付费收看电影。

10月28日，苏宁联合弘毅投资收购PPTV聚力。苏宁宣布联合弘毅投资以4.2亿美元的公司基准估值战略投资在线视频企业PPTV聚力。

11月28—29日，第一届中国网络视听大会举行。第一届中国网络视听大会由国家新闻出版广电总局、国家互联网信息办公室指导，中国网络视听节目服务协会主办。

12月4日，工业和信息化部颁发4G牌照。工业和信息化部向中国移动、中国电信、中国联通颁发4G牌照，我国正式步入"4G时代"。

2014年

一、网络视听政策

2月，《关于进一步完善网络剧、微电影等网络视听节目管理的补充通知》印发。国家新闻出版广电总局印发《关于进一步完善网络剧、微电影等网络视听节目管理的补充通知》，就网络视听节目机构的资质、个人上传节目、节目备案、问题节目修订等提出明确要求。

8月18日，《关于推动传统媒体和新兴媒体融合发展的指导意见》审议通过。中共中央总书记习近平主持召开中央全面深化改革领导小组第四次会议，会议审议通过《关于推动传统媒体和新兴媒体融合发展的指导意见》，对新形势下如何推动媒体融合发展提出了明确要求，做出了具体部署。

11月2日，工业和信息化部、国家发展和改革委员会发布《关于全面推进IPv6在LTE网络中部署应用的实施意见》，把握LTE网络建设契机，全面推进IPv6在LTE网络中的部署和应用，加快基于IPv6的下一代互联网建设。

12月2日，全国网络视听节目管理工作会议召开。会议提出要加快推进媒体融合发展、加强网络视听节目内容建设、加强网上境外影视剧管理、加强互联网电视管理、加强IPTV发展和管理、加强移动互联网视听节目管理、加强监管手段建设。

二、网络视听行业

3月31日，上海文化广播影视集团有限公司（SMG）成立。上海东方传媒集团有限公司以国有股权划转方式与上海文化广播影视集团有限公司实施整合。

4月10日，蓝海电视发布蓝海云平台。中国民营电视机构蓝海电视发布了面向国际市场、基于云计算和云储存、全球共享的视听图文内容全媒体运营平台——蓝海云。

5月，湖南卫视携芒果TV正式推出"芒果独播战略"。湖南卫视自有版权节目只在湖南广播电视台旗下的视频网站芒果TV独播。

5月28日，中国广播电视网络有限公司正式挂牌成立。公司由财政部出资，国家新闻出版广电总局负责组建和代管，注册资本538040万元，负责全国范围内有线电视网络有关业务，并开展三网融合业务。

11月19日，首届世界互联网大会开幕。由国家互联网信息办公室和浙江省人民政府共同主办的首届世界互联网大会在乌镇举行，来自全世界近100个国家和地区的1000余人参加了会议。世界互联网大会每年一届，将永久落户乌镇。

2015年

一、网络视听政策

7月4日，国务院发布《国务院关于积极推进"互联网+"行动的指导意见》，提出"互联网+"行动的总体目标，明确了"互联网+"创业创新等11项重点行动。

8月25日，国务院办公厅印发《三网融合推广方案》，提出六项工作目标，加快在全国全面推进三网融合，推动信息网络基础设施互联互通和资源共享。

10月19日，中共中央发布《中共中央关于繁荣发展社会主义文艺的意见》，提出"要大力发展网络文艺"，从顶层设计层面推动网络文艺精品创作与传播。

10月29日，党的十八届五中全会审议通过《中共中央关于制定国民经济和社会发展第十三个五年规划的建议》，将加强网上思想文化阵地建设、实施网络内容建设工程、发展积极向上的网络文化、推动传统媒体和新兴媒体融合发展、打造一批新型主流媒体等内容，列为"十三五"规划的重要组成部分。

11月6日，我国首批新闻网站记者证发放。国家互联网信息办公室、国家新闻出版广电总局为14家中央主要新闻网站首批594名记者发放新闻记者证。

二、网络视听行业

4月3日，百视通和东方明珠合并事宜由证监会上市公司并购重组审核委员会审核通过，重组后的百视通成为上海文广集团统一的产业平台和资本平台。

7月3日，网剧《盗墓笔记》开启会员付费排播先河。爱奇艺以排播模式将《盗墓笔记》全集向会员开放，开启了国产自制剧收费的先河。

11月7日，新华社启用"机器人记者"。新华社机器人新"员工"——"快笔小新"是一个应用人工智能、机器学习、数据挖掘等技术，生成的类似于人创作稿件的程序。

12月16日，国家主席习近平出席第二届世界互联网大会开幕式并发表主旨演讲。第二届世界互联网大会于12月16日上午在浙江省乌镇开幕。国家主席习近平出席开幕式并发表主旨演讲，强调互联网是人类的共同家园，各国应该共同构建网络空间命运共同体，推动网络空间互联互通、共享共治，为开创人类发展更加美好的未来助力。

2016年

一、网络视听政策

2月4日，国家新闻出版广电总局、工业和信息化部发布《网络出版服务管理规定》，要求从事网络出版服务，必须依法经过出版行政主管部门批准，取得《网络出版服务许可证》，同时对网络出版服务单位实行年度核验制度。该规定于2016年3月10日起实施。

3月1日，国务院三网融合工作协调小组办公室发布《关于在全国范围全面推进三网融合工作深入开展的通知》，针对现阶段双向进入业务许可申请和审批工作，广电、工信的行业监督职责划分，具体工作要求以及协调机制做了进一步的明确和重申。

4月25日，国家新闻出版广电总局发布《专网及定向传播视听节目服务管理规定》（以下简称《规定》），并于2016年6月1日起施行。《规定》主要是针对IPTV、专网手机电视以及互联网电视的监管，完善了"新媒体"的监管体系。

7月1日，文化部发布《关于加强网络表演管理工作的通知》，对网络文化经营单位利用信息网络传播现场文艺表演、网络游戏等文化产品技法展示或解说的行为进行规范。

9月9日，国家新闻出版广电总局发布《关于加强网络视听节目直播服务管理有关问题的通知》，要求网络视听节目直播机构依法开展直播服务。未经批准，任何机构和个人不得在互联网上使用"电视台""广播电台""电台""TV"等广播电视专有名称开展业务。

11月4日，国家互联网信息办公室发布《互联网直播服务管理规定》，明确互联网直播服务提供者和互联网直播发布者在提供互联网新闻信息服务时，都应当依法取得互联网新闻信息服务资质，并在许可范围内开展互联网新闻信息服务。

二、网络视听行业

4月6日，合一集团正式完成私有化成为阿里旗下全资子公司。根据合并协议的条款，这次私有化交易的价格为每股ADS（美国存托凭证）27.6美元。合一集团同时宣布申请停止其ADS在纽约证券交易所的交易。

5月5日，中国广播电视网络有限公司成为我国第四个基础电信业务运营商。工信部向中国广播电视网络有限公司颁发《基础电信业务经营许可证》，批准其在全国范围内经营互联网国内数据传送业务、国内通信设施服务业务。

6月7日，花椒直播宣布上线VR专区。花椒直播VR专区总投资将超过1亿元，成为可以大面积落地推广的直播频道，预示着直播正式进入VR时代。

8月23日，广电行业媒体云技术产业联盟成立。广电行业媒体云技术产业联盟由中广联合会技术工作委员会与中国国际广播电台、中国广播电视网络有限公司、上海广播电视台、江苏省广播电视总台等单位共同发起成立。

8月30日，新华社全媒平台上线。新华社全媒平台为入驻成员提供三大服务：一是开放全系新媒体终端；二是开放基于移动互联网新闻生产场景的内容管理系统；三是开放数据统计系统。

12月28日，澎湃新闻获上海国资6.1亿元战略入股。6家国有独资或全资企业对澎湃新闻网运营主体战略入股，增资总额为6.1亿元。增资完成后，上海报业集团对上海东方报业公司的持股比例由100%变更为82.2%，仍保持对东方报业公司的绝对控股地位。

2017年

一、网络视听政策

1月5日，中宣部组织召开推动媒体深度融合工作座谈会，强调坚定不移推进媒体深度融合，确立移动媒体优先这个发展战略，突破采编发流程再造这个关键环节，抓好"中央厨房"即融媒体中心建设这个龙头工程，强化全媒人才培养这个重要支撑。

3月14日，"互联网视听节目服务持证机构名单"发布。国家新闻出版广电总局发布了"互联网视听节目服务持证机构名单（截至2016年12月31日）"，此次公布的持证机构共588家，与上一次（2016年5月31日）公布的版本一致。

6月1日，国家新闻出版广电总局印发《关于进一步加强网络视听节目创作播出管理的通知》，对网络视听节目的创作播出提出进一步的要求。

6月30日，中国网络视听节目服务协会发布《网络视听节目内容审核通则》，指导各网络视听节目机构开展网络视听节目内容审核工作，提升网络原创节目品质，促进网络视听节目行业健康发展。

9月20日，国家新闻出版广电总局印发《新闻出版广播影视"十三五"发展规划》，明确提出到2020年争取实现6个目标，完成11项主要任务。

二、网络视听行业

2月19日，三大央媒齐推直播平台。在习近平总书记"2·19"讲话一周年之际，人民日报"人民直播"、新华社"现场云"、中央电视台"央视新闻移动网"同天上线。

6月8日，今日头条视频更名为西瓜视频。今日头条为其最重要的短视频业务子品牌"头条视频"更名，推出独立品牌"西瓜视频"，发力PGC。

7月12日，数字版权保护技术应用产业联盟成立。由中国新闻出版研究院发起，业内外100多家单位共同参与的数字版权保护技术应用产业联盟在北京成立。联盟以国家新闻出版广电总局新闻出版重大科技项目——数字版权保护技术研发工程为基础，加快推进数字版权保护技术的推广与应用。

10月16日，财新传媒全面收费。财经新闻发出公告，宣布从2017年11月6日起，财新网将启动财经新闻全面收费。财新网的主要新闻内容也将实行收费或分时收费（即48小时内免费，然后转入收费）。

10月20日，联通与腾讯宣布共建云数据中心。中国联通与腾讯联合宣布，依托各自在通信、云计算、网络安全领域内的资源与能力，将在云计算和网络服务领域相互开放资源，打造全新的"云、管、端"互联网产业生态平台。

11月10日，今日头条收购Musical.ly，将其与抖音合并。今日头条全资收购北美音乐短视频社交平台Musical.ly，与抖音合并，交易总额近10亿美金。

12月26日，新华社建成"媒体大脑"。媒体人工智能平台"媒体大脑"由新华社正式发布上线。这一"大数据+人工智能"平台可面向媒体提供智能采集、人脸核查、智能分发等服务，让云计算、物联网、大数据、AI等多项技术为媒体赋能。

2018年

一、网络视听政策

3月13日，国家广播电视总局组建。国务院机构改革方案提请十三届全国人大一次会议审议，在国家新闻出版广电总局广播电视管理职责的基础上组建国家广播电视总局，作为国务院直属机构。4月16日，国家广播电视总局揭牌。

3月22日，国家新闻出版广电总局发布特急文件《国家新闻出版广电总局办公厅关于进一步规范网络视听节目传播秩序的通知》，做出四点要求：一是坚决禁止非法抓取、剪拼改编视听节目的行为；二是加强网上片花、预告片等视听节目管理；三是加强对各类节目接受冠名、赞助的管理；四是严格落实属地管理责任。

8月20日，《关于加强网络直播服务管理工作的通知》发布。全国"扫黄打非"办公室会同工业和信息化部、公安部、文化和旅游部、国家广播电视总局、国家互联网信息办公室联合发布《关于加强网络直播服务管理工作的通知》，部署各地各有关部门进一步加强网络直播服务许可、备案管理，强化网络直播服务基础管理，建立健全长效监管机制，大力开展存量违规网络直播服务清理工作。

11月9日，国家广播电视总局发布《关于进一步加强广播电视和网络视听文艺节目管理的通知》指出，一些文艺节目推高制作成本、破坏行业秩序生态，误导青少年盲目追星，滋长拜金主义、一夜成名等错误价值观念，必须采取有效措施切实加以纠正。

12月28日，国家广播电视总局印发《国家广播电视总局办公厅关于网络视听节目信息备案系统升级的通知》，对"网络剧、微电影等网络视听节目信息备案系统"进行了升级，并对相关信息报备方式做了调整。

二、网络视听行业

4月4日，"快手""火山小视频"算法推荐功能被暂停。国家互联网信息办公室依法约谈"快手"和今日头条旗下"火山小视频"相关负责人，要求两家暂停有关算法推荐功能，并将违规网络主播纳入跨平台禁播黑名单，禁止其再次注册直播账号。

6月14日，国际5G标准正式出炉。3GPP（第三代合作伙伴计划）批准了第五代移动通信技术标准独立组网功能冻结，标志着真正完整意义的国际5G标准正式出炉。

6月21日，芒果TV等作价115亿注入快乐购。湖南广电旗下快乐阳光、芒果互娱、天娱传媒、芒果影视和芒果娱乐5家公司整体作价115亿打包注入快乐购。此次芒果TV成功实现借道上市，也成为国内A股国有控股的视频平台。快乐购，将成为A股目前唯一拥有知名视频网站的上市公司。

9月3日，爱奇艺宣布关闭显示前台播放量，以综合用户讨论度、互动量、多维度播放类指标的内容热度，逐步代替原有播放量显示，将用户体验作为更重要的指标，告别"唯流量时代"。

9月14日，国家版权局加强对短视频平台版权管理。国家版权局按照打击网络侵权盗版"剑网2018"专项行动的部署安排，针对重点短视频平台企业存在的突出版权问题，约谈了15家企业，责令相关企业进一步提高版权保护意识，切实加强内部版权制度建设，全面履行企业主体责任。

11月7日，AI合成主播亮相。新华社联合搜狗在第五届世界互联网大会上发布全球首个合成新闻主播——"AI合成主播"，运用最新人工智能技术，"克隆"出与真人主播拥有同样播报能力的"分身"。

2019年

一、网络视听政策

1月4日，中国网络视听节目服务协会发布《网络短视频平台管理规范》和《网络短视频内容审核标准细则》，两份文本在全行业得到切实执行，将从机构和把关两个层面为加固短视频内容安全防护网提供双保险。

2月28日，工业和信息化部、国家广播电视总局、中央广播电视总台三部门印发《超高清视频产业发展行动计划（2019—2022年）》，明确将按照"4K先行、兼顾8K"的总体技术路线，大力推进超高清视频产业发展和相关领域的应用。

8月11日，国家广播电视总局印发《关于推动广播电视和网络视听产业高质量发展的意见》（以下简称《意见》）。《意见》以提高产业资源配置效率、推动产业高质量创新性发展为目标，加强扶持引导，不断优化广播电视和网络视听产业结构布局，健全现代产业体系和市场体系，培育新型业态和消费模式，促进数字经济发展和文化消费，更好地满足人民群众美好生活新期待。

11月13日，优秀网络视听节目创作研评机制建立。国家广播电视总局建立优秀网络视听节目创作研评机制，旨在提升网络视听节目内容品质，加强精品网络视听作品创作传播。

11月18日，国家互联网信息办公室、文化和旅游部、国家广播电视总局联合印发《网络音视频信息服务管理规定》（以下简称《规定》），并自2020年1月1日起施行。《规定》旨在促进网络音视频信息服务健康有序发展，保护公民、法人和其他组织的合法权益，维护国家安全和公共利益。

二、网络视听行业

1月1日，"学习强国"学习平台正式上线。由中宣部主管的"学习强国"学习平台是一款以习近平新时代中国特色社会主义思想为主要内容的综合创新性学习平台。

1月18日，优酷宣布关闭前台播放量显示。优酷关闭前台播放量旨在破除流量喧嚣，回归内容本心，营造更加良性的产业环境。这是继爱奇艺之后第二个关闭前台播放量的视频网站。

1月，国家互联网信息办公室启动网络生态治理专项行动。此次专项行动分别对各类网站、移动客户端、论坛贴吧、即时通信工具、直播平台等重点环节中的12类负面有害信息进行整治，集中解决网络生态重点环节突出问题。

6月4日，竖屏电影《直播攻略》上线。《直播攻略》由北京文化与优酷联合出品，有两个版本：一个是院线同步的标准版，另一个则是为优酷手机端特别定制的竖屏版本。

6月6日，我国正式发放5G商用牌照。工业和信息化部向中国电信、中国移动、中国联通、中国广电（中国广播电视网络有限公司）发放了5G商用牌照，这意味着我国正式进入5G商用元年。

7月1日，《长安十二时辰》以付费内容形式在海外播出。《长安十二时辰》陆续登陆日本、新加坡、马来西亚、文莱、越南等亚洲国家，也会在Viki、Amazon和Youtube等视频平台上以付费内容形式在北美地区上线。

8月24日，《新闻联播》入驻快手、抖音等。《新闻联播》正式入驻短视频平台抖音、快手后，在快手的粉丝数瞬间涨到1210.9万；在抖音上发布4条视频后，粉丝便超过1637.9万，开启主流媒体入驻短视频平台序幕。

2020 年

一、网络视听政策

2月11日，国家广播电视总局印发《关于进一步加强电视剧网络剧创作生产管理有关工作的通知》，针对电视剧、网络剧的制作备案审查流程、集数长度、制作成本配置比例提出了明确的要求。特别指出每部电视剧、网络剧全部演员总片酬不得超过制作总成本的40%，其中主要演员片酬不得超过总片酬的70%。

2月21日，中国网络视听节目服务协会发布《网络综艺节目内容审核标准细则》，从主创人员选用、出镜人员言行举止，到造型舞美布设、文字语言使用、节目制作包装等不同维度，提出了94条具有较强实操性的标准。

10月14日，由国家广播电视总局统筹，中央广播电视总台、爱奇艺、腾讯、优酷、芒果、互影等单位共同参与制定的互动视频行业技术标准——《互联网互动视频数据格式规范》，在第八届中国网络视听大会上正式发布，规定了互动视频的分支结构、剧章播放区间所有传输数据要素等。

11月23日，国家广播电视总局在其官网发布《关于加强网络秀场直播和电商直播管理的通知》，要求网络秀场直播平台对网络主播和"打赏"用户实行实名制管理，未成年用户不能打赏。平台应对用户每次、每日、每月最高打赏金额进行限制。

二、网络视听行业

1月，网络视听媒体全面开展共同战"疫"宣传。国家广播电视总局深入贯彻落实党中央决策部署，统筹引导全国网络视听媒体，全面展开疫情防控宣传，主要视听网站积极开设专题专区、优化策略、加强互动、减免费用、开展公益行动，积极主动履行社会责任。

2月24日，多家视频网站创作战"疫"题材网络纪录片。国家广播电视总局组织爱奇艺、优酷、腾讯视频、哔哩哔哩等机构指导创作战"疫"题材网络纪录片，作品统一以蓝色包装向全网推送。

4月15日，网剧可参评飞天奖。国家广播电视总局发布通知，2017—2019年度中国广播影视大奖·第32届中国电视剧"飞天奖"评奖首次将网剧纳入评选范围。

5月19日，爱奇艺推出"迷雾剧场"。爱奇艺发布了"迷雾剧场"首款概念海报，宣布平台全新的悬疑类型剧场正式启动。这也是爱奇艺继2018年推出"奇悬疑剧场"

后对悬疑类型剧场的全新升级。

5月19日,中央广播电视总台成功进行国内首次"5G+8K"实时传输和快速剪辑集成制作。2020全国两会期间,总台利用5G网络开展直播连线,8K实时视频同步在新媒体平台和全国各大城市的40多万个超清大屏展示。

5月20日,湖北广电推动区块链新闻编辑部成立。由湖北广播电视台融媒体新闻中心倡导、12个省市的主流新媒体联合筹备组建的区块链新闻编辑部在云端成立。

10月12日,中国广电网络股份有限公司正式在北京成立,注册资本高达1012亿元。中国广电网络股份有限公司将深入落实"智慧广电"战略,利用移动互联网、智能操作系统等新技术搭载多元化应用,开发适应数字生活需要的智慧产品,为用户提供超高清(4K/8K)、虚拟现实(VR)、物联网等新业务新业态。

12月3日,2020短视频大会召开。由国家广播电视总局、福建省人民政府指导,中国广播电视社会组织联合会、福建省广播电视局、中共厦门市委宣传部主办的2020短视频大会在厦门召开。

12月26日,"同一个信仰"网络视听献礼中国共产党百年华诞系列快闪活动启动仪式在上海举行。"网络视听献礼中国共产党百年华诞系列快闪活动"由中国网络视听节目服务协会和人民网主办,由上海、河北、浙江、江西、贵州、陕西等广电局联合主办。活动以"同一个信仰"为主题,在多地开展联动快闪,组织社会各行各业群众代表参与,一起为党唱支歌。

2021年

一、网络视听政策

2月9日,国家互联网信息办公室、全国"扫黄打非"工作小组办公室、国家广播电视总局等七部门联合发布《关于加强网络直播规范管理工作的指导意见》,重点规范网络打赏行为,推进主播账号分类分级管理,提升直播平台文化品位,促进行业高质量发展。

3月16日,《中华人民共和国广播电视法(征求意见稿)》公开征求意见。为进一步推动社会主义文化强国建设,推动广播电视高质量创新性发展,国家广播电视总局起草了《中华人民共和国广播电视法(征求意见稿)》,并向社会公开征求意见。制定广播电视法,是广播电视领域贯彻落实习近平法治思想的重要举措,通过立法,明确坚持和加强中国共产党对广播电视工作的领导。

4月11日,中共中央办公厅发布《关于庆祝中国共产党成立100周年组织开展"永远跟党走"群众性主题宣传教育活动的通知》,对庆祝中国共产党成立100周年群众性主题宣传教育活动作出安排部署。

4月23日,国家互联网信息办公室、公安部、商务部、文化和旅游部、国家税务总局、国家市场监督管理总局、国家广播电视总局等七部门联合发布《网络直播营销管理办法(试行)》,自2021年5月25日起施行。旨在规范网络市场秩序,维护人民群众合法权益,促进新业态健康有序发展,营造清朗网络空间。

6月4日,国家广播电视总局发布《网络视听收视大数据技术规范》,包括总体要求、数据元素集和接口3个部分,和《广播电视和网络视听收视综合评价数据脱敏规则》等4项广播电视和网络视听行业标准。

9月14日,中共中央办公厅、国务院办公厅印发《关于加强网络文明建设的意见》,指出加强网络文明建设,是推进社会主义精神文明建设、提高社会文明程度的必然要求,是适应社会主要矛盾变化、满足人民对美好生活向往的迫切需要,是加快建设网络强国、全面建设社会主义现代化国家的重要任务。

10月8日,国家广播电视总局发布《广播电视和网络视听"十四五"发展规划》,在总体十二章的规划内容中,从当前的形势与任务到规划指导思想、发展目标,从构建网上网下一体化舆论引导创新体系,到加强优秀作品创作生产传播,从科技创新、安全保障、公共服务、管理优化、国际传播等方面做了重要部署。

12月15日,中国网络视听节目服务协会发布《网络短视频内容审核标准细则(2021)》,对2019版《细则》原有的21类100条标准进行了修订,详细规定了"危害中国特色社会主义制度的内容""分裂国家的内容"等短视频内容的内涵。

二、网络视听行业

2月5日，快手科技上市。2月5日上午，快手科技以"云敲锣"方式在中国香港联交所主板挂牌上市。作为港股首家以短视频和直播为主要载体的内容社区与社交平台，快手开盘报价338港元，较发行价上涨193%，对应市值1.39万亿港元，成为腾讯、阿里、美团、拼多多之后中国第五大互联网上市公司。

3月22日，庆祝中国共产党百年华诞系列快闪MV《妈妈教我一支歌》正式上线。系列快闪活动由国家广播电视总局指导，中国网络视听节目服务协会和人民网共同主办，上海、河北、浙江、江西、贵州、陕西等地广播电视局联合主办。此次系列快闪活动引导网络行业聚焦主题主线，做强做优网络正面宣传，切实巩固壮大主流思想舆论阵地，为庆祝中国共产党百年华诞营造了守正创新、活力奋进的浓厚氛围。

6月15日，"清朗·'饭圈'乱象整治"专项行动启动。中央网络安全和信息化委员会办公室在全国范围内开展为期2个月的"清朗·'饭圈'乱象整治"专项行动。重点围绕明星榜单、热门话题、粉丝社群、互动评论等重点环节，全面清理"饭圈"各类有害信息、治理乱象行为。

7月12日，虎牙、斗鱼合并终止。根据市场监管总局的决定，虎牙、斗鱼及腾讯在2020年10月签署的合并协议立即终止。

7月1日起，百集网络视听节目《红色文物100》网上网下同步播出。由国家广播电视总局和国家文物局联合出品的百集网络音频节目《红色文物100》于7月1日起网上网下同步播出。节目精选珍藏于各地革命纪念馆的百件红色文物，通过拟人表达，创意再现了党带领人民浴血奋战、百折不挠的革命历程。

8月初，腾讯音乐推出NFT加密艺术品服务。2021年腾讯音乐推出的一种基于区块链技术（NFT技术）的创新型电子收藏品，包括视频、语音、黑胶唱片、明星周边等，与实体专辑、手幅等实物一样具有收藏价值。

9月17日，网络表演（直播、短视频）经纪机构委员会成立。在文化和旅游部市场管理司指导下，中国演出行业协会正式成立"网络表演（直播、短视频）经纪机构委员会"，发布了《网络表演（直播、短视频）经纪机构行业自律倡议书》。

9月23日，紫荆文化集团公开亮相深圳文博会。该集团采取深圳、香港双总部管理模式，立足香港，深耕大湾区，重点发展影视产业、传媒资讯、出版发行、文旅演艺、金融投资等五大业务版块。

9月26日，重大现实题材电视剧《功勋》播出。由国家广播电视总局出题、组织创作的《功勋》在四家卫视、三家视频网站同步播出。该剧取材于首批八位"共和国勋章"获得者的真实故事，将首批八位功勋人物的人生华彩篇章与共和国命运串联起来，诠释了他们"忠诚、执着、朴实"的人生品格和献身祖国人民的崇高境界。

11月15日，百度上线元宇宙APP"希壤"。百度在苹果应用商店内上线了一款名为"希壤"的全新社交APP，用户可以通过创建虚拟身份，在虚拟世界中与好友进行互动。

2022年

一、网络视听政策

1月10日，国家发展改革委、中央宣传部、国家广播电视总局等21个部委联合发布《"十四五"公共服务规划》。提出要推动智慧广电创新发展，完善视听全产业链发展格局，加快培育新型业态、新型消费模式。

2月8日，国家广播电视总局印发《"十四五"中国电视剧发展规划》，指出要对"十四五"时期电视剧事业产业发展进行顶层设计和系统谋划，在新时代新征程上加快推进中国电视剧高质量发展，建设电视剧强国，为发展社会主义先进文化、建设社会主义文化强国作出积极贡献。

4月15日，中央网信办发布《关于开展"清朗·整治网络直播、短视频领域乱象"专项行动的通知》，指出按照2022年"清朗"系列专项行动安排，中央网信办、国家税务总局、国家市场监督管理总局自即日起，开展为期两个月的"清朗·整治网络直播、短视频领域乱象"专项行动。

3月14日，国家互联网信息办公室就《未成年人网络保护条例（征求意见稿）》再次公开征求意见。随着互联网的普及应用，特别是移动互联网迅速发展，越来越多的未成年人开始接触和使用互联网。互联网在拓展未成年人学习、生活空间的同时，也带来了一些问题，亟待通过立法加以解决。

3月25日，国家互联网信息办公室、国家税务总局、国家市场监督管理总局联合印发《关于进一步规范网络直播营利行为促进行业健康发展的意见》（以下简称《意见》）。近年来，网络直播在促进灵活就业、服务经济发展等方面发挥了重要作用。同时，网络直播营利行为也存在网络直播平台管理责任不到位、商业营销行为不规范、偷逃缴纳税款等问题，制约行业健康发展，损害社会公平正义。为进一步规范网络直播营利行为、促进行业健康发展，提出该《意见》。

4月26日，中国广播电视社会组织联合会、中国网络视听节目服务协会发布《电视剧网络剧摄制组生产运行规范（试行）》（以下简称《规范》）。为了进一步促进行业正规化、标准化建设，加强电视剧网络剧制作生产监督和运行规范管理，保障摄制组工作人员的生命和财产安全，合理有效地控制制作成本，抵制行业不正之风，杜绝违法乱纪行为，促进电视剧网络剧创作生产高质量发展，制定该《规范》。

4月29日，国家广播电视总局办公厅印发《关于国产网络剧片发行许可服务管理有关事项的通知》，要求广播电视主管部门对国产重点网络剧片实施重点监管，符合条件的网络剧、网络微短剧、网络电影、网络动画片，应依法取得广播电视主管部门颁发的"网络剧片发行许可证"。

5月30日，国家广播电视总局发布《广播电视和网络视听领域经纪机构管理办法》（以下简称《办法》）。为了规范广播电视和网络视听领域经纪活动，加强经纪机构、经纪人员管理，明确经纪机构、经纪人员的权利和义务，保障广播电视和网络视听行业健康有序发展，制定该《办法》。

6月22日，国家广播电视总局、文化和旅游部发布《网络主播行为规范》（以下简称《规范》），明确网络主播在传播科学文化知识、丰富精神文化生活、促进经济社会发展等方面，肩负重要职责、发挥重要作用。《规范》的制定是为了进一步加强网络主播职业道德建设，规范从业行为，强化社会责任，树立良好形象，共同营造积极向上、健康有序、和谐清朗的网络空间。

12月27日，国家广播电视总局办公厅发布《关于进一步加强网络微短剧管理实施创作提升计划有关工作的通知》，要求做到监管与繁荣并重、提正与减负并重，把网络微短剧与网络剧、网络电影按照同一标准、同一尺度进行管理，准确把握网络微短剧创作生产传播规律，不断健全事前事中事后全周期管理机制，奖优惩劣、激浊扬清，推动网络微短剧传播秩序持续规范、内容质量稳步提升。

二、网络视听行业

2月2日，"中国梦·我的梦——2022中国网络视听年度盛典"上线。国家广播电视总局网络视听节目管理司指导，中国电视艺术委员会主办，爱奇艺、优酷、腾讯、芒果TV、抖音、快手、哔哩哔哩、咪咕等8家网络视听平台联合承办"中国梦·我的梦——2022中国网络视听年度盛典"。盛典集中展现了2021年网络视听创作的丰硕成果，为迎接党的二十大胜利召开和"中国梦"提出10周年营造了良好氛围，在网络视听空间唱响了"共筑中国梦、奋进新征程"的主旋律。各网络视听平台在盛典上联合发布了《网络视听行业共筑中国梦喜迎二十大倡议书》。

4月19日，"益声有音"公益活动启动。中国网络视听节目服务协会网络音频工作委员会携手优秀网络音频企业蜻蜓FM、樊登读书、凯叔讲故事、得到APP共同开展"益声有音"公益活动，用声音传递温暖，让丰富多彩的文化精品内容陪伴大家度过抗疫时光。

5月20日，由中国网络视听节目服务协会互联网电视工作委员会发起的"亿屏联动 同心共行"公益活动正式启动。活动发挥互联网电视覆盖优势，通过"免费领""付费限免"等方式，让更多用户享受优质互联网电视内容，践行互联网电视行业的责任与担当。

6月2日，腾讯视频宣布将正式推出内容热度系统，该系统将以复合型指标，形成直观的内容热度值。

7月1日，"我们的幸福生活"短视频征集展示活动启动。由国家广播电视总局网络视听节目管理司指导，中国网络视听节目服务协会与主要网络视听平台联合主办的"我们的幸福生活"短视频征集展示活动拉开序幕。活动以"我们的幸福生活"为主题，面向社会征集具有原生态、人情味、烟火气和鲜活感的短视频作品，通过人民群众的亲身经历和体会，展现党的初心、国之发展、社会进步和时代变迁，用优秀作品在网络空间唱响奋进新征程的正能量，喜迎党的二十大胜利召开。

7月12日，中国网络视听节目服务协会网络视听职业道德建设委员会成立大会在北京召开。第一届网络视听职业道德建设委员会由25名委员组成。中国网络视听节目服务协会常务副会长高建民担任主任委员。成立中国网络视听节目服务协会职业道德建设委员会，是贯彻落实深化影视行业综合改革部署和文娱领域综合治理要求的重要举措，也是网络视听行业的一件大事。

7月19日，爱奇艺和抖音集团达成合作。爱奇艺和抖音集团将围绕长视频内容二次创作与推广等展开探索。依据合作，爱奇艺将向抖音集团授权其内容资产中拥有信息网络传播权及转授权的长视频内容，用于短视频创作。双方对解说、混剪等短视频二创形态做了具体约定，将共同推动长视频内容知识产权的规范使用。

9月28日，"中国视听"平台上线发布仪式举行。时任中宣部副部长，国家广播电视总局党组书记、局长徐麟出席"中国视听"平台上线发布仪式。建设"中国视听"平台，是总局立足更好履行职责、壮大宣传文化阵地作出的新部署。"中国视听"平台是集聚全国广播电视和网络视听优秀节目、供全社会使用的公益服务平台，主要有三大功能定位：一是宣传习近平新时代中国特色社会主义思想；二是以高品质视听内容满足人民群众美好精神文化需求；三是推介优秀节目、引导精品创作生产。

10月，主要网络视听平台深入开展迎接党的二十大主题宣传和主题创作展播。优酷、爱奇艺、腾讯视频、芒果TV等主要网络视听平台，深入开展"奋进新征程建功新时代"重大主题宣传和"我们的新时代"主题创作展播活动，加强"首页首屏首条"建设，统筹运用新闻、理论节目等各类形式，策划实施电视剧、动画片、纪录片等重点项目，全景式多维度多形态展现新时代历史性成就。

附录二：支持机构

支持机构
（排序不分先后）

中国互联网络信息中心（CNNIC）

国家广播电视总局监管中心

云合数据

北京美兰德媒体传播策略咨询有限公司

阿基米德（上海）传媒有限公司

每日经济新闻

北京勾正数据科技有限公司

QuestMobile

IT桔子

此外，还要感谢：中国广播电视网络集团有限公司、中国网络视听节目服务协会网络音频工作委员会、央视网、未来电视、华数传媒、国广东方、银河互联网电视、百视通、芒果TV、腾讯视频、爱奇艺、优酷、哔哩哔哩、咪咕文化科技有限公司、抖音、快手、好看视频、喜马拉雅、荔枝、蜻蜓FM、猫耳FM、懒人听书、听听FM、凤凰FM、虎牙直播、斗鱼、花椒直播、微博、小红书、腾讯音乐娱乐集团、北京酷云互动科技有限公司。（排序不分先后）